인간의 타고난 재능과 마음의 구조를 읽다

십성(十星)의 기질과 사회성

개정판

김기승·함혜수 지음

다산글방

저자의 말

현대사회에서의 명리학은 인간의 길흉화복을 예측하여 피흉추길(避凶追吉)하는 목적과 더불어 인간의 본성적 심리분석과 타고난 재능 및 직업적성을 분석하는 데 매우 효과적인 도구로 활용되고 있다.

그러므로 먼저 명리고전의 훌륭한 교과서(연해자평, 삼명통회, 명리정종, 명리약언, 궁통보감, 자평진전, 적천수 등)를 다독하여 그 진의(眞義)를 충분히 이해하여야 한다. 나아가 시대의 변천과정에 따른 수준 높은 문화와 사회구조 속에 존재하는 인간의 지적 수준을 반영하는 명리상담을 하기 위해서는 고전을 바탕으로 하되 재해석과 용어생산이 동시에 이루어져야 한다. 그것이 바로 온고지신(溫故知新)의 실천이다.

이 책을 저술하게 된 목적은 사주명리의 운용은 십성을 가장 잘 이해할 수 있어야 하기 때문이다. 즉 음양오행의 상생상극이라는 기본원리가 사주구조 내에서는 십성으로 환산되어 각각 명칭되므로 결과적으로 십성의 기질과 작용력을 다층적으로 이해할 수 있어야 한다. 이는 초복잡성 사회를 살아가는 현대인들이 원하는 심층적 힐링 상담요구에 해답을 제시할 수 있기 때문이다.

그러므로 비교적 십성의 폭과 깊이를 논했다고 생각하는 저술서 중 김기승의 『사주심리치료학』, 『사주심리와 인간경영』, 『명리직업상담론』, 『과학명리』, 『매직통변』, 『십신강의록』 등에 기록된 십성의 주요 내용을 참고하여 정리하였다. 즉 십성을 중심으로 기질, 심리와 지능은 물론 선천적성, 직업체질, 행동심리, 사회성 등의 수준 높은 용어와 지적 작용력이 정리된 십성이론을 취합하여 정리하였다.

저술의 주요 기승전결은 먼저 첫 파트에서는 고전 문헌상에 나타난 십성의 의미와 변천과정을 요약하였다. 그리고 십성을 5가지 육신의 파트로 구분하여 성립과정 및 진화심리학적인 요소를 포함한 주요 특징들을 정리하였다. 또한 각각 정(正)·편(偏)으로 구분된 열 개의 십성에 대한 심리와 직업적성, 재능, 활동성과 통변성 등을 구체적으로 정리하였다. 그리고 쉬운 통변방법의 사주풀이 길라잡이와 가족심리분석 방법의 월지통변을 획기적으로 기술하였다.

오행의 운동에는 의식이 있다. 의식의 주체는 오행이고, 십성의 주체는 오행의 상생상극이다. 이 책은 오직 십성의 기질과 사회성을 한눈에 볼수 있도록 설명하다 보니 여러 곳에서 반복설명이 되는 중복된 감이 없지 않다. 전술하였듯 십성은 결과적으로 오행의 상생상극과 맞물린 동일선상에 있으므로 십성간 상호작용 관계는 끊임없이 반복될 수밖에 없다. 실로 십성의 반복되는 관계분석의 이해는 중요하기에 입체적인 설명이 곧 반복 학습효과로 이어지길 기대한다.

명리학을 공부하는 과정에서 스승으로부터 "명리공부는 콩나물 물주기다"라는 말을 자주 들었다. 콩에 물을 뿌리면 물은 다 빠져나가는 것 같지만 물주기가 반복되는 시간 속에서 콩은 나물이 될 수 있게 자란다는 의미다. 무심코 들었던 그 단순한 진리는 많은 시간이 흘러서야 현실적인 깨달음이 되었다. 공부하는 사람들에게도 이 사소한 진리를 꼭 전하고 싶다.

끝으로 이 책 『십성의 기질과 사회성』을 통하여 명리학을 공부하는 사람들은 물론이고 전문가들도 십성의 다층적인 기질(본성과 지능, 진화심리, 적성과 재능, 직업체질, 행동심리, 사회성, 통변성 등)을 한눈에 볼 수 있고, 확연히 이해하는 계기가 되기를 바라는 마음이다.

김기승·함혜수

차례

Part 1
십성의 성립과정과 간지의 역할

1장 십성의 성립과 명칭·13

  1. 십성 개념의 성립·14
  2. 『회남자』와 『경씨역전』의 육친·18
  3. 고법 명리학에 나타난 십성의 흔적·23

2장 간지의 속성과 역할·29

  1. 천간·지지의 속성·30
  2. 사주의 위치별 역할·49
  3. 상생 상극의 의미와 사고·50

3장 십성의 기능과 기본역할·53

  1. 일간과 십성의 기본 해설·54
  2. 노력과 결과에 따른 십성의 관계·55
  3. 부귀 적응력을 측정하는 십성·57

Part 2
비견·겁재의 기질과 사회성

1장 비겁의 특징·63

  1. 비겁의 이해·64
  2. 비겁의 본성과 심리·65
  3. 비겁의 사회성·71
  4. 비겁의 재능활용·74

2장 비견의 기질과 사회성·77

  1. 비견의 구조·79
  2. 비견의 본성과 기질·80
  3. 비견의 재능과 사회성·85
  4. 비견의 통변성과 사례분석·91

3장 겁재의 기질과 사회성·99

  1. 겁재의 구조·101
  2. 겁재의 본성과 기질·102
  3. 겁재의 재능과 사회성·108
  4. 겁재의 통변성과 사례분석·114

Part 3
식신·상관의 기질과 사회성

1장 식상의 특징·123

   1. 식상의 이해·124

   2. 식상의 본성과 심리·125

   3. 식상의 사회성·130

   4. 식상의 재능활용·133

2장 식신의 기질과 사회성·137

   1. 식신의 구조·139

   2. 식신의 본성과 기질·140

   3. 식신의 재능과 사회성·147

   4. 식신의 통변성과 사례분석·153

3장 상관의 기질과 사회성·161

   1. 상관의 구조·163

   2. 상관의 본성과 기질·164

   3. 상관의 재능과 사회성·170

   4. 상관의 통변성과 사례분석·176

Part 4
편재·정재의 기질과 사회성

1장 재성의 특징·185

   1. 재성의 이해·186

   2. 재성의 본성과 심리·187

   3. 재성의 사회성·192

   4. 재성의 재능활용·195

2장 편재의 기질과 사회성·199

   1. 편재의 구조·201

   2. 편재의 본성과 기질·202

   3. 편재의 재능과 사회성·208

   4. 편재의 통변성과 사례분석·214

3장 정재의 기질과 사회성·221

   1. 정재의 구조·223

   2. 정재의 본성과 기질·224

   3. 정재의 재능과 사회성·230

   4. 정재의 통변성과 사례분석·236

Part 5
편관·정관의 기질과 사회성

1장 관성의 특징·245

   1. 관성의 이해·246

   2. 관성의 본성과 심리·247

   3. 관성의 사회성·252

   4. 관성의 재능활용·255

2장 편관의 기질과 사회성·259

   1. 편관의 구조·261

   2. 편관의 본성과 기질·262

   3. 편관의 재능과 사회성·268

   4. 편관의 통변성과 사례분석·274

3장 정관의 기질과 사회성·283

   1. 정관의 구조·285

   2. 정관의 본성과 기질·286

   3. 정관의 재능과 사회성·292

   4. 정관의 통변성과 사례분석·298

Part 6
편인·정인의 기질과 사회성

1장 인성의 특징·307

   1. 인성의 이해·308

   2. 인성의 본성과 심리·309

   3. 인성의 사회성·314

   4. 인성의 재능활용·317

2장 편인의 기질과 사회성·321

   1. 편인의 구조·323

   2. 편인의 본성과 기질·324

   3. 편인의 재능과 사회성·330

   4. 편인의 통변성과 사례분석·336

3장 정인의 기질과 사회성·343

   1. 정인의 구조·345

   2. 정인의 본성과 기질·346

   3. 정인의 재능과 사회성·352

   4. 정인의 통변성과 사례분석·358

Part 7
사주풀이 길라잡이

Part 8
월지통변과 가족심리 분석

1장 사주 통변의 이해·367

1. 통변은 실전기술이다·368
2. 사주가 잘 안 맞는 이유·370
3. 즉각 판단해야 할 사항·372
4. 신강·신약 사주의 특성·378
5. 용신과 복받는 선행·379

2장 직관(直觀)능력 활용·383

1. 상대방의 모습을 훔쳐라·384
2. 상대의 나이를 가늠하라·387
3. 합과 충은 환경변화다·388
4. 사주 내 십성의 합충 작용·393
5. 용신(用神)의 움직임을 보라·397
6. 통변을 위한 十星의 성질 파악·404

3장 신수(身數) 감정법·407

1. 신수감정 생극설 원리·408
2. 십성의 행운작용·410
3. 신수감정 사례·413

1장 월지 통변의 방법·417

1. 월지 통변이란·418
2. 월지와 가족관계·420
3. 월지 분석의 기본법·424

2장 월지 육친과 가족심리 분석·429

1. 월지 육친의 근본·430
2. 가족심리 분석·440

3장 월지 십성의 각 육친통변·447

1. 월지 비견의 육친통변·448
2. 월지 겁재의 육친통변·453
3. 월지 식신의 육친통변·458
4. 월지 상관의 육친통변·463
5. 월지 정재의 육친통변·468
6. 월지 편재의 육친통변·473
7. 월지 정관의 육친통변·478
8. 월지 편관의 육친통변·484
9. 월지 정인의 육친통변·489
10. 월지 편인의 육친통변·495

Part 1

십성의 성립과정과 간지의 역할

1장 십성의 성립과 명칭
2장 간지의 속성과 역할
3장 십성의 기능과 기본역할

사주명리학은
十星을 통하여
말한다!

Part 1 십성의 성립 과정과 간지의 역할

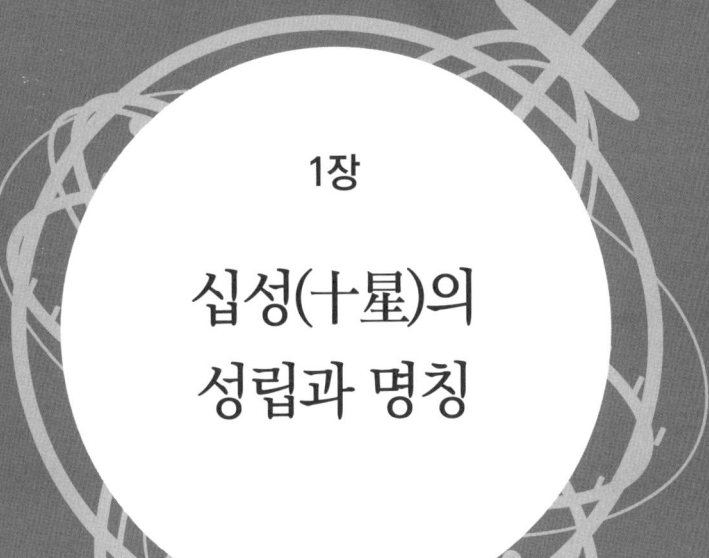

1장

십성(十星)의 성립과 명칭

십성(十星) 개념과 성립과정
그리고
고법(古法) 명리학에 나타난

'십성의 흔적'

십성(十星)은 사주팔자의 주인공인 일간(日干)과 다른 간지(干支)와의 관계를 나타낸 것으로 배우자 및 친인척 등의 인간관계를 나타나는 육친(六親)을 비롯하여, 사주 내 길흉화복(吉凶禍福)을 주관하는 육신(六神)과 십신(十神) 등의 명칭으로 나타난다. 우주에너지를 관장하는 오성(五星)을 음양(陰陽)으로 환산하여 나타내는 십성(十星)은 육신을 세분화한 명칭으로 심리와 기질, 직업적성 및 사회성까지 포함하고 있다는 의미로 필자는 이 책에서는 모두 십성(十星)으로 통일하여 표현한다.

1. 십성(十星) 개념의 성립

십성 개념이 현재의 형태와 같이 나타나기 시작한 명리학 고전은 『연해자평(淵海子平)』이다. 이 책은 신법(新法) 명리학의 대표적인 저서로서 그 중요성이 학계에서 높이 평가되는 책으로 송나라 때 전당(錢塘)지역에서 살았던 서승(徐升)이 지은 책이다. 문헌을 보면 서승은 서대승(徐大升)이나 서공승(徐公升)이라고 나온다. 한국의 규장각과 국립중앙도서관에 소장된 『자평삼명통변연원(子平三命通辯淵源)』[1]은 『연해자평』의 전신격인 책인데, 이 책의 저자는 서대승으로 되어 있고 서승과 동일 인물로 본다. 그 이유

---

1) 일명 『子平淵源』이라고도 한다. 1253년 목판본이 국립중앙도서관에 소장되어 있다. 『子平三命通辯淵源』, 刊寫者 未詳, 刊寫年未詳, 국립중앙도서관 소장본.

는 『자평삼명통변연원』의 마지막 부분에 '전당자전지옹(錢塘子錢芝翁)'의 발문에서 "동제서공(東齋徐公)이 깊은 뜻을 발휘하여 판각해서 이 서책을 널리 전하고자 한다."2)고 하였는데 동제(東齋)는 서승의 자(字)이므로 서대승이 바로 서승이라는 것이다. 또한 '동제서공(東齋徐公)'의 표현은 서공승의 이름인 승(升)을 빼고 서공(徐公)으로 표현한 것으로 추정할 수 있다는 것이다.

서승의 생존연대 역시 『자평삼명통변연원』의 「서(序)」로부터 추정할 수 있다. 서승 자신이 쓴 「서(序)」에는 이 책의 저술일을 '보우십월망일(寶祐十月望日)'이라고 표기하고 있다.3) 보우 연간은 1253년~1258년 남송(南宋)이므로 서승은 남송대의 인물로 간주된다. 『증보연해자평(增補淵海子平)』도 '송금당동재서승편(宋錦唐東齋徐升編)'이라고 되어 있어 여기서도 『연해자평』의 원저자를 서승으로 보고 있다. 하지만 『연해자평』의 「인(引)」에서는 『연해자평』을 서승이 저술한 『연해(淵海)』와 후대에 여러 사람의 저술인 『연원(淵源)』의 합본이라고 했다. 그래서 연해자평의 상당 부분이 서승의 저술이 아닐 가능성도 제기되고 있는 것이다.4) 이러함에도 불구하고 십성의 내용이 들어있는 『자평삼명통변연원』의 「천간통변도(天干通辯圖)」와 「간명입식(看命入式)」의 내용은 『연해자평』에 이어져 내려오고 있다. 그러므로 이 책의 십성 개념은 서승이 살았던 宋代 당시의 사회문화적 인식을 반영하고 있다.

이런 『연해자평』의 십성 개념은 현대 명리학의 십성 개념과 거의 유

---

2) "東齋徐公, 發揮奧旨, 鋟梓以廣其傳.", 『子平三命通辯淵源』 卷下, 「跋」.
3) "寶祐十月望日東齋徐大升序.", 『子平三命通辯淵源』 卷上, 「序」.
4) 김만태, 「한국 사주명리의 활용양상과 인식체계」, 안동대 박사논문, 2010, p.121

사하다. '천간오양통변(天干五陽通辯)'과 '천간오음통변(天干五陰通辯)'이란 명칭으로 소개되며 여기에는 '비견(比肩)·겁(劫)·식신(食神)·상관(傷官)·편재(偏財)·정재(正財)·편관칠살(偏官七煞)·정관(正官)·도식편인(倒食偏印)·인수(印綬)'의 10개의 십성 요소들이 모두 등장하고 있으며, 『연해자평』의 전신 격으로 알려진 『자평삼명통변연원』의 「천간통변도」에도 '비견(比肩)·패재(敗財)·편인(偏印)·정인(正印)·칠살(七煞)·정관(正官)·편재(偏財)·정재(正財)·식신(食神)·상관(傷官)'의 10개의 개념이 모습을 보인다. 이러한 것을 보면 현대명리학의 십성 명칭과 거의 동일하다는 것을 알 수 있다. 겁재가 패재(敗財)로, 편관이 칠살(七煞)로 표기된 것을 제외하면 모두 동일하다.

　십성 명칭은 『연해자평』에서조차 경우에 따라 명칭을 다양하게 사용한다. 예를 들어 보면 '정관'은 '관(官)' 또는 '관성(官星)'으로 부르며 '편관(偏官)'은 '칠살(七煞)' 또는 '살(煞)'로 불려진다. '정인(正印)'은 '인수(印綬)' 또는 '인성(印星)'과 '인(印)'으로 부르며 '편인(偏印)'은 '도식(倒食)' 또는 '효인(梟印)' 등으로 지칭된다. 정인(正印)과 편인(偏印)을 통합하여 '인성(印星)' 또는 '인(印)'이라고도 부르며 정재(正財)와 편재(偏財)도 역시 통합하여 '재성(財星)' 또는 '재(財)' 등으로도 부른다. '비견(比肩)'은 '겁인(劫刃)'으로 지칭되며 '겁재(劫財)'는 '패재(敗財)' 또는 '양인(羊刃)'으로 지칭된다. 이들 명칭은 쓰임에 따라 다소의 차이가 있지만 근본적으로는 같은 내용을 가리키는 것이다.

　『연해자평』은 신법 명리학으로 명리학의 역사에 한 획을 그은 저서이다. 그래서 후대의 명리학서들을 저술하는 데 많은 영향을 주었으며 현대에 이르기까지 명리학을 대중적으로 전파시키는 데도 중요한 기반 기능을 하고 있다. 『연해자평』에서 정립된 십성이라는 10개의 개념은 격국론으로 연결되며 육친론과 더불어 사주를 분석하여 해석하는 가장 핵심적인 요소로 자리를 잡게 되는 계기를 마련했다.

이와 같은 십성에 대한 개념을 역사적으로 거슬러 올라가 보면 한대(漢代)의 『회남자(淮南子)』와 『경씨역전(京氏易傳)』에서 초기 형태의 육친론을 발견하게 된다. 아직도 십성(十星)이 육친(六親)이라고 불리는 이유를 살펴보면 십성의 시원(始原)이 바로 이들의 육친론에서 비롯되었다고 볼 수 있기 때문이다. 이를 위하여 『경씨역전』의 육친 개념과 고법명리학 서적들의 초기 십성 개념 등을 소개하고 『경씨역전』의 육친론과 십성 개념을 비교해 살펴보도록 한다.

2. 『회남자(淮南子)』와 『경씨역전(京氏易傳)』의 육친

경방(京房 : BC 77~BC 37)은 전한(前漢) 사람으로 음양오행을 역사상 처음으로 괘상(卦象)에 적용시켜 사용했다. 이는 괘효상과 괘효사로서 인사(人事)의 길흉을 해석하는 것으로 팔궁의 괘(卦)에 천간(天干)을 배속하고 효(爻)에 지지(地支)를 배속하는 것이다. 이렇게 경방은 납갑(納甲)과 납지(納支)의 방식으로 음양오행을 『주역』의 괘효상으로 사용했다. 이것의 의미는 『주역』을 음양오행설에 적용하여 재해석하였다는 것이고 또한 괘기역학 해석의 범위를 확장시켰다는 것이다.5)

납갑(納甲)의 방식은 건(乾)·곤괘(坤卦)를 부모로 보고 십천간을 납갑하였는데 양괘(陽卦)에는 양간(陽干)을, 음괘(陰卦)에는 음간(陰干)을 정하는 방식으로 양괘(陽卦)는 부(父)인 건괘(乾卦)는 甲·壬을, 간괘(艮卦)는 丙을, 감괘(坎卦)는 戊를, 진괘(震卦)는 庚을 납갑하였다. 음괘(陰卦)는 모(母)인 곤괘(坤卦)로 乙·癸를, 태괘(兌卦)에는 丁을, 이괘(離卦)는 己를, 손괘(巽卦)는 辛을 납갑하였다.

납지(納支)도 역시 음양의 원칙에 따랐다. 양괘(陽卦)인 건괘(乾卦)를 보면, 초효부터 상효까지 양지(陽支)인 子·寅·辰·午·申·戌을 순서대로 납지하였다. 음괘(陰卦)인 곤괘(坤卦)를 보면, 음지(陰支)인 未·巳·卯·丑·亥·酉를 초효부터 차례로 납지하였다. 나머지 양괘(陽卦)인 간괘(艮卦)·감괘(坎卦)·진괘(震卦) 3개와 음괘(陰卦)인 태괘(兌卦)·이괘(離卦)·손괘(巽卦) 3개는 육력설(律曆說)에 따라 납지의 순서가 정해졌다.6)

---

5) 정하용, 「卦氣易學과 命理學의 源流에 관한 연구」, 공주대 박사논문, 2013.
6) 주백곤 저, 김학권 외 2명 역, 『역학철학사』, 소명출판, 2012, p.136 참조.

이에 경방은 괘효(卦爻)에다 오행의 생극관계를 적용시켜 육친(六親)으로 설명하였으며 이를 근거로 인간 삶의 길흉에 대하여 추론하였다. 다시 말하면 팔궁괘를 모(母)로, 그 효(爻)의 자리를 자(子)로 여겼다. 이것에 오행이 가미되면 모자(母子)관계 사이에는 상생과 상극의 관계가 존재하게 되는데 이와 같이 경방은 건괘(乾卦)를 다음과 같이 설명하였다.

水가 자리에 배분되니 복덕이 된다. 木이 金의 자리에 들어오니 보배로운 곳에 처한다. 土가 내괘에 임한 형상이니 부모가 된다. 火가 구사효로 왔으니 의심하며 서로 적이 된다. 金이 金의 자리로 들어오니 木이 점점 미약해진다.[7]

또한 육적(陸績)[8]은 건괘(乾卦)에 대해 다음과 같이 주(註)를 달았다.

甲子의 水는 건(乾)의 자손이다. 甲寅의 木은 건(乾)의 재물이다. 甲辰의 土는 건(乾)의 부모이다. 壬午의 火는 건(乾)의 관귀(官鬼)이다. 壬申의 金은 자리가 같으니 함께 木을 해친다.[9]

건(乾)은 모(母)이고 오행으로는 金에 속한다. 그 초효(初爻)는 水이고 건(乾)과 초효(初爻)의 관계는 金生水 관계가 되고 이는 복덕(福德)이 된다. 육적은 이러한 복덕을 건(乾)의 자(子)로 해석한다. 이효(二爻)는 木으로 건(乾)

---

[7] "水配位爲福德, 木入金鄕居寶貝, 土臨內象爲父母, 火來四上嫌相敵, 金入金鄕木漸微.", 京房撰, 陸績註, 京氏易傳, 卷上, (欽定四庫全書, 子部)

[8] 동오의 모사로 자는 공기(公紀), 오현[吳縣: 지금의 강소성 소주(蘇州)] 사람(188~219), 관직이 울림태수(鬱林太守)에 이르고 편장군(偏將軍)의 벼슬을 더하여 받았다. 박학다식하여 『혼천도(渾天圖)』를 지었고 『주역(周易)』에 주(註)를 달았으며 『태현경주(太玄經注)』를 찬술.

[9] "甲子水是乾之子孫, 甲寅木是乾之財, 甲辰土是乾之父母, 壬午火是乾之官鬼, 壬申金同位, 傷木.", 京房撰, 陸績註, 위의 책, 卷上.

과 이효(二爻)와는 金剋木의 관계가 되므로 보패(寶貝)라고 칭하고 이를 건(乾)의 재(財)라고 해석하였다. 삼효(三爻)는 土로 건(乾)과 삼효(三爻)는 土生金의 관계로 경방과 육적 둘 다 부모(父母)라고 칭하였다. 사효(四爻)는 火로 건(乾)과 사효(四爻)는 火剋金의 관계로 서로 대적하며 육적은 이것을 관귀(官鬼)라고 칭하였다. 오효(五爻)는 金으로 건(乾)과 오효(五爻)가 모두 金이다. 이러한 같은 기운의 관계는 서로를 다치지 않으며 오히려 木을 다치게 한다. 그래서 경방은 金이 金 안으로 들어오니 木이 더욱 미약해진다고 하였으며 육적은 金의 동위(同位)가 木을 상하게 한다고 하였다.

이러한 『경씨역전』의 육친 개념은 조금 앞선 시기의 『회남자(淮南子)』 「천문훈(天文訓)」에서 가져왔다고 볼 수 있다.

> 水는 木을 생하고, 木은 火를 생하고, 火는 土를 생하고, 土는 金을 생하고, 金은 水를 생한다. 자식이 어미를 생하면 의롭다[義]고 하고, 어미가 자식을 생하면 보호하여 양육한다[保]고 여긴다. 자식과 어미가 서로 뜻을 얻으면 전일하다[專]고 하고, 어미가 자식을 이기면 억제한다[制]고 하고, 자식이 어미를 이기면 묶여서 괴로움을 당한다[困]고 한다. 이김으로써 살육하면 승리는 하지만 보은을 받지 못하고, 전일함으로 일을 해나가면 둘 다 공이 있게 되고, 의로움으로 이치를 행하면 명성이 세워져 추락하지 않고, 보호함으로 양육하면 만물이 번창하고, 묶여서 괴롭힘을 당하는 채로 일을 거행하면 파멸하여 죽게 된다.[10]

---

10) "水生木, 木生火, 火生土, 土生金, 金生水. 子生母曰義, 母生子曰保, 子母相得曰專, 母勝子曰制, 子勝母曰困. 以勝擊殺, 勝而無報. 以專從事, 而有功. 以義行理, 名立而不墮. 以保畜養, 萬物蕃昌. 以困擧事, 破滅死亡.", 劉安, 『淮南子』, 「天文訓」, 上海:上海古籍出版社, 1989.

위의 글은 『회남자』 「천문훈」에서 얘기하고 있는 오행의 상생상극설로 길흉을 얘기한 것이다.

이에 경방은 그 의미를 취하여 괘(卦)·효상(爻象)의 길흉을 논했다. 生 관계의 용어를 보면, 의(義)는 '의롭고 바르다'라는 의미이고 보(保)는 '보호하고 양육하다, 보전하다'라는 의미이며 전(專)은 '하나로 되며 섞이지 아니하다'라는 의미이다. 승(勝) 관계의 용어를 보면, 제(制)는 '억제하고 바로잡다'라는 의미이고 곤(困)은 '묶여서 시달리다'라는 의미이다.

『회남자』 「천문훈」의 생극 개념을 이어받은 경방은 『경씨역전』 卷下에서, 괘(卦)와 효(爻)사이의 오행의 생극 관계를 논하며 다음과 같이 설명한다.

> 팔괘(八卦)의 귀(鬼)는 자신을 매어두는 효[계효(繫爻)]이고, 財는 자신이 억누르는 효[제효(制爻)]이고, 천지는 자신을 낳는 의로운 효[의효(義爻)]이고, 복덕은 자신이 낳는 보배로운 효[보효(寶爻)]이고, 같은 기운은 자신과 동일한 효[전효(專爻)]이다.[11]

효(爻)가 괘(卦)를 극하는 관계를 매어둔다[繫]고 여기고, 괘가 효를 극하는 관계를 억누른다[制]고 여기고, 효가 괘를 낳는 관계를 의롭다[義]고 여기고, 괘가 효를 낳는 것을 보배롭다[寶]고 여기고, 괘와 효가 같은 관계를 동일하다[專]고 여긴다. 계(繫)는 속박이며 구속이다. 계(繫)는 『회남자』 「천문훈」의 곤(困)과 같은 의미이며, 보(寶)는 『회남자』 「천문훈」의 보(保)를 대신하고 있다. 제(制)와 전(專), 그리고 의(義)는 『경씨역전』과 『회남자』

---

11) "八卦鬼爲繫爻, 財爲制爻, 天地爲義爻, 福德爲寶爻, 同氣爲專爻.", 京房撰, 陸績註, 위의 책, 卷中.

에서 동일하게 쓰인다. 이 용어들을 정리하면 다음과 같다.

【『회남자』와 『경씨역전』의 오행생극 명칭 비교】

	회남자	경씨역전
자식 生어미 : 生我者	義	義[天地]
어미 生자식 : 我生者	保	寶[福德]
자식 = 어미 : 同氣	全	全[同氣]
어미 勝자식 : 我剋者	制	制[財]
자식 勝어미 : 剋我者	困	繫[鬼]

위의 표에서 설명하듯이 생극의 명칭에는 비슷한 점이 많이 있다. 하지만 육친의 개념을 정하는 것에서는 차이를 보이고 있다. 『경씨역전』의 육친은 주체(主體)가 되는 오행을 기준으로 다섯 개의 오행들이 생극비(生剋比)하는 관계로 정하는 개념이다. 반면에 『회남자』는 두 오행들 사이에 모(母)와 자(子)라는 인간관계를 배속하고 생극의 개념을 이에 대입하여 천리(天理)와 인륜(人倫)을 말하고 있다. 즉, 10천간(天干)을 어미로, 12지지(地支)를 자식으로 견주어 천간과 지지간의 생극관계를 설명하였다. 모(母)와 자(子)인 두 오행이 生이면 의(義)나 보(保)로 좋은 뜻으로 해석하였으며 승(勝)이면 제(制)나 곤(困)으로 좋지 않게 해석하였다.

『경씨역전』과 『회남자』의 육친론을 종합해 보면 설정방식에서는 차이를 보이고 있지만 육친론에서 사용되는 용어들이 부분적으로 동일하며, 혹 용어가 다르더라도 그것이 가지고 있는 상징적인 의미에서는 유사점이 많으므로 『경씨역전』 육친론에서 사용하고 있는 용어들은 『회남자』를 통해서 많은 영향을 받았다고 할 수 있다.

3. 고법(古法) 명리학에 나타난 십성의 흔적

동진(東晉) 시대를 살았던 곽박(郭璞)[12]이 저술한 『옥조신응진경(玉照神應眞經)』에서는 官에 대한 개념이 잘 설명되어 있는데 "유기(有氣)하면서 관을 만나면 현혁(顯赫)하게 된다."[13], "신(身)이 왕향에 도달하면서 귀(鬼)가 있는 자는 모름지기 귀현(貴顯)하게 된다."[14], "귀가 생왕하고 후에 (자신을) 생하면 귀기(貴氣)가 쟁영(崢嶸)하다."[15]고 하여 신왕한 상태에서 관귀(官鬼)를 보면 공명(功名)을 이루게 된다는 『연해자평』의 관(官)의 개념과 비슷하게 설명되어 있다. 곽박이 관(官)과 귀(鬼)로 나누어 표현하고 있는 것이 현재의 정·편의 개념은 아니다. 또한 '비견·겁재가 많으면 처와 재가 상한다'[16]는 개념도 이미 존재한다는 것을 보여주고 있다.

그리고 당대(唐代)의 고법 명리서인 『원천강오성삼명지남(袁天綱五星三命指南)』과 『이허중명서(李虛中命書)』[17]에서도 십성의 모습이 단편적으로 보인다. 『원천강오성삼명지남』 권2에는 '식신류(食神類)', '십간관귀(十干官貴)' 등이 나오며 권4에는 '인류(印類)'와 '재고류(財庫類)' 등이 나온다. 이러한 '식신류(食神類)'는 십간식신(十干食神), 관귀식신(官貴食神), 연주식신(連珠

---

12) 동진 하동(산서성) 출생, 자는 경순(景純 276~324). 저서로 『이아주(爾雅注)』, 『방언주(方言注)』, 『산해경주(山海經注)』, 『목천자전주(穆天子傳注)』, 『주역동림(周易洞林)』, 『초사주(楚辭注)』 등.
13) "有氣逢官, 定爲顯赫.", 郭璞, 『玉照神應眞經』, 135p.
14) "身到旺鄕, 有鬼者自須貴顯.", 위의 책, 83p.
15) "鬼逢生旺, 后生兮, 貴氣崢嶸.", 위의 책, 53p.
16) "二上二下同類, 則慮妻財之變.", 위의 책, 192p.
17) 唐代의 李虛中(761~813)이 『鬼谷子遺文』을 주석하여 편찬한 저서.

食神), 록마식신(祿馬食神), 식신학당(食神學堂), 식신학관(食神學官) 등 다양한 종류로 식신을 묶어서 식신류로 표시하고 있다.

십간식신(十干食神)은 식신이 성립되는 기본적인 이치를 말하고 있다. 그 이치는 『연해자평』에서와 같은데 내가 생하는 아생자(我生者)이고 음양이 같은 것을 식신이라고 했다. 또한 관귀식신, 연주식신, 녹마식신 등은 식신의 귀한 부분을 설명하고 있다.

관귀식신(官貴食神)의 경우는 정관(正官)을 용(用)할 때 자신에게 식신이 되는 것(인성)을 만나는 경우로 이를 귀(貴)하게 보는 것이다. 예를 들면 甲이 辛 정관을 용(用)할 경우에 辛金 정관의 식신이 되는 癸를 귀하게 본다는 것이다. 『연해자평』 풀이로 해석하면 甲에 대해 癸는 정인(正印)이다. 다시 말하면 甲이 정관 辛을 쓸 때 정인 癸가 귀하다는 것이다. 이것은 관인상생(官印相生)을 말하는 것으로 癸는 辛의 生을 받아서 다시 일간인 甲을 生하는 生生 관계가 된다는 이치이다.

십간관귀(十干官貴)는 "甲이 辛을 쓰는 것을 관이라 하고 乙이 庚을 쓰는 것을 관이라 한다. 丙에게는 癸가 관이며 丁에게는 壬이 관이다. 壬에게는 己가 관이며 癸에게는 戊가 관이다. 戊에게는 乙이 관이며 己에게는 甲이 관이다. 庚에게는 丁이 관이며 辛에게는 丙이 관이 된다."[18]고 하여 『연해자평』에서 말하는 정관과 같은 이치이다.

천관귀인(天官貴人)은 천간과 지지 간의 정관 관계를 설명하는 것이다. "甲은 금닭을 사랑하고 乙은 원숭이를 사랑한다. 丁은 돼지를, 丙은 쥐를, 己는 호랑이를 첫째로 여긴다. 戊는 옥토끼를 찾으며 庚과 壬은 말을 찾는다. 辛과 癸가 뱀을 만나면 벼슬과 복록이 뛰어나다. 이것이 육

---

18) "甲用辛爲官, 乙用庚爲官, 丙用癸爲官, 丁用壬爲官, 壬用己爲官, 癸用戊爲官, 戊用乙爲官, 己用甲爲官, 庚用丁爲官, 辛用丙爲官.", 袁天綱, 『袁天綱五星三命指南』, 卷2.

갑의 관성을 귀하게 삼는 것이다."19)고 하여 관(官)이란 것은 벼슬을 의미하며 그래서 귀(貴)하다는 것을 밝히고 있다. 이것은 또한 『원천강오성삼명지남』에서 관을 관직과 연결시켜 중요하게 생각하고 있다는 것을 보여준다.

『이허중명서』에도 십성의 명칭과 유사한 것들이 완전하지는 않지만 보이기 시작하고 있다. "귀합(貴合)이 있으면 관(官)의 지위가 크고 높아서 행하는 바가 잘 부합되고 귀식(貴食)이 있으면 녹(祿)이 풍족하고 소망하는 바를 이룰 수 있다."20), "귀합(貴合)이 있으면 관(官)이 높아져서 좋다는 뜻이고 귀식(貴食)이 있으면 녹(祿)이 많아져서 좋다는 뜻이다. 이 귀합(貴合)과 귀식(貴食) 두 가지를 겸하게 되면 관이 높고 녹이 무거우니 어디를 가든지 이롭지 않음이 없다."21), "비록 재(財)는 왕하고 신(身)은 쇠한 처지에 놓여있더라도"22), "乙未는 녹인수(祿印綬)다."23) 등의 문장에서 십성의 초기적이고 단편적인 형태를 찾아볼 수 있다.

다시 정리해 보면 『연해자평』에서 완성되어 나타난 십성의 용어와 개념은 고법 명리학에서 나타났던 단편적이고 불완전한 십성 개념들이 후대에 취합되고 정리되어 음양오행의 상생상극 관점에서 10개의 개념으로 분류·정립되었고 현재의 십성 체계로 완성되었다는 것이다.

천간 및 지지 십성의 구성 원리는 다음과 같다.

---

19) "甲愛金鷄乙愛猴, 丁猪丙鼠己寅頭, 戊尋玉兎庚壬馬, 辛癸逢蛇爵祿優, 此爲六甲官星貴.", 袁天綱, 앞의 책, 卷2.
20) "有貴合則官位穹崇, 所作契合, 有貴食則祿豊足, 所成過望.", 李虛中, 『李虛中命書』, 卷上. 貴合은 귀인이 있는 천간이 서로 합하는 경우를 말하고 귀식은 천간이 식신에 해당하는 경우를 말한다.
21) "有貴合則官多稱意, 有貴食則祿多稱意, 二者兼之, 官高祿重, 無往不利.", 李虛中, 위의 책, 卷上.
22) "雖居財旺身衰.", 李虛中, 위의 책, 卷上.
23) "乙未祿印綬.", 李虛中, 위의 책, 卷上.

【천간 십성 표출 도표】

	比肩	劫財	食神	傷官	偏財	正財	偏官	正官	偏印	正印
甲	甲	乙	丙	丁	戊	己	庚	辛	壬	癸
乙	乙	甲	丁	丙	己	戊	辛	庚	癸	壬
丙	丙	丁	戊	己	庚	辛	壬	癸	甲	乙
丁	丁	丙	己	戊	辛	庚	癸	壬	乙	甲
戊	戊	己	庚	辛	壬	癸	甲	乙	丙	丁
己	己	戊	辛	庚	癸	壬	乙	甲	丁	丙
庚	庚	辛	壬	癸	甲	乙	丙	丁	戊	己
辛	辛	庚	癸	壬	乙	甲	丁	丙	己	戊
壬	壬	癸	甲	乙	丙	丁	戊	己	庚	辛
癸	癸	壬	乙	甲	丁	丙	己	戊	辛	庚

【지지 십성 표출 도표】

	比肩	劫財	食神	傷官	偏財	正財	偏官	正官	偏印	正印
甲	寅	卯	巳	午	辰戌	丑未	申	酉	亥	子
乙	卯	寅	午	巳	丑未	辰戌	酉	申	子	亥
丙	巳	午	辰戌	丑未	申	酉	亥	子	寅	卯
丁	午	巳	丑未	辰戌	酉	申	子	亥	卯	寅
戊	辰戌	丑未	申	酉	亥	子	寅	卯	巳	午
己	丑未	辰戌	酉	申	子	亥	卯	寅	午	巳
庚	申	酉	亥	子	寅	卯	巳	午	辰戌	丑未
辛	酉	申	子	亥	卯	寅	午	巳	丑未	辰戌
壬	亥	子	寅	卯	巳	午	辰戌	丑未	申	酉
癸	子	亥	卯	寅	午	巳	丑未	辰戌	酉	申

【십성의 명칭】

비아자(比我者)　● 일간과 오행이 같고 음양이 같은 – 비견(比肩)
　　　　　　　● 일간과 오행이 같고 음양이 다른 – 겁재(劫財)

아생자(我生者)　● 일간이 생하며 음양이 같은 – 식신(食神)
　　　　　　　● 일간이 생하며 음양이 다른 – 상관(傷官)

아극자(我剋者)　● 일간이 극하며 음양이 같은 – 편재(偏財)
　　　　　　　● 일간이 극하며 음양이 다른 – 정재(正財)

극아자(剋我者)　● 일간을 극하며 음양이 같은 – 편관(偏官)
　　　　　　　● 일간을 극하며 음양이 다른 – 정관(正官)

생아자(生我者)　● 일간을 생하며 음양이 같은 – 편인(偏印)
　　　　　　　● 일간을 생하며 음양이 다른 – 정인(正印)

▶ 사주에 배속된 음양과 오행은 일간(我)을 기준으로 간지(干支) 팔자(八字)들이 상호간의 상생상극 작용에 입각하여 열 개의 십성으로 표출된다.

인류 최초의 과학작품

사주명리학은 인류가 알 수 없는 미래를 현명하게 살아가기 위해 만든, 어쩌면 인류 최초의 과학적 작품일 것이다. 즉 모든 것을 수학적 잣대로 입증할 수 있는 과학이라기보다는 규칙적인 우주의 사이클 속에서 인류가 수천 년간 지속적이고 반복적으로 활용하고 있다는 것, 출생 연월일시의 팩트에 따라 공통분모의 분석시스템이 갖춰져 있다는 것, 그것만으로도 사주명리학은 과학적 범주에 있다고 할 수 있다. 그러므로 사주명리학을 탄생시킨 음양오행과 십간십이지의 근원에 대하여 충분한 자료를 접할 수 있어야 하고 깊은 이해가 필요하다.

그리고 우리 인간들이 영혼이 맑다는 것은 매우 중요하고 흥미진진한 일이다. 왜냐하면 우주 내 가장 신성한 에너지가 정수리로 들어올 경우 머리가 맑아지며 아울러 양심이 밝게 된다. 그렇게 밝아진 양심은 결국 자신의 모든 일을 긍정적으로 이끌게 되고 행복지수를 극대화시키기 때문이다. 그리고 우리가 수양(修養)을 하는 과정도 자신의 영육에 깃들어 있는 스스로 불만족스러운 에너지를 몸과 마음의 수양(修養)을 통해서 내보내고 좋은 에너지(氣運)를 받아들여 정화시키는 과정인 것이다.

이와 같이 에너지의 원형인 음양오행의 차원 높은 긍정적 활용은 한 인간의 지성과 양심을 아름답게 성장시키므로 행복한 성공자가 되어 개인은 물론 가족과 단체를 넘어 국가를 이롭게 한다. 즉 음양오행이란 소프트웨어가 십간십이지의 하드웨어와 결합하여 개인의 재능과 능력, 정서를 초월적으로 경영할 수 있다는 차원으로써 정신문화에 대한 높은 인식을 요구하는 것이다.[24]

---

24) 『음양오행론의 역사와 원리』, 김기승. 이상천, 2017. p.6.

Part 1 십성의 성립 과정과 간지의 역할

2장

간지의 속성과 역할

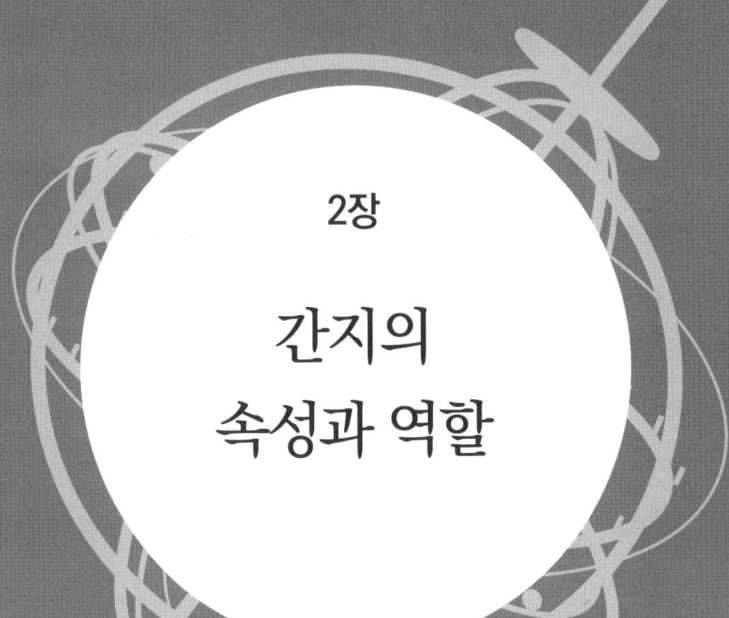

인간의 본성과 四柱의 위치별 역할
그리고
모든 것을 말해주는

'상생상극'

1. 천간(天干)·지지(地支)의 속성

1) 일간의 본성(本性)

甲(陽木)	부러지더라도 절대 굽히지는 않음. 직립(直立)	
乙(陰木)	굽히더라도 절대 죽지는 않음. 담쟁이 넝쿨을 타고 올라가는 생존력(生存力)	
丙(陽火)	태양처럼 높이 떠서 빛나고 싶음. 세상을 비추는 빛[光]	
丁(陰火)	강하지 않아도 반짝반짝 존재의미를 보이고 싶음. 녹이고 용해하는 열(熱) / 외유내강(外柔內剛)	
戊(陽土)	태산처럼 많은 이를 포용하고 외경심을 갖게 하고 싶음. 외강내유(外剛內柔)	
己(陰土)	농부처럼 부지런히 성실하게 살고 싶음. 다재(多才), 다변(多辯)	
庚(陽金)	변하지 않는 굳은 마음으로 순수하게 살고 싶음. 庚-丁 화련진금(火煉眞金) / 庚-壬 경발수원(庚發水遠)	
辛(陰金)	다소 까칠하고 시니컬하지만 스마트함. 보석(寶石)	
壬(陽水)	바다처럼 끝없이 흘러가서 세상의 끝을 보고 싶음. 윤하(潤河), 굴곡(屈曲)의 흐름	
癸(陰水)	안개처럼 비처럼 감성이 살아있는 삶을 살고 싶음. 다재다능(多才多能)	

2) 천간(天干)의 속성

① 甲木의 해설

의미

甲木은 씨의 껍질, 떡잎 날 갑(甲)자이다. 두꺼운 부갑(符甲)을 터뜨리고 솟아나오는 것으로 부(符)는 부(孚)로 발음이 부갑(符甲)[25]과 같으므로 마치 달걀의 껍질과 같다. 만물의 열매가 처음으로 껍질을 쓰고 탄생되는 상태처럼 생각해서 맨 앞을 상징한다. 인체의 가장 윗자리인 머리(頭)에 해당된다.

물상

대림목, 전봇대, 산림, 장롱, 신문사, 서점, 대들보, 열매나무.

성정

곧고 바르게 하늘을 향해 뻗쳐가니 스케일이 크고 활동적이며 앞장서려는 기질이 강하다. 또한 지혜와 총명함이 겸비되고 인자하고 성실한 리더의 기상이 있으며 이해타산이 분명하다. 반면 고집이 세고 자존심이 강하며 인정이 있는 듯해도 속은 냉정하기도 하여 모든 것을 독차지 하려하니 뜻대로 되지 않을 때는 허탈하고 고독한 속마음을 갖고 있다.

---

25) 부갑(符甲) : 풀씨의 껍질.

② 乙木의 해설

의미

乙木은 굽을 을(乙)자이다. 싹이 트기 시작하여 아직 펴지 못하고 구부러져 있는 것과 같은데, 즉 껍질을 빠져나가 꾸불꾸불 자라고 있는 현상이다. 구부러지고 얽히어 있는 모양을 형용한다. 그 글자 자체에 구부러진 모양처럼 모든 것에 유연하다. 인체의 목[亢]에 해당된다.

물상

화초, 붓, 머리카락, 실, 가구, 도장, 책상, 신문, 잡지, 화장대, 의복, 향수, 가이드.

성정

화초와 같이 아름답고 깔끔하며 치장을 좋아하고 수다와 돌아다니기를 좋아하며 인자하고 자상하다. 또한 쾌활한 성품으로 어디가나 환영받는다. 반면 사치스럽고 의타심이 많아 배우자나 부모에게 의지하려는 기질이 있으며 고집이 세어 남의 말을 잘 듣지 않고 심사가 틀리면 잘 삐치며 여성스런 성격으로 변덕이 심하다.

③ 丙火의 해설

의미

丙火는 남녘, 밝음, 굳셀 병(丙)자이다. 빛을 발하고 양(陽)의 길이 현저하게 밝은 것을 말한다고 되어 있다. 『석명(釋名)』이라는 책에 따르면 병(丙)은 병(炳)이므로 만물이 생겨 밝고 확실해지는 것이다. 또 양기(陽

氣)가 위로 올라가고 음기(陰氣)가 문 안으로 들어오는 현상이다.

물상

태양, 용광로, 발전기, 컴퓨터, 정보, 통신, 마케팅, 휘발유, 문화, 사슴.

성정

화기(火氣)는 밝고 세상을 비추므로 화려하고 명랑하며 솔직하고 담백하며 수단이 좋고 예의 바르며 언변이 탁월한 화술(話術)가다. 반면 화기(火氣)는 위로 치솟으니 조급한 성격이며 허풍과 과장이 많다. 또 일방적으로 행동하고 고집이 세며 감정변화가 급속하여 실언을 하는 등 그의 마음을 종잡을 수 없다. 밖으로 보여지는 대외적인 명분을 매우 중요시한다. 인체의 어깨에 해당된다.

④ 丁火의 해설

의미

丁火는 성할 정(丁)자이다. 丁字는 줄기가 쭉 뻗어 올라가는 씩씩한 모습으로 장정(壯丁)의 씩씩함을 나타낸다. 20~30대의 젊은 사람을 장정이라 하는 것처럼 싹이 자라서 이미 튼튼하게 된 것을 나타낸다. 겉은 여리나 속이 강한 기상이다. 인체의 심장에 해당된다.

물상

촛불, 전등, 가로등, 레이져, 소프트, 전등, 확성기, 카메라, 화장품.

성정

조용한 불빛으로 온화하고 다정하며 예의 바르고 현실적이며 선견지명이 뛰어나 앞장서는 기질과 욕심이 많다. 반면 바람에 흔들리는 등불처럼 주관을 못 지키며 명랑한 이면에 수심과 근심이 많고, 또 외면은 온순해 보이나 승부욕이 많아서 저돌적이고 이기적이다.

⑤ 戊土의 해설

의미

戊土는 무성할 무(戊)자이다. 무성할 무(茂)와 같아서 모든 초목이 무성한 것으로 싹이 생장해서 만물이 더욱 성숙하게 무성해지는 것을 나타낸다. 초목이 뿌리를 깊이 내려 영존하니 만물을 포용하고 자비를 제공하는 기상이다. 인체의 옆구리에 해당된다.

물상

대지, 태산, 운동장, 평야, 언덕, 동상, 성곽, 담장, 황토방, 굴뚝, 과수원, 골프장.

성정

태산과 같이 웅장하여 무게 있고 중후하며 신용과 충정을 지키고 포용력 있으며 관대하고 털털한 성품에 남의 일에 잘 끼어들어 중재의 역할에 탁월하다. 반면 우유부단하여 줏대가 없을 수 있고 고집이 세며 속마음을 잘 털어놓지 않고 과거사를 논하고 꽁하는 심성이다.

⑥ 己土의 해설

의미

己土는 몸, 다스릴 기(己)자이다. 기(紀)에서 나온 것으로 초목이 무성해지고 난 다음 자기의 몸과 같다는 것으로 모두 정해진 형상으로 되며 정연히 보아 분별할 수 있는 상태를 표시한다. 양기를 음기로 전달하는 중간역할을 하며 자신이 양기와 음기를 몸소 다스리는 형상이다. 인체의 배에 해당된다.

물상

전원토, 마당, 거실, 화단, 발자국, 도공예품, 질그릇, 모래, 오솔길, 공원.

성정

작고 아름다운 정원과 같아서 사교성이 좋으며 적을 만들지 않는다. 기름진 텃밭에 풍성한 채소를 거두니 실속 있고 예감이 빠르다. 그러니 사람들 속에서 중매나 소개를 잘하는 한편, 쓰기를 좋아하며 기록을 잘한다. 반면에 말이 많아 핀잔을 듣거나 소심하여 큰일을 그르치게 된다.

⑦ 庚金의 해설

의미

庚金은 도로, 나이 경(庚)자이다. 바꿀 경(更)과 같이 물건을 단단히 뭉친다는 의미를 가지며 분열, 발전하던 기운이 통일하는 기운으로 완전하게 바뀌는 것이다. 지금까지 새싹이 무성한 잎으로 신장(伸張)한 것이 계절이 가을로 향하고 비바람이나 흐림 등을 냉기로 경화(硬化)

하는 상태를 표시한다. 즉 음기가 만물을 뭉치는 것을 말한다. 인체의 배꼽에 해당된다.

물상

강철, 중장비, 기차, 철강, 선박, 바위, 광산, 선박, 무기, 펌프.

성정

강철 같은 견고함과 차가움으로 결단력 있고 개혁에 앞장선다. 의리를 중시하여 겉은 차가워도 속은 따듯한 성품이며 시작한 일은 신속하게 처리하며 끊고 맺음이 분명하여 좋다. 반면 너무 완벽주의로 속마음을 드러내지 않고 혼자 결론을 내다가 실패하고 간혹 과격하여 깡패의 기질도 있다.

⑧ 辛金의 해설

의미

辛金은 매울, 살상할 신(辛)자이다. 새로운 신(新)과 같으므로 모든 물건이 처음으로 새롭게 된다는 것이며 모두 그 속이 차고 성숙해 완성된 것을 표시한다. 또 차고 날카로우며 매우니 그 속성이 냉정함을 표상한다. 인체의 허벅지에 해당된다.

물상

보석, 수저, 시계, 만년필, 침, 열쇠, 구슬, 금고, 현금, 주옥, 조약돌, 유리, 칼.

성정

잘 제련된 보석으로 火를 싫어하고 水를 좋아하니 깨끗하고 냉정하며 지혜롭고 현명하며 외모가 준수하거나 아름답다. 반면 까다롭고 냉정한 성격으로 이기적이고 고집스러우며 자만심이 강하여 대인관계에는 항상 문제가 많이 따른다. 또 사람을 잘 믿지 못하여 친구가 적다.

⑨ 壬水의 해설

의미

壬水는 짊어질 임(壬)자이다. 맡길, 맡은 임(任)과 같으므로 하나로 완전히 통일되어 책임지고 있음을 말하니 잉태한다는 임(姙)으로도 통한다. 양기(陽氣)가 작동하여 만물을 밑에 임양(任養)하는 뜻으로, 즉 짊어지고 기른다는 것이다. 여름이 지나며 열매가 맺고 난 다음, 다시 싹을 기르는 임무가 있는 상태를 상징한다. 인체의 종아리에 해당된다.

물상

바다, 강물, 소나기, 호수, 저수지, 생수, 음료수, 자궁, 철새, 수돗물, 사우나.

성정

바다와 강물과 같아서 스케일이 크고 넓으며 흐르는 물처럼 넓은 곳으로 진출하려는 기상과 총명하고 책임감 있으며 희생정신이 강하다. 반면 유동성이 강하여 한곳에 정착을 못하고 법과 도덕을 무시하며 저돌적인 성향으로 과욕을 부리고 무모한 도전을 한다. 또한 바람기가 많으며 한 번 뒤돌아서면 재고하지 않는다.

⑩ 癸水의 해설

의미

癸水는 헤아릴 계(癸)자이다. 헤아릴 규(揆)와 같으므로 기운을 내부에 잉태하고 봄이 되면 자신이 다시 싹을 틔우고 나가려는 모습이다. 이런 자연의 법을 헤아릴 정도가 되었다는 것으로, 즉 만물을 규탁(規度)할 수 있는 것을 말한다. 인체의 발에 해당된다.

물상

이슬비, 시냇물, 눈물, 하수도, 눈(雪), 샘물, 수증기, 안개, 구름, 서리, 정액.

성정

차가운 빗물과 같아서 냉정하고 총명하며 지식이 많은 한편 온화하고 다정하며 여리다. 누구나 일단 마음을 준 사람에게는 확실하게 잘해 준다. 또한 자신과 가족을 위해서 수단과 방법을 가리지 않고 목적을 향해 도전한다. 그러나 자존심이 강하여 모든 일을 자기 주관대로 진행하고 냉정하고 잔혹하여 종종 욕을 먹는 형이다.

3) 지지(地支)의 속성

子午亥巳는 체용(體用)이 다르다.
- 子午는 체(體)는 陽이나 지장간의 정기(正氣)가 陰이므로 육신법상 陰으로 표출한다. 亥巳는 체(體)는 陰이나 지장간의 정기(正氣)가 陽으로 육신법상 陽으로 표출한다.

① 子水의 해설

子水는 십이지 가운데 첫 번째에 속하고 계절로는 11월이다. 子水는 원래 양수(陽水)이지만 육신법(六神法) 상 음수(陰水)로 작용한다. 사주의 생극관계(生剋關係)는 일간 대 지지로 보지 않고 지(支) 중에 암장된 간(干)을 위주로 하는 경향이 있으므로 子 중 癸水 정기(正氣)에 의한 것이다. 동물은 쥐이고 방위는 정북(正北)이다. 水는 하루 중 한밤에 속하니 흑색이며 묵지(墨池)의 상이다.

- 子의 干支 : 甲子, 丙子, 戊子, 庚子, 壬子
- 지장간(支藏干) : 壬(여기 10일), 癸(정기 20일)
- 시간(時間) : (子時) 오후(밤) 11시30분부터 ~ 새벽 01시 30분까지
- 절기(節氣) : 대설(大雪)부터 ~ 소한(小寒) 전까지
- 물상(物像) : 물, 강, 연못, 우물, 땀, 개천, 생선, 달팽이, 소금물 등이 해당된다.
- 오행의 기(氣) : 응축된 水로 木을 생하고 火를 극한다. 일 년 중 가장

밤이 긴 날로 음이 극에 이르렀음을 알 수 있다. 음이 극하여 다시 양이 시작되므로 동지 10일 후 일양(一陽)이 발생하는 곳이다. 木을 生하고 火를 극하지만 火가 없으면 生木하는 능력이 약해질 수 있다. 11월로 입동(立冬)에서 대설(大雪)까지로 만물이 휴식하는 시기이며 기(氣)가 안으로 모여 음(陰)하고 정(淨)하며 새로운 시작을 꿈꾸고 있다.

② 丑土의 해설

丑土는 음토(陰土)로 丑 중에 癸水가 있으므로 습토(濕土)이다. 계절은 12월의 동절(冬節)에 해당하며 방위는 동북이니 동토(凍土)라고도 한다. 동물은 소에 속한다. 어둠 속의 황색이며 여명(黎明)을 기다리는 소의 상이다.

- 丑의 干支 : 乙丑, 丁丑, 己丑, 辛丑, 癸丑
- 지장간(支藏干) : 癸(여기 9일), 辛(중기 3일), 己(정기 18일)
- 시간(時間) : (丑時) 새벽 01시 30분부터 ~ 03시 30분까지
- 절기(節氣) : 소한(小寒)부터 ~ 입춘(立春) 전까지
- 물상(物像) : 금고, 차고, 빙판, 무기, 농토, 흙, 교량, 소, 노새 등이 해당된다.
- 오행의 氣 : 동토(凍土)로서 음기가 모이고 흙과 水를 탁하게 엉겨놓지만, 水가 맑으면 흘러가고 얼지 않으면 흙이 쓸려나가니 이는 봄에 나무를 키우려고 응결(凝結)시켜 대비하는 것이다. 조염(燥炎)한 사주의 木은 丑土가 있어도 매우 좋다고 본다. 金을 생하지만 金이 많으

면 묻히고, 火가 치열하면 온도를 조절하지만 火가 약할 때는 火를 더욱 어둡게 한다.

③ 寅木의 해설

寅木은 지지 가운데 세 번째 神이다. 양목(陽木)에 속하고 방위는 동북방이며 계절로는 1월[正月]에 해당한다. 동물은 범에 속한다. 초록이 움트는 청, 녹색이며 의연한 청송(靑松)의 상이다.

- 寅의 干支 : 甲寅, 丙寅, 戊寅, 庚寅, 壬寅,
- 지장간(支藏干) : 戊(여기 7일), 丙(중기 7일), 甲(정기 16일)
- 시간(時間) : (寅時) 새벽 03시 30분부터 ~ 05시 30분까지
- 절기(節氣) : 새해 입춘(立春)부터 ~ 경칩(驚蟄) 전까지
- 물상(物像) : 나무, 산림, 서적, 의복, 신문, 책상, 악기, 발전기, 호랑이 등에 해당한다.
- 오행의 氣 : 초춘에 한기 서린 어린나무답지 않게 火를 생하고 능히 왕수(旺水)를 설기하여 유통시킨다. 음기를 거두어 양기가 발산되기 시작하는 기상으로 활동범위가 넓고 크다. 만물이 자라고 활동하는 시작으로 자신의 능력을 당당히 표현하고 감추지 않는 양기의 발산이다. 戊土의 장생지로 땅을 포용하나 金에 억눌리는 것을 싫어한다.

④ 卯木의 해설

卯木은 음목(陰木)으로 木이 왕성한 시기로 방위는 정동방에 위치하고 계절은 2월이다. 동물은 토끼이고, 싹이 돋아나 자라는 초록과 청색이며 곡직(曲直)선의 화초 같은 상이다.

- 卯의 干支 : 乙卯, 丁卯, 己卯, 辛卯, 癸卯
- 지장간(支藏干) : 甲(여기 10일), 乙(정기 20일)
- 시간(時間) : (卯時) 아침 05시 30분부터 ~ 07시 30분까지
- 절기(節氣) : 경칩(驚蟄)부터 ~ 청명(靑明) 전까지
- 물상(物像) : 나무, 문패, 섬유, 화초, 가구, 의복, 목기, 책상, 수레 등이 해당된다.
- 오행의 氣 : 춘절(春節)의 음기가 가득 차오르는 왕성한 나무의 기상으로 지지 장간에 水를 저장하지 않고도 水氣가 많다는 것은 꽃을 피우기 위한 자기축적의 결과이다. 그러므로 천간의 木에게 강하고 견실한 뿌리가 될 수 있다. 하여 능히 火를 생하고 土의 양분을 빼내어 허(虛)하게 한다. 金으로 다스림을 기뻐하나 木이 강하면 결금(缺金)이 된다.

⑤ 辰土의 해설

辰土는 양토(陽土)이나 癸水를 간직하고 있어 습토(濕土)라고 한다. 방위는 동남방이며 계절은 3월이고 동물은 용이다. 태양이 올라 밝은 아침으로 황색이며 농경지(農耕地)의 상이다.

- 辰의 干支 : 甲辰, 丙辰, 戊辰, 庚辰, 壬辰
- 지장간(支藏干) : 乙(여기 9일), 癸(중기 3일), 戊(정기 18일)
- 시간(時間) : (辰時) 아침 07시 30분부터 ~ 09시 30분까지
- 절기(節氣) : 청명(淸明)부터 ~ 입하(立夏) 전까지
- 물상(物像) : 흙, 산등성이, 토석, 골재, 정원, 약재, 농토 등이다.
- 오행의 氣 : 여름을 나기 위해 水를 저장하는 창고이며 木을 남겨 여름에 木을 활동하게 한다. 金을 생하여 계절의 순환을 도모하고 치열한 火를 설하여 온도를 조절하는 중개역할에 충실하니 쓰임새가 고르다. 또한 습기(濕氣)를 머금어 지혜를 담고 있으니 金을 만나면 총명하고 水를 만나면 화합하는 음양의 가교(架橋)역할에 천부적이다.

⑥ 巳火의 해설

巳火는 본래 음에 속하지만 巳 중 丙火를 취용하는 원리로 인해 육신법상 양화(陽火)의 작용을 하게 된다. 방위는 동남간이며 계절로는 4월이고 동물로는 뱀이다. 붉은 적색으로 총명한 정신(淨神)의 상이다.

- 巳의 干支 : 乙巳, 丁巳, 己巳, 辛巳, 癸巳
- 지장간(支藏干) : 戊(여기 7일), 庚(중기 7일), 丙(정기 16일)
- 시간(時間) : (巳時) 오전 09시 30분부터 ~ 11시 30분까지
- 절기(節氣) : 입하(立夏)부터 ~ 망종(芒種) 전까지
- 물상(物像) : 불, 용광로, 화학, 전등, 사진, 담배, 전화, 휘발유, 미용 재료 등이 해당한다.

- 오행의 氣 : 金의 장생지로서 가을을 약속하고 火氣의 여름에 입성한다. 丙火를 포용하고 丁火의 뿌리로 金을 다스려 쓰임을 만드는 조율역할에 능하다. 木의 습기를 발산시켜 재목(材木)이 되게 하므로 문학과 정보를 주관하는 지적인 기운을 발현시킨다. 金의 음기를 내포하여 넘치지 않는 묘용(妙用)을 갖춘 火力이다.

⑦ 午火의 해설

午火는 양화(陽火)에 속하지만 午의 정기인 丁火가 음화(陰火)이므로 암간을 취용하여 육신법상 음간(陰干)의 작용을 한다. 午火는 계절은 5월이며 방위는 정남방에 위치한다. 동물로는 말이다. 적색으로 화려한 정신(情神)의 상이다.

- 午의 干支 : 甲午, 丙午, 戊午, 庚午, 壬午
- 지장간(支藏干) : 丙(여기 10일), 己(중기 9일), 丁(정기 11일)
- 시간(時間) : (午時) 오전 11시 30분부터 ~ 낮 13시 30분까지
- 절기(節氣) : 망종(芒種)부터 ~ 소서(小暑) 전까지
- 물상(物像) : 불, 악세사리, 화장품, 간판, 안경, 사진, 조명등, 유흥장소 등이 해당된다.
- 오행의 氣 : 陽火의 몸으로 음기를 발산하는 부드럽고 강렬한 형상이다. 水를 두려워하지 않고 능히 金을 다스릴 능력이 있어서 강금(强金)이 두렵지 않다. 젖은 땅과 습목(濕木)을 말릴 수 있으니 사계절을 관장하는 陽氣라 하겠다. 다만 火가 치열함에는 겸손할 수 없는 발화(發火)의 정신세계가 고여 있다.

⑧ 未土의 해설

未土는 음토(陰土)이지만 未土 중에는 丁火의 화기(火氣)가 있고 수기(水氣)가 없기 때문에 메마른 조토(燥土)이다. 계절상으로는 6월이며 방위는 서남방이고 동물은 양이다. 누런 황색이며 골재(骨材)의 상이다.

- 未의 干支 : 乙未, 丁未, 己未, 辛未, 癸未
- 지장간(支藏干) : 丁(여기 9일), 乙(중기 3일), 己(정기 18일)
- 시간(時間) : (未時) 오후 13시 30분부터 ~ 15시 30분까지
- 절기(節氣) : 소서(小暑)부터 ~ 입추(立秋) 전까지
- 물상(物像) : 흙, 골재, 시멘트, 정원, 담장, 모래 등이 해당된다.
- 오행의 氣 : 火氣가 식어가는 계절에 火氣를 가득 담고 있는 조토(燥土)로서 숙살지기에 木氣를 저장해 주며 강금(强金)을 유연하게 한다. 겨울의 水를 흡수하며 木의 뿌리를 남기는 지혜가 있으니 마른 땅으로 쓰임이 없는 것 같으나 2차적 원료로 훌륭한 쓰임이 펼쳐지는 가치를 스스로 만드는 土이다.

⑨ 申金의 해설

申金은 수원지(水源池)의 양금(陽金)으로 계절로는 7월이다. 申金의 방위는 서방에 위치한다. 짐승은 원숭이다. 金의 속이 희니 흰색이며 무쇠의 상이다.

- 申의 干支 : 甲申, 丙申, 戊申, 庚申, 壬申
- 지장간(支藏干) : 戊(여기 7일), 壬(중기 7일), 庚(정기 16일)

- 시간(時間) : (申時) 오후 15시 30분부터 ~ 17시 30분까지
- 절기(節氣) : 입추(立秋)부터 ~ 백로(白露) 전까지
- 물상(物像) : 금, 은행, 차량, 무기, 비행기, 수도관, 농기구, 방아 등이 해당한다.
- 오행의 氣 : 역마성이 강한 성향으로 水에게는 생지가 되어 마르지 않는 원천지가 되며 木을 자르나 절처봉생으로 救한다. 火가 극하나 다스려줌을 기뻐하고 土를 설(洩)하나 윤습하게 하는 다양성을 발휘한다. 강금(强金)에게는 강함이 더하여 무모하고, 약한 자를 보호하듯 약금(弱金)에게는 책임을 대신한다. 욕망을 펼쳐 행동하고 싶은 포부라 하겠다.

⑩ 酉金의 해설

酉金은 음금(陰金)에 해당한다. 계절은 8월, 방위는 정서방으로 십이지 동물은 닭이다. 酉金 안에는 申月의 庚金과 정기 辛金이 있으나 庚金과 辛金은 오행이 같으므로 辛金만을 암장(暗藏)으로 사용한다. 흰색이며 잘 조각된 보석의 상이다.

- 酉의 干支 : 乙酉, 丁酉, 己酉, 辛酉, 癸酉
- 지장간(支藏干) : 庚(여기 10일), 辛(정기 20일)
- 시간(時間) : (酉時) 오후 17시 30분부터 ~ 19시 30분까지
- 절기(節氣) : 백로(白露)부터 ~ 한로(寒露) 전까지
- 물상(物像) : 금, 보석, 은행, 금은, 현금, 마이크, 침 등이 해당한다.
- 오행의 氣 : 깨끗한 외모와 결집된 金氣의 결정체로서 火氣의 강함에

견고하나 반기지 않고, 土를 설하나 지나친 生을 원하지 않는다. 甲寅乙卯 木을 자르나 책임지지 않으며, 水를 생하나 깊지 않고 포용하지 않는 것은 자신의 고유한 견고함과 오만이라 하겠다. 그러나 결속하고 결과가 확실한 것을 좋아하는 속성은 변함이 없다.

⑪ 戌土의 해설

戌土는 양토(陽土)로 계절은 9월이요, 戌土의 방위는 서북방이다. 십이지 동물로는 개이다. 戌土는 水가 없고 丁火가 암장되어 있으니 조토로 황색이고 화로(火爐)의 상이다.

- 戌의 干支 : 甲戌, 丙戌, 戊戌, 庚戌, 壬戌
- 지장간(支藏干) : 辛(여기 9일), 丁(중기 3일), 戊(정기 18일)
- 시간(時間) : (戌時) 오후 19시 30분부터 ~ 밤 21시 30분까지
- 절기(節氣) : 한로(寒露)부터 ~ 입동(立冬) 전까지
- 물상(物像) : 흙, 공장, 화로, 도자기, 시계, 분묘 등이 해당된다.
- 오행의 氣 : 金氣를 저장하고 木을 부양하지 않으나 겨울에 나무뿌리가 얼어 죽지 않게 火를 저장하고 있다가 寅木에게 넘겨준다. 또 水를 극하지만 넘치는 水를 조절하고 한습(寒濕)함을 제거한다. 가을과 겨울 사이에서 사색하며 고독하나 자신의 역할에는 결코 방만하지 않고 충직하며 성실한 모습으로 임하는 왕토(旺土)의 상이다.

⑫ 亥水의 해설

亥水는 음수(陰水)이나 육신법상 亥 중 壬水를 취용함으로써 양수(陽水) 작용을 하게 한다. 亥水는 서북방에 위치하고, 계절은 10월이요, 십이지 동물은 돼지이다. 흑색이며 넓고 깊은 바다의 상이다.

- 亥의 干支 : 乙亥, 丁亥, 己亥, 辛亥, 癸亥
- 지장간(支藏干) : 戊(여기 7일), 甲(중기 7일), 壬(정기 16일)
- 시간(時間) : (戌時) 오후 21시 30분부터 ~ 23시 30분까지
- 절기(節氣) : 입동(立冬)부터 ~ 대설(大雪) 전까지
- 물상(物像) : 물, 바다, 음료, 소금물, 주류, 세탁기, 군함, 생선 등에 해당한다.
- 오행의 氣 : 십이지지의 마지막으로 음하나 陽氣가 강하다. 甲木을 저장하고 자신의 음기를 다스리려 戊土가 남아있다. 흐르는 물로 능히 木을 생하고, 金生水가 많으면 넘치게 되나 강금(强金)은 설기시킨다. 또한 토류(土流)시키나 조토(燥土)를 적셔 윤택함을 이루게 한다. 水가 넘칠 때 寅亥合, 亥卯未合 木局을 이루면 설수생목(洩水生木)으로 흐름을 고요하게 한다.

2. 사주(四柱)의 위치별 역할

【위치별 명칭】

時柱	日柱	月柱	年柱	四柱
時干	日干(我)	月干	年干	天干
時支	日支	月支	年支	地支

【위치별 역할】

연주	태어난 해의 간지가 이루는 기둥 : 조상과 국가적 소명을 의미 (은덕, 경험, 과거)
월주	태어난 월의 간지가 이루는 기둥 : 부모형제와 사회적 소명을 의미 (조직, 인맥, 환경)
일주	태어난 날의 간지가 이루는 기둥 : 나와 배우자, 잠재의식을 의미 (욕구, 의식, 현재)
시주	태어난 시의 간지가 이루는 기둥 : 자녀와 부하, 미래 소망을 의미 (비밀, 꿈, 미래)

천간은 모두 사회생활과 정신적 변화에 크게 관여
: 외향적 사고, 사회적 마인드, 직업 활동
지지는 모두 개인생활과 실제적 변화에 크게 관여
: 내면적 사고, 개인적 마인드, 개인 활동

3. 상생 상극의 의미와 사고

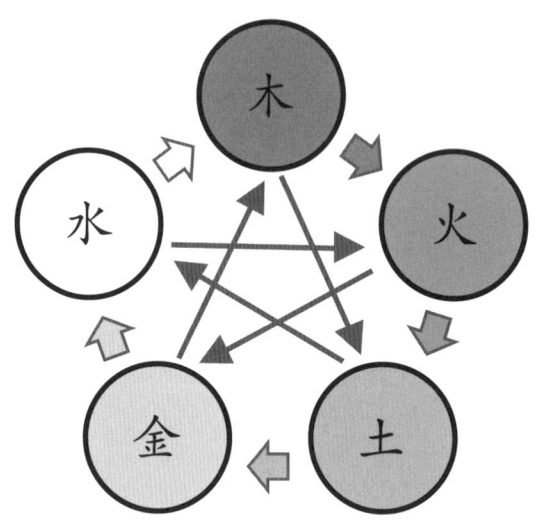

1) 상생(相生)의 과정

상생	• 상생은 자연스러운 에너지의 흐름 • 안으로 흘러 들어오고, 바깥으로 흘러감 • 木을 중심으로 왼쪽은 에너지 유입의 in-course • 木을 중심으로 오른쪽은 에너지 유출의 out-course • 일간을 중심으로 水와 火는 과정중심 사고 • 일간을 중심으로 金과 土는 결과중심 사고

2) 상극(相剋)의 과정

상극	- 상극은 급박하고 긴급한 에너지의 흐름 - 오행의 안쪽으로 은밀하게 벌어지는 관계가 바로 상극(相剋) - 한 단계를 생략하고 넘어가므로 긴급함 - 木이 火를 생해주는데 火는 木이 아닌 土를 생해주므로 여기에서 빚어지는 애증의 결과가 바로 木剋土라는 응징 - 木의 극을 받은 土가 당할 수만은 없어서 木을 생해주는 水를 剋해 버리는 복수전이 이어짐

3) 비화(比化)의 과정

비화	- 비화(비겁)는 같은 오행으로 동질성의 에너지 - 비화는 상생, 상극이 잘 안 됨 - 서로 협조하지만 내면은 지기 싫어하고 경쟁하는 심리다 - 경쟁심리가 있어 조급하고 빠름

음양원리[26]

1. 대립제약(大立制約) : 음양을 동시에 하나의 구성체로 보고 있다는 것인데 하늘과 땅, 동과 서, 남과 여 등이 같이 존재하는 것처럼 음양은 항상 서로 대립하면서 공존하고 있다는 개념이다. 이에 대하여 주희는 "음양에는 흘러가고 움직이는 것이 있고 위치가 정해진 것이 있다. 흘러가고 움직이는 것은 더위와 추위가 오고가는 현상이고 음과 양을 나누어 양의(兩儀)가 세워진다는 말은 위치가 정해진 것이니 천지, 상하, 사방이 이것이다."라고 하였다.

2. 상호호근(相互互根) : 음양은 상호대립적이면서 또한 일정한 상태를 유지하고 있는데 이런 둘 사이는 상호대립하고 있는 반면에 의존하고 있기 때문에 어느 하나라도 다른 하나를 떠나 혼자서는 존재할 수 없다는 것이다. 음양의 관계는 서로 독립적인 개체로는 존재할 수 없고, 동시에 존재하는 것이다.

3. 소장평형(消長平衡) : 음양에 있어서 평형(平衡)상태라는 것은 정지된 상태에서 만들어지는 절대적인 평형이 아닌, 일정 한도와 시간에 따라 음소양장과 양소음장이 유지되는 상대적 평형을 의미한다. 이에 대하여 주희는 "하늘과 땅 사이에 '양립'하는 것은 없다. 음이 양을 이기지 않으면 양이 음을 이기는 것이다. 이와 같지 않은 것이 없고 이와 같지 않은 때가 없다."라고 하였다.

4. 상호전화(相互轉化) : 음양 간에 있어서 가장 중요한 상호관계가 음양 간의 전화(轉化)관계라고 볼 수 있다. 우주 안에서 벌어지는 자연현상을 음양의 의미로 표현하면 '한 번은 양(陽)이 되고 한 번은 음(陰)으로 변하면서 서로 전화되어 운동하는 것이다.'라는 의미인데 이는 음양 주기의 변화가 곧 우주의 자연법칙이란 것이다.

---
26) 『음양오행론의 역사와 원리』, 김기승, 이상천, 2017. pp.18-21.

Part 1 십성의 성립 과정과 간지의 역할

3장

십성의 기능과 기본역할

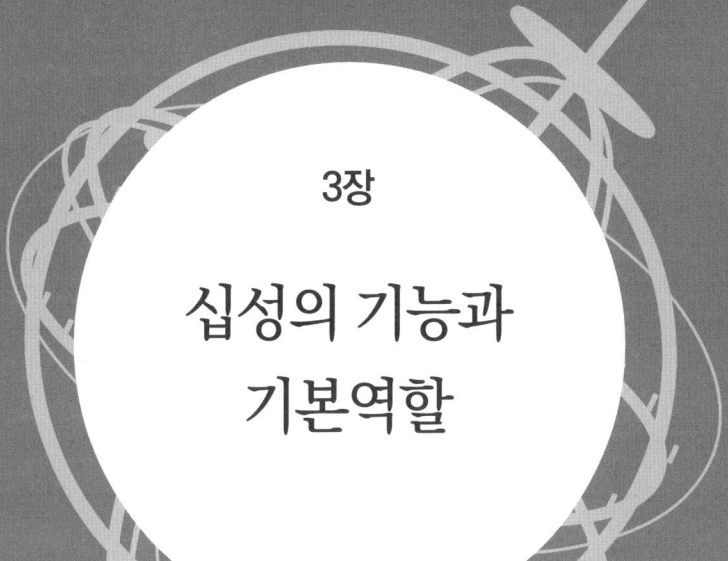

일간과 십성의 기본 해설
그리고
노력과 결과에 따른
'부(富)와 귀(貴)'

1. 일간과 십성의 기본 해설

일간을 生 = 인수	수용적. 받는 데에 익숙하고 학문적 욕구가 강함 : 보수적, 의무적, 정통적, 차례와 순서를 지킴
일간이 生 = 식상	베풀 줄 아는 사람, 표현력이 좋은 사람 : 연구, 서비스 정신, 공개경쟁마인드, 자유분방, 창조적
일간이 훼 = 재성	재물욕이 강하고 현실적인 사고방식, 실현욕구가 강함 : 계산적, 지배심리, 물질주의, 축재, 사업적 마인드
일간을 훼 = 관성	자기관리와 규범적인 경향이 강하고 책임의식이 강함 : 안전관리, 자기명예중시, 권위적, 조직관리 형
일간과 同 = 비겁	친구가 많고 자신감이 넘치며 추진력이 강함 : 몰입에너지 강, 조급함, 칭찬에 의욕, 단기간 능률

[적용사례]

황OO 박사

丙乙壬壬
戌未子辰

일간을 생하는 인수 강 - 학문적 욕구와 실현

일간이 생하는 상관 투출 - 표현력과 공개경쟁심

일간이 극하는 재성 강 - 물질주의, 실현의 욕구

일간을 극하는 관성 무 - 책임감 취약, 법을 어김

일간과 같은 비겁 평범 - 매사 의욕 원만

2. 노력과 결과에 따른 십성의 관계

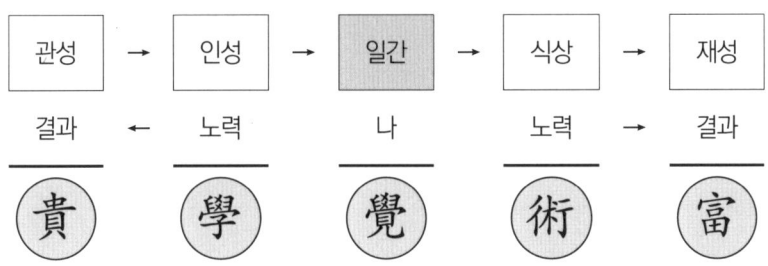

십성이 이루는 구조는 다양하며 그 구조에는 한 개인의 강점지능과 선호하는 활동에 대한 정보를 분석하는 것이 십성코스이다.

분석의 첫 번째 단계가 바로 노력과 결과라는 십성의 에너지의 흐름을 읽어내는 것이다.

일간은 식상을 생해주고 식상은 재성을 자연스럽게 생한다. 그러므로 일간이 직접 생해주면서 노력한 결과가 재성이라는 재물 혹은 가치이다.

관성은 인성을 생해주고 인성은 일간을 생해준다. 관성이라는 명예나 지위라는 결과와 일간 사이에는 인성이 존재한다.

인성은 관성과 일간이 만나게 되는 중간역할이다.

관성, 인성, 일간의 순으로 생해주는 관계는 1차적으로 성립되지만 중간적 역할은 인성이다. 그러므로 인성은 노력이고 관성은 결과가 된다.

결과적으로 모든 음양오행의 상생상극 과정은 십성의 명칭으로 귀결되므로 열 가지 십성의 독립적인 기질을 잘 이해해야 한다. 나아가 십성들 간의 상관관계와 상호작용 관계로 나타나는 현상들을 이해하는 것과 그에 따른 일반화 용어를 대입하여 사주를 해석하고 분석할 수 있는 능력을 갖춰야 한다.

십성의 文字的 의미

- **인수(印綬)** : 문서, 도장, 인자함, 깨달음, 원인
  - 인(印) 도장 인 – 찍다, 박히다, 부모를 닮는 것이다.

- **비견(比肩)** : 동지 및 경쟁자, 재를 극, 조급, 적극적
  - 비(比) 견줄 비 – 견주다, 모방하다.

- **겁재(劫財)** : 경쟁자, 자존심, 겁탈, 분리
  - 겁(劫) 위협할 겁 – 위협하다. 빼앗다. 부지런하다.

- **관성(官星)** : 명예, 직책, 권력, 감시, 처벌
  - 관(官) 벼슬관 – 관청이나 공직자이다.

- **재성(財星)** : 재물, 반복성, 이동성, 유흥
  - 재(財) 재물 재 – 재물, 녹(祿), 처리하다,

- **식신(食神)** : 식복, 연구생산, 활동, 치장
  - 식(食) 밥 식 – 먹을거리이다.

- **상관(傷官)** : 상하다, 변화, 잘난 체, 모방, 상상력
  - 상(傷) 상처 상 – 이지러진다. 말로 상처를 입힌다

3. 부귀(富貴) 적응력을 측정하는 십성[27]

사주를 분석하기 위해서는 십성의 명칭으로 구성되는 격국용신법(格局用神法)이 중요하다. 통상적으로 한 사람의 그릇을 측정하고 삶의 형태를 보기 위한 것이라고 말할 수 있다. 그러나 격국을 설정하고 용신을 취하는 법은 결국 부귀(富貴)에 적응할 수 있는 능력을 평가할 수 있는 것이기도 하다. 왜냐면 인간은 누구나 부귀를 위해서 노력하고 부귀하고 싶은 본연의 욕망을 위해 살고 있기 때문이다.

재물을 무엇보다 소중하게 생각하는 사람이 있는가 하면, 재물보다 명예를 더 소중히 하는 사람도 있다. 그러나 누구나 원한다고 해서 모두가 채울 수 없는 이유는 각자가 타고난 그릇이 있기 때문이라고 흔히 말한다. 명예를 갖기 위해서 수많은 노력을 했어도 결국 갖지 못하고 허망한 인생을 사는가 하면, 부(富)를 이루기 위해서 불철주야 노력을 하다가 결국 사업실패로 빚에 허덕이고 마는 사람도 우리 주변에서 많이 보았을 것이다. 한편 그다지 힘든 노력을 하지 않았음에도 남보다 더 쉽게 부(富)를 이룬 사람도 있고, 적당히 회사생활을 한 사람이 승진을 빨리 하는 경우도 있으며, 같은 조건에서 어떤 이는 시험에 합격하거나 더 나은 조건에서도 시험에 합격하지 못하는 경우도 있다.

예컨대 서울대학교 법대생이라면 성적이 가장 좋은 사람들이니 모두가 사법시험에 합격해야 맞는 것인데 많은 사람들이 그 시험을 통과하지 못한다. 그리고 성적이 낮았던 지방대생들이나 공대생들이 사법시험에 합격하는 것은 무슨 이유에서일까?

---

27) 김기승, 『격국용신정해[개정판]』, 다산글방, 2020, pp.55-60.

인간이 알 수 없는 우주의 기운이 작용하는 것을 천운(天運)이라 하고 노력보다 많이 받은 복을 천복(天福)이라고 한다. 그러나 천복을 받을 수 있거나 천운의 흐름을 밝혀 찾아 나설 수 없으므로 어느 때인지 운명을 보고자 하는 인간의 심리는 오늘날의 명리학이 인간생활과 함께 할 수 있게 한 이유이고 사회의 현상으로 존재하게 되어 학문으로 연구하게 된 사유라고 생각한다. 그러한 이유와 사유에서 존재되는 명리학의 근본적인 해석은 천(天)이 개인에게 부여한 부귀(富貴)의 척도를 가늠하기에 충분한 이유가 될 수 있다.

명리학을 연구하면서 이러한 것들의 해답을 찾기 위한 방법으로 한 사람의 사주구조에서 부귀에 대한 적응능력을 평가하는 방법을 연구하여 분석법을 시스템화시켜 적용한 결과 매우 유용하다는 것을 알게 되었다.

부귀 적응능력의 측정방법은 먼저 일간을 중심으로 나를 생하는 인성(印星)과 내가 생하는 식상(食傷)의 두 날개를 기준으로 한다.

① 인성(印星)은 관(官)을 원한다. 관(官)은 귀(貴)를 표명한다. 인성(印星)으로 공부하고 노력하여 관(官)을 취하고자 한다.

② 식상(食傷)은 재(財)를 원한다. 재(財)는 부(富)를 표명한다. 식상(食傷)으로 연구하고 생산하여 부(富)를 취하고자 한다.

인성(印星)이 관(官)을 취하고자 할 때 구성이 좋으면 귀(貴)를 취하게 되어 귀에 적응능력이 좋은 것이다. 그러나 이때 재성(財星)이 인성(印星)을 극(剋)하면 관을 취하기 위한 공부가 안 되게 되고, 식상(食傷)이 관(官)을 극(剋)

하면 공부는 했어도 관(官)을 취하지 못하여 귀(貴)를 얻지 못한다.

식상(食傷)이 재(財)를 취하고자 할 때 역시 구성이 좋으면 부(富)를 취하게 된다. 그러나 인성(印星)이 식상(食傷)을 극하면 연구와 생산이 안 되게 되고, 비겁(比劫)이 재(財)를 극하면 비록 연구하고 생산을 했어도 부(富)를 취하지 못하게 된다.

인성(印星)과 식상(食傷)이 발달했어도 재성(財星)과 관성(官星)이 무력하면 인성으로 공부를 잘해놓고도, 식상으로 연구를 잘 해놓았어도 부(富)와 귀(貴)가 높지 못한 것이다. 그러므로 이러한 구조는 부와 귀에 연연하지 않는 전문가가 될 수 있다.

만약 관인상생(官印相生)이 잘 되어 있는 사주가 식상생재(食傷生財)도 잘 되어 있다면 부귀(富貴)의 적응력은 좋을 것이다. 곧 오행(五行)의 치우침이 없는 사주를 말하는 것으로 매사에 소통이 잘되어 적응력이 좋은 경우다.
그러나 관(官)으로 부(富)를 불러들일 수 있고 재(財)로 관(官)을 살릴 수도 있다. 즉 직책이 높으면 급여가 많고 차츰 재물도 풍요로워지거나 재(財)가 많으면 회사명이 높아지거나 명예도 주어지게 되는 것을 말한다. 하여 관인으로 귀(貴)를 취한 사주는 나아가 관(官)을 통하여 재생관(財生官)을 받아 부(富)까지 취할 수 있는지를 살펴야 한다. 식상생재(食傷生財)로 부(富)를 취한 사주는 나아가 재생관을 통하여 귀(貴)까지 취할 수 있는지를 살펴야 한다.
이와 같은 부귀적응력의 코스에 격국과 용신이 부여되어 복합적으로 평가 된다.

나아가 이러한 부귀적응능력은 직업체질과 직업능력 및 직무능력과도 밀접한 관계를 이루게 되어 있다. 즉 높은 관(官)을 취하는 사람은 귀(貴)를 취하게 되는데 직업적으로 보면 고위직을 말하는 것이고, 많은 재(財)를 취하는 사람은 많은 부(富)를 취하게 되는 것으로 직업적으로 볼 때 생산이 잘 되어 사업을 성공시키거나 혁혁한 연구 성과로 인하여 많은 성과급이 뒤따라 결국 부(富)를 이루게 된다.

결론적으로 격국용신법은 길흉화복(吉凶禍福)을 판단하고 예측하는 차원을 넘어 개인의 부귀(富貴)에 대한 적응능력을 평가하는 시스템과 직업능력까지 평가하는 중요한 역할을 하게 되므로 보다 과학적인 명리활용이 가능하다.

Part 2

비견·겁재의
기질과 사회성

1장 비겁의 특징
2장 비견의 기질과 사회성
3장 겁재의 기질과 사회성

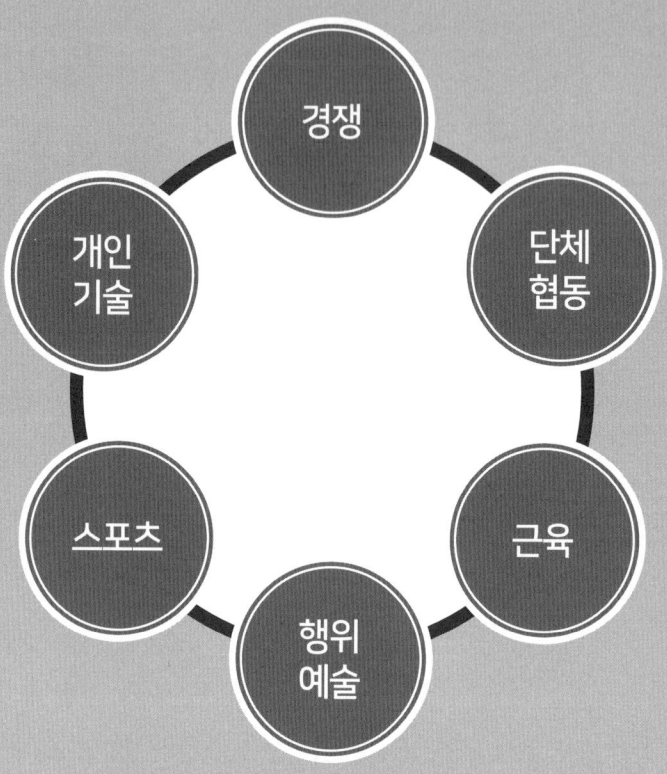

Part 2 비견·겁재의 기질과 사회성

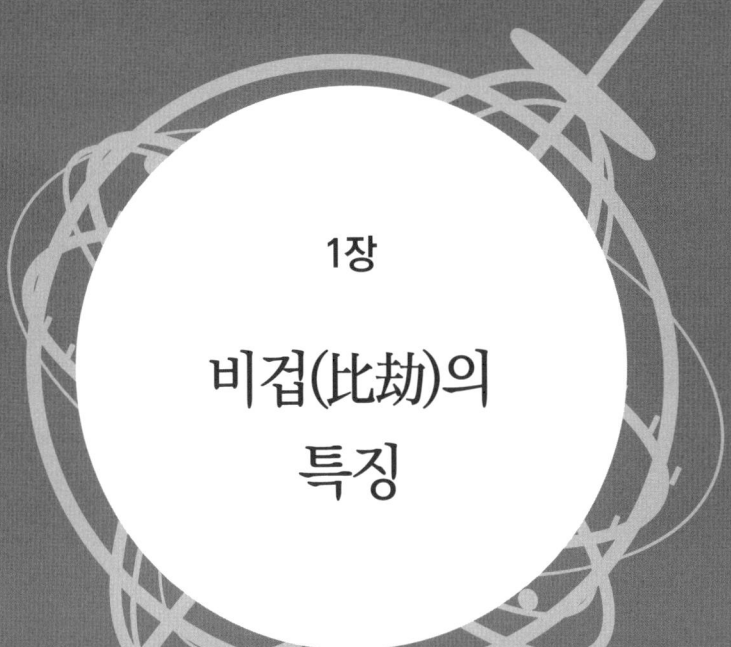

1장

비겁(比劫)의 특징

비겁(比劫)

이기적 유전자의 신체에너지

'육감본능'

1. 비겁(比劫)의 이해

1) 일간과 동일한 오행 – 비겁(比劫)
- 일간과 음양이 같은 비견
- 일간과 음양이 다른 겁재

2) 협조의 관계이면서 경쟁자
- 나에게 힘을 보태주며 화합(和合)의 장을 이끌어 나가는 동력체
  ① 체(體)의 영역으로는 친구, 동료, 형제 등이고,
  ② 용(用)의 영역에서는 나의 주장, 고집, 자신감 등이다.

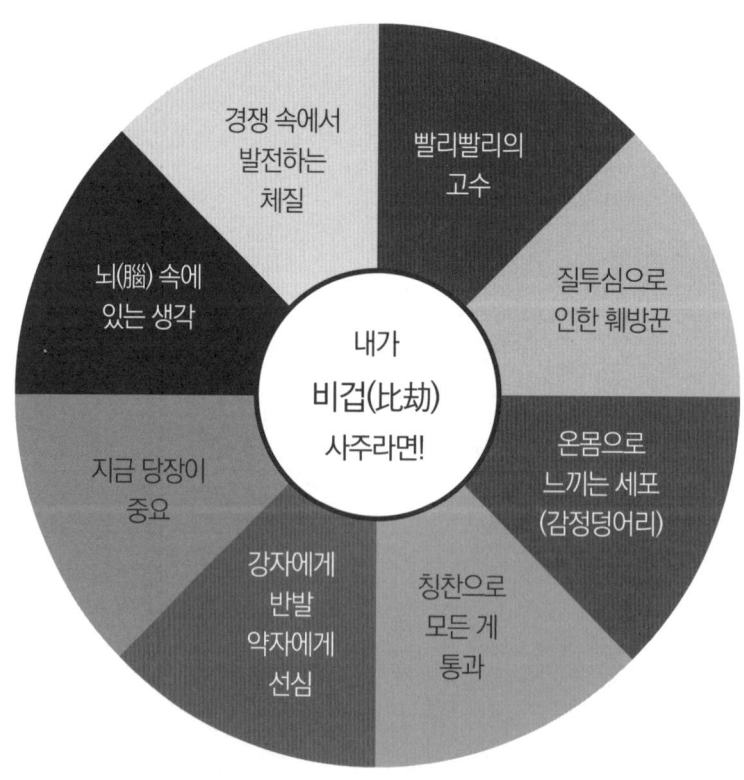

2. 비겁(比劫)의 본성과 심리

1) 비겁의 진화심리 : 육감본능 / 경쟁본능

- 비겁은 자신이 스스로 느끼는 육감이다.
- 부산하게 체력을 소모하는 본능이 있다.
- 언제나 경쟁 대상을 생각하면서 살아간다.
- 힘들면서도 쾌감을 느끼며 그로 인해 심리적 안정이 된다.
- 자기에너지를 활용하고 현재에 초점을 맞춘다.
- 스스로 인정하는 것에 집착하며 개인주의를 보인다.

① 동물 : 힘, 종족, 번식력, 몰입, 경쟁

② 인간 : 몰입, 경쟁, 모험, 행위예술, 몸, 기술, 노동력

2) 비겁의 욕구

'자아동일성(identity)'으로 '나(我)는 누구인가?'라는 물음에서부터 시작한다.

자기에 대한 존중(尊重)과 타인으로부터의 존경(尊敬)의 두 가지 유형

- 자기에 대한 존중(尊重)의 욕구가 충족되었을 경우 자기 자신의 가치에 대한 강한 신념과 확신감으로 자기극복을 위해 스스로 유능한 사람이라고 느낀다.
- 자기에 대한 욕구가 충족되지 못하였을 경우 나약하고 무력감, 열등의식, 좌절, 자기비하 등을 경험하게 된다.

자아의 욕구

권위와 성공, 자존심(自尊心)과 자존감(自尊感) 및 허영심까지도 인정받고 싶은 비겁은 자아(自我)의 욕구가 강하다. 자신의 주관적인 독립체를 통하여 주변으로부터 동질감을 유발하고 모든 일들의 결과에 대하여 자기 관철을 목적으로 하는 이기적인 자아(自我)의 욕구를 뜻한다.

자아(自我)의 욕구는 타인의 지배를 싫어하고 양보와 무조건적인 희생을 기피하는 성향이 강하다. 자신감이 넘쳐 당당한 면과 배짱 있는 것은 존경할 만하나 경우에 따라 언제나 자신만의 우월주의로 착각에 사로잡히는 오류를 범하다 종종 고립의 세계에 빠지게 되는 단점이 있어 필요 이상으로 남들과 경쟁을 하게 되기도 한다. 비겁의 만족감과 자신감은 다른 사람의 존중과 평가로 인한 것뿐 아니라 스스로 느끼는 자부심과 자존심을 통해 존중과 인정을 받고 싶은 욕구가 강하다.

자기(自己)를 존중하는 마음의 힘으로, 자신의 경험을 바탕으로 자기(自己)의 지식을 구성하고 자신에 대한 스스로의 평가를 내린다.
또한 사회적 상호작용을 통해서 지식과 경험을 공유할 줄 알며 동료들과 협조와 경쟁을 통한 시너지(Synergy) 효과를 가져온다.

- 자신을 존중(尊重)하고 사랑하며, 자신을 높이 평가하고 자존심(自尊心)을 지니며, 타인으로부터 존경받기를 바라는 욕구
- 주관적이고 독립적인 자아(自我)의 욕구라고 볼 수 있으며 자신감을 포함하여 언제나 존중(尊重)과 인정을 받고 싶은 주체성(主體性)을 상징하는 욕구이다.

비겁(比劫)은 인간과 인간의 직접적인 관계이며, 상대를 통하여 나를 투사할 수 있는 반사기능이기도 하다.
욕망과 욕구, 노동력과 체력, 근성이 있는 그대로 다 드러나 더 이상 숨김이 없는 (적나라한) 십성으로 화합과 협조의 속성 그리고 분쟁(分爭)과 질투, 경쟁(競爭)의 속성이 동시에 작용하고 있다.

- 비겁은 친인척[親族]을 중심으로 해서 조직되었던 지도체계가 형식과 틀을 갖추게 되면 관(官)의 정치조직(政治組織)으로 재편성된다.

- 왕성한 비겁의 경쟁력 강화는 관(官)을 향한 정당의 회원과 같으며 집회나 강연회의 출석, 데모의 참가, 정보 활동의 참가 등 당(堂) 조직의 활동에 적극적으로 참가하는 것으로 볼 수 있다.

- 비겁은 상호전이성이 강하여 지는 것을 싫어하는 심리로 경쟁구도가 갖춰진 곳에서 더욱 의욕적이 되며 능력을 발휘하게 되는 특성이 있다.

3) 비겁의 본능과 상대적 심리

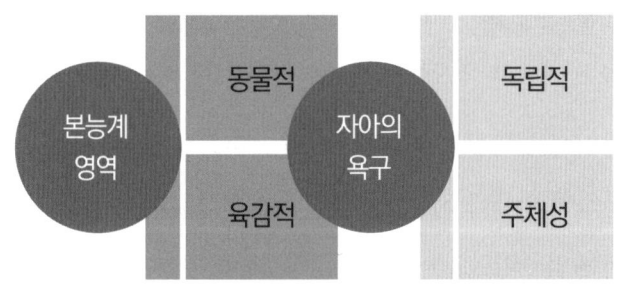

비겁(比劫)의 심리는 나의 본능계 영역으로 기(氣)를 주관하고 자신의 능동적인 사고를 표출하는 동물적인 감각과 육감적 기질이 있다.

- 비겁이 강(強)하면 이기적, 자존심이 강한 원인이 되며 체력도 강한 편으로 정력도 강하다. 그러므로 남녀 공히 의욕이 강하고 욕심이

많은 원인이다.

- 비겁이 약(弱)하면 의존적이고 자신감이 부족하여 실행력과 도전정신이 약하여 큰 일을 성사시키지 못한다.

【비겁의 상대적 심리 관계】

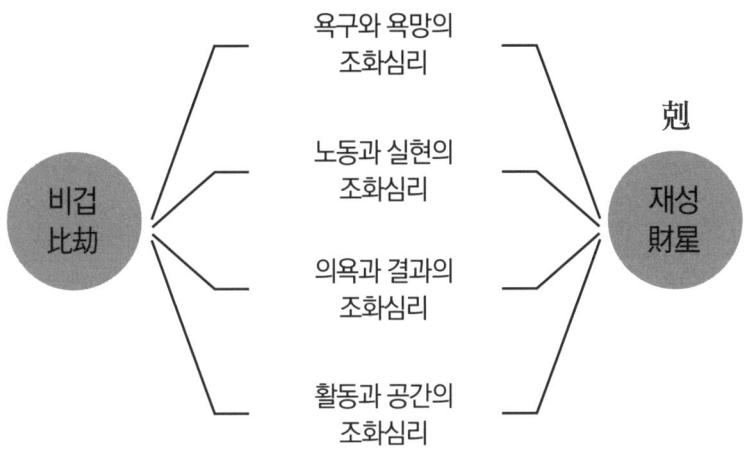

비겁(比劫)은 인간의 신진대사와 성장 및 활동에 필요한 기초 에너지로, 항상 자신의 무엇을 소모시키는 활동과 대상을 찾게 되어 있다.

- 비겁(比劫)이 강한 사람은 자신의 힘이 강해서 체력을 소모시킬 활동을 찾아 운동을 하거나 왕성한 활동을 전개한다.
- 비겁이 강(强)해서 좋은 점은 활동적이고 도전적이며 리더쉽이 강하다는 것이다.

비겁(比劫)은 육감본능이다. 사람들을 모으고 리더쉽을 발휘해 많은 사람들의 인정을 받고 싶어하며, 군중심리를 이끌어낸다.

● 박수부대 효과, 집단행동 효과로 옆사람을 따라하는 데서 나오는 것으로 집단을 움직이는 능력을 가진 사람이다. 이때, 극재(剋財)본능이 적절하면 좋으나 강(强)하면 문제가 생기고 쟁탈전(爭奪戰)이 벌어지게 된다.

● 타인의 장단점을 모방하는 능력이 뛰어나다.

공무원 (여성)	乙木 일간이 卯월에 태어났고 甲乙이 투출하여 비겁이 강한 사주다. 시지 申金정관이 용신이다. 공무원이 되었다. 성격은 자존심이 강하며 고집이 세고 매사 적극적인 성향이다. 항상 외부출장이 많은 업무를 담당하고 있다.
甲乙乙癸 申亥卯卯	

패션업체 이사 (여성)	乙木이 寅월생으로 겁재월에 출생했다. 매사 능동적이고 진취적인 성격의 소유자다. 국내 굴지의 패션업체에서 디자인실장을 거쳐 이사까지 승진했다.
辛乙丙甲 巳巳寅辰	

3. 비겁(比劫)의 사회성

1) 비겁의 작용

《독립성, 적극성, 책임감, 포용력, 실천력, 추진력》

- 많은 사람들을 만나고 부딪히는 가운데 꼬여든다.
- 사업, 용기와 자신감과 의욕이 앞서며 능동적으로 활동하고 새로운 일에 도전하고 앞장서서 해결한다.
- 직장에 사표, 재물욕이 강하여 투기와 한탕주의 때문에 실패한다.
- 부친과 처를 극(剋)하고, 어머니가 약해지며 공부하기 싫어한다.

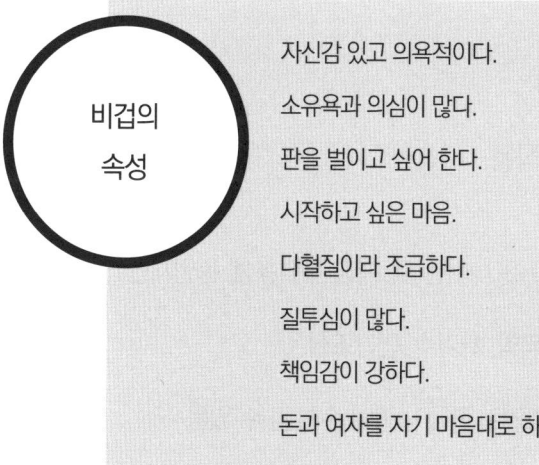

비겁의 속성

자신감 있고 의욕적이다.
소유욕과 의심이 많다.
판을 벌이고 싶어 한다.
시작하고 싶은 마음.
다혈질이라 조급하다.
질투심이 많다.
책임감이 강하다.
돈과 여자를 자기 마음대로 하려 든다.

2) 비겁의 협조와 경쟁

나와 같은 자(者)로서 서로 협조하고 동질감을 느끼는 동시에, 나와 맞서고 경쟁하고 탈취하고 모방하고 시기 질투하여 스스로 고립을 자초한다. 추진력, 협조, 의협, 경쟁, 만용, 독주, 우직, 질투, 시기, 방해, 모방, 방종, 의심, 쟁투, 고립, 배신, 강압 등이다.

- 일을 밀어붙이는 성분, 일을 스스로 하려고 하는 의지.
- 약하면 일관성 있게 일을 밀어붙이는 힘이 약하다.
- 강하면 항상 독선과 오만에 빠지기 쉽다.
- 비겁이 강하면 식상으로 기운을 설기하며 나아가야 한다.
  - 통변 : 동업 및 창업, 건강, 모임, 조합, 인간관계
  - 육친 : 형제자매, 이복형제, 동업자, 경쟁자

3) 비겁 운의 행운작용

- 재물 걱정이 생기고 돈 나가는 때, 사람관계 형성, 동업제안
- 믿는 도끼에 발등 찍힘, 사기수, 인간조심
- 일시적인 임시방편으로, 결국 나중에 손해 볼 수 있음
- 심리 : 에너지 발동, 욕구왕성, 자존심, 성욕왕성

- 변화 : 동업문제, 결탁, 회원가입, 건강문제, 재물, 인간관계, 자존심, 협조자, 부모, 형제, 동창, 여자문제

① 비겁이 강(强)해지면 : 자기자신, 형제, 친구, 동업자 자만심이 주도한다. 과민성 스트레스, 억압심리, 반항심리, 객기발동

② 비겁이 약(弱)해지면 : 협조자, 형제, 친구 등과 인연이 멀어지고 자신감이 약해진다.

③ 흉(凶) 작용 : 자기 생각을 밀어붙이다가 사기당한다. (분실수, 불법단체 가입, 봉변을 당함, 오해 받을 수)
  - 충(沖) : 형제 사고소식, 형제 친구 불화, 이별 수, 동업 및 단체 해체

④ 길(吉) 작용 : 사람의 도움, 결혼, 재물 상승
  - 합(合) : 형제 친구 재회, 동업제안

⑤ 재(財)를 극(剋)하는 경우 : 힘이 생겨서 몸이 근질거린다. 한판 벌이고 싶어 한다. 부친의 우환, 부인의 건강문제, 노름 및 유흥에 빠짐

⑥ 관(官)에 대항(對抗)하는 경우 : 법을 위반하고 안전수칙을 안 지킨다. 자식 말을 안 듣는다.

⑦ 인수(印綬)를 설기(洩氣)하는 경우 : 모친이 약해진다. 문서 운이 약해진다.

⑧ 식상(食傷)을 생(生)하는 경우 : 활동이 왕성하고 집요하게 파고든다.

4. 비겁(比劫)의 재능활용

1) 비견의 재능구조

자기의식	자기 인격성의 절대적 가치와 존엄을 스스로 깨달아가는 것과 품위를 스스로 지켜나가고 자기를 높여 자긍심을 추구
선천지식	독창적, 협동적, 주관적, 성실성, 반항적, 열정적, 자기결정 중시, 현재에 초점, 직선적
사회성향	자기 내부의 집중력이 강하고 이해와 긍정하는 사안에는 적극적이며 깊이 심취하는 형
우수능력	주관적인 성향이 강하고 공동의식, 협동심, 경쟁심, 자존심, 질투심, 적극성의 소유로 자발적인 형태의 학습과 업무수행에 능력을 발휘
선천지능	독립적인 현실적 해결사 : 자존지능(自存知能)
직업스타일	운동가 스타일
재능	공익적 협동과 신체적 기술을 촉발하는 지능으로 독창적, 협동적, 주관적, 열정적, 직선적, 실험적으로 대표되며 집중력, 자기결정 중시, 현실성, 결과지향 등이 주요 특징
진로직업	작가, 예술가, 기자, 프리랜서 등의 자유업이 좋다. 사업보다는 기술, 프리랜서, 공무원이 좋다. 공동사업, 동업, 대리점, 영업소 등이 좋다. 비견은 재성(財星)을 다스리므로 관리직에 적합하다. 비견은 조급한 성격으로 속전, 단순 업무에 적합하다.

【사례】

사물놀이패 김O수	스포츠 트레이너 젊은 사업가	북한 주석 김O은
辛辛辛壬 卯酉亥辰	乙戊庚丁 卯戌戌卯	辛辛辛辛 卯卯丑酉
모여 있는 비겁의 에너지를 상관으로 분출한다.	월일지에 비견이 튼튼하여 대기업에서 나와 헬스트레이너로 성공	정권을 세속했고, 비겁이 태강하여 재를 다스리는 형국이다.

2) 겁재의 재능구조

자기의식	둘 이상의 관계에서 재물, 명예, 성적, 대상 등 같은 목적에 대하여 이기거나 앞서기 위해 서로 겨루는 것으로 강력한 목표의식을 의미
선천지식	주관적, 직선적, 비약적, 체험과 경험, 모험적, 현재에 초점, 의지적, 자기결정 중시
사회성향	자기 내부의 집중이 강하고 현재에 초점을 맞추어 주어진 책임을 확실하게 수행하는 형
우수능력	독립적인 성향이 강하고 투철한 경쟁력, 자존심, 질투심, 적극성의 소유자로 실천적이며 책임을 감수하는 독자적 학습과 업무에 능력을 발휘
선천지능	신체적 기술과 적극성 : 경쟁지능(競爭知能)

직업스타일	모험가 스타일
재능	경쟁과 모험의 독창적 자기 기술력 실험 지능으로 주관적, 직선적, 의지적, 자기결정 중시, 몰입능력으로 대표되며 경쟁능력, 실험적, 체험과 경험, 결론지향 등이 주요 특징
진로직업	두뇌와 신체기술을 쓰는 직업 또는 특수한 재능을 살리는 직업이 좋다. 자격을 갖춘 전문 기술자, 운동선수, 모험가, 직업군인, 경찰, 발명, 기술에 적합하다. 자신감은 좋으나 조급하여 단순, 단기간의 업무가 적합하다.

【사례】

피겨 선수 김O아	씨름 장사 이O기	박사학위의 프리랜서
壬癸甲庚 戌酉申午	壬癸己癸 子酉未卯	庚丙壬乙 寅辰午巳
시상으로 겁재가 투출하여 에너지와 경쟁심리가 발달하였다.	시상으로 겁재가 투출하였으며 편관격의 명예욕이 있다.	월지 겁재로 몰입력과 추진력이 강한 프리랜서다.

Part 2 비견·겁재의 기질과 사회성

2장
비견(比肩)의 기질과 사회성

비견(比肩)

추진력과 몰입의 아이콘

'자존지능'

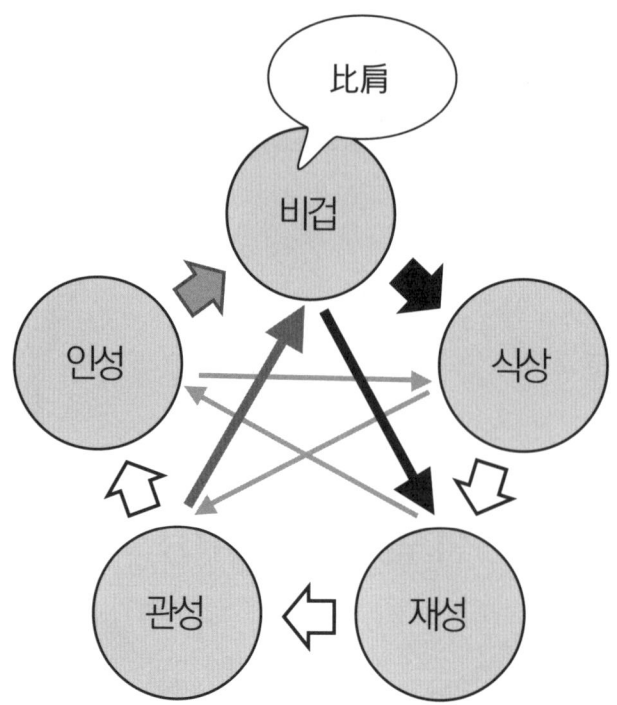

| 生 | 비견(比肩)은 식상(食傷)을 생(生)한다. |

| 剋 | 비견(比肩)은 재성(財星)을 극(剋)한다. |

| 制 | 비견(比肩)은 관성(官星)에 대항(對抗)한다. |

| 洩 | 비견(比肩)은 인성(印星)를 설기(洩氣)한다. |

1. 비견(比肩)의 구조

1) 비견의 성립과정

일간과 동일한 오행으로 일간과 음양이 같은 것을 비견(比肩)이라 한다.
예) 甲木 일간이 사주 내 甲木이나 寅木이 있거나 己土 일간이 己土, 未 丑土가 있으면 비견이 된다.

日干	甲	乙	丙	丁	戊	己	庚	辛	壬	癸
天干	甲	乙	丙	丁	戊	己	庚	辛	壬	癸
地支	寅	卯	巳	午	辰戌	未丑	申	酉	亥	子

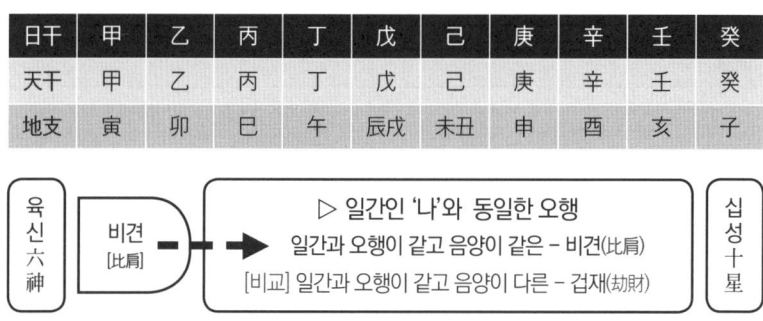

2) 육친관계

남명 : 형제, 동창생, 친구, 동업자, 처의 정부(情夫)
여명 : 자매, 동창생, 친구, 동업자, 남편의 정부(情婦)

	일간		
	+水	비견	
乙	壬	壬	丁
亥	午	子	酉
비견			

	일간		
비견	-水		
癸	癸	壬	丁
亥	未	子	酉
	비견		

2. 비견(比肩)의 본성과 기질

1) 비견의 심리

독립적 주체심리	⟷ 자아의 욕구 ⟷	편향적 자기심리 [이기적 자기심리]
자존심이 강하고 당당하며 성취욕과 추진력, 개척정신이 강하다.		자존심이 강하여 시비와 투쟁을 참지 못하는 면이 많다.
사교적이고 사람들과 잘 어울리며 도움을 주고받을 줄 안다.		간섭을 매우 싫어하며 주위로부터의 충고나 권유를 무시한다.
매사 자신감이 있고 주관이 뚜렷하며 사리사욕이 없다.		승부욕이 지나쳐 굴복하지 않으며 남의 말을 듣지 않는다.

- 비견(比肩)은 자존심이 강하며 성취욕과 추진력이 강하다.
- 남녀 모두 비견이나 겁재가 많으면 자기 중심적이며 고집이 세다.
- 독립심이 강하여 직장 생활에 적응을 못하므로 자유 업종이 적합하다.
- 의사, 변호사, 기자, 프리랜서, 대리점, 자격을 갖춘 전문직이 좋다.
- 생활력이 강하고 시비와 투쟁을 서슴지 않는 면이 많다.
- 간섭을 매우 싫어하며 주위로부터의 충고나 권유를 무시한다.

- 관(官)이 없고 비견(比肩)이 많으면 가난을 면하기 어렵다.

- 재성(財星)이 왕하고 신약하면 비견운에 발복(發福)한다.

- 비견(比肩)이 많으면 부모 형제와의 인연이 박하다.

- 남명에 비겁(比劫)이 태왕하면 처를 극하여 부인 건강이 흉(凶)하다.

- 명식에 비겁(比劫)이 태과하면 부친과 일찍 인연이 끊기거나 사별한다.

- 여자 사주에 비견이나 겁재가 많으면 시어머니에게 공손하지 못하다.

- 비견(比肩)이 많고 재(財)가 약하면 형제간에 재산 분쟁이 생긴다.

- 비견(比肩)이 많고 관(官)이 약하면 형제나 친구로부터 피해를 당한다.

- 비견이 희신(喜神)이면 재물이 많고 승진, 취직, 성공의 명(命)이 된다.

- 여자의 사주에 비견(比肩)이 왕(旺)하고 관(官)이 약하면 남편 덕이 없다.

- 여명에 비견이 천간에 많으면 욕정이 강하고 애정 문제로 구설(口舌)에 오른다.

2) 비견의 긍정적·부정적 성향

긍정적 성향

- 자존심이 강하고 성취욕과 추진력이 강하며 독립적인 행동이 투철하다.

- 매사 자신감 있고 주관이 뚜렷하며 사리사욕이 없다.

- 사사로운 일과 불의와는 타협하기 싫어한다.

- 주어진 일에 대하여 책임을 완수한다.

- 입바른 말을 잘하고 아부하는 것을 싫어한다.

- 작은 고통을 잘 감수하고 인내심이 강하다.

- 어려운 환경에 처해도 실의에 빠지지 않고 재생능력을 발휘한다.

부정적 성향

- 자존심이 강하여 시비와 투쟁을 참지 못하는 면이 많다.

- 간섭을 매우 싫어하며 주위로부터의 충고나 권유를 무시한다.

- 천간에 비견(比肩)이 많으면 남의 비밀을 털어놓고 시비를 일삼는다.

- 감정 기복이 심하고 참을성이 없고 조급하여 즉흥적이고 실수를 잘한다.

- 사주에 정관, 편관이 없으면 나쁜 언행을 절제하지 못한다.

- 의심이 많아서 자신이 직접 하는 일 외에는 잘 믿지 않는 성격

- 남녀 모두 비견(比肩), 겁재(劫財)가 많으면 자기중심적이며 고집이 세다.

3) 비견의 기질적 특성

比(견줄 비)와 肩(어깨 견)의 합성어로 '어깨를 나란히 한다'는 의미를 가진 형제와 친구에 해당한다. 혼자보다는 힘들고 어려워도 형제나 친구와 함께라면 두렵지 않다.

일간 '나'와 같은 오행으로 음양이 같고 나를 이해해 줄 수 있는 존재를 의미하며 자신감을 부여한다. 비견의 독립적 기능으로 주관성과 자존력 그리고 자존 심리이다.

형제, 자매, 친구와 같이 가장 가깝고 잘 이해하는 관계로서 같은 직장의 동료, 동업자, 동창생, 이웃사촌이나 동네사람, 친목회원, 동지 등을 말한다. 단체장에서는 동창회, 친목계, 각종모임, 사회단체, 조합 등이며, 시민, 국민, 민족, 동포 등을 아울러 포함한다.

- 자기중심적으로 오행이 이루어져서 강력하게 일간을 지지하는 왕(旺)의 세력으로 파워풀한 힘(power)을 나타낸다. 직접 몸을 움직여서 하는 신체적 활동과 주관적 활동으로 많은 사람들과 함께 진행되는 활동을 즐긴다.
- 남의 의견을 따라가기보다는 자신의 의지력으로 모든 것을 풀어가려고 한다. 그래서 남의 밑에서 명령을 받아 복종하기보다는 자신이 앞장서 명령을 하는 입장이 되려고 한다.

- 부모에게 유산(遺産)을 물려 받아도 자수성가해야 하며 장남, 장녀의 역할로 돈을 벌어 가족을 부양하기 때문에 사회생활에 성공하는 것을 접게 되는 경우가 많으며 일찍 객지생활을 하거나 결혼이 빠르다.

군비쟁재(群比爭財)

군비쟁재는 군겁쟁재(群劫爭財)라고도 하는데 사주원국에 비견이 태왕하고 재성(財星)이 약한 구조로 운에서 재성을 만나는 것을 꺼린다. 비견이 태왕하면 남에게 주기보다는 내 것으로 만들어야 직성이 풀리는 근성이 있는 동시에 탈재(奪財)현상으로 재물의 지출도 매우 심하다. 그러나 신왕(神旺)하고 식신과 재성이 조화를 이루면 사업수완이 대단히 좋아서 큰 부자의 명(命)이 되기도 한다.

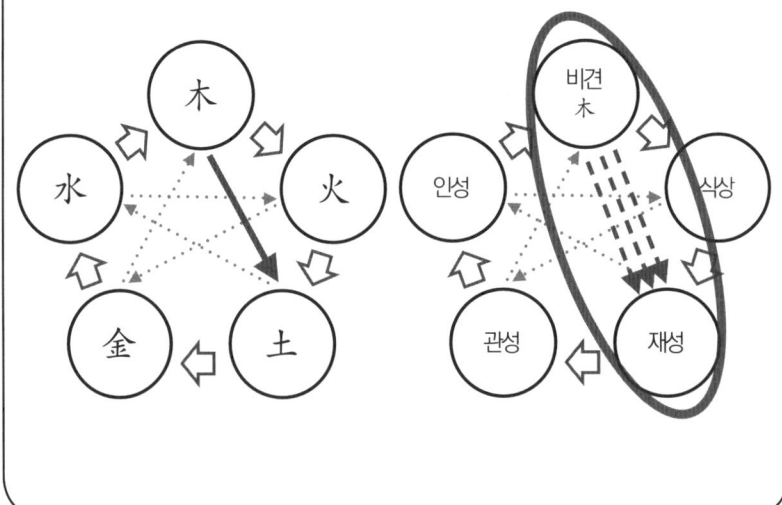

3. 비견(比肩)의 재능과 사회성

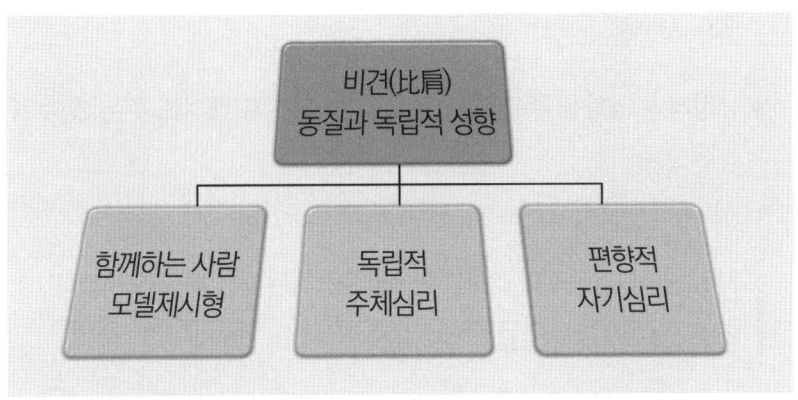

1) 비견의 지능과 재능

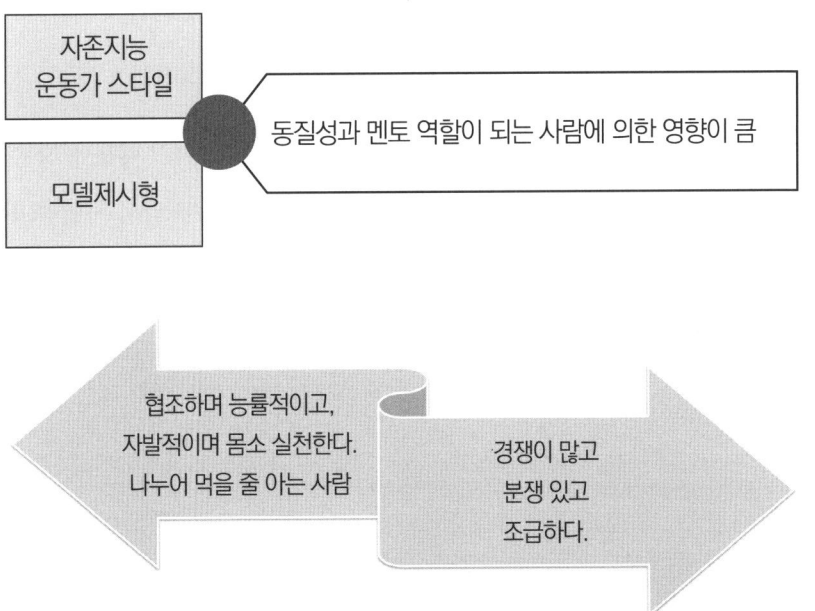

- 자신과 타인에 대하여 관심이 많은 사람이므로 가장 자신이 닮고 싶은 모델제시가 좋다.

- 모방욕구를 불러일으키는 대상이 있으면 태도가 긍정적으로 변화하는 성향을 갖는다.

- 긍정적인 영향을 주는 집단에 속할 수 있도록 배려해 주는 것이 중요한 유형.

> 자기 내부의 집중력이 강하고 이해와 긍정하는 사안에는 적극적이며 깊이 심취하는 사람으로 동질과 독립적 성향이 강하다.

독립적 주체심리 & 편향적 자기심리(이기적 자기심리)

- 자존심과 책임감이 강하고 행동하는 프리랜서가 적합하다.
- 솔직담백하고 비계산적이며 한 길만 향하는 외골수이다.
- 또한 신약하여 비견(比肩)에 의존해야 되는 의미가 되기 때문에 자존심이 대단하여 배우자나 타인의 간섭을 싫어한다. 따라서 독립적이며 자기중심적인 자영업을 원한다.

2) 비견의 궁위별 특성

時	日	月	年
사회공익에 기여하는 주체적 개성심리	나(我)	우호적 인맥결성과 희생적 자아주체심리	사회적 인맥유대와 자아공조심리
보장된 가치평가를 통한 미래구상심리	현시적 욕구에 의한 자기만족심리	조직결속을 통한 자아근성의 만족심리	사회의 공적인 연대 속 자아발전 추구

① 연간의 비견

학원사업

壬 乙 己 乙
午 亥 丑 巳

- 심리 : 사회적 인맥유대와 자아공조심리.
- 사회성 : 근본이 일간과 같으니 첫 인상이나 실제적 모습에 동질성이 유발되므로 성장배경, 학연, 지연 등의 인맥들과의 친숙한 유대관계가 입지적인 결과로 이어진다. 공동분배의 원칙과 동병상련의 공감대가 형성되어지고 사교성이 좋아 인적 자원의 실효성이 크다.

② 월간의 비견

영화촬영기사

辛 庚 庚 己
巳 辰 午 酉

- 심리 : 우호적 인맥결성과 희생적 자아주체심리.
- 사회성 : 가까이에서 친분을 가진 사람들과 좋은 관계를 가지려 하며, 사리사욕 보다는 윈윈(win-win) 정신이 강하다. 인간관계를 중요시하고 이를 추구하므로 자기 가정보다는 친구가 우선이며, 재물 소비가 많을 수 있고 독립적, 주체적이고자 한다.

③ 시간의 비견

丙 丙 辛 甲
申 寅 未 子

- 심리 : 사회공익에 기여하는 주체적 개성심리.
- 사회성 : 개인의 안위보다는 사회와 공익을 우선하면서 더불어 사는 세상에 상부상조하려고 생각하는 경향을 가진다. 상호 유대에서 오는 경쟁적인 체면이 강하니 떳떳하고 깨끗하게 자신만의 주체적 개성을 가지고자 한다.

④ 연지의 비견

庚庚丙丙
辰午申申

- 심리 : 사회의 공적인 연대 속 자아발전 추구심리.
- 사회성 : 환경에서 받은 지원을 사회 속에서 공식적이고 공공적인 일로 승화시키려는 욕구가 강하다. 공식적인 조직력과 상위관계와의 연대를 도모하여 자신의 입지를 확고히 해나가 비약의 발전을 추구한다.

⑤ 월지의 비견

己乙己庚
卯丑卯午

- 심리 : 조직결속을 통한 자아근성의 만족심리.
- 사회성 : 대표가 되어 단체나 모임을 결성하는 능력이 뛰어나고, 팀워크에 강하며 의협심과 사명감으로 유대관계를 이루고자 한다. 사회 공익에 의의를 두고 단체 및 공동생활에 적응력이 좋으며 자아 근성이 투철한 유형이다.

⑥ 일지의 비견

甲甲戊己
戌寅辰巳

- 심리 : 현시적 욕구에 의한 자기만족심리.
- 사회성 : 현시적 욕구가 강하고 현실적으로 당면한 관계에 있는 모든 것들과 우호적이고 직접적인 도움을 받아 현실 속에서 실리적인 만족을 느끼고자 하는 성향이다.

⑦ 시지의 비견

辛壬丙辛
亥戌申酉

- 심리 : 보장된 가치평가를 통한 미래구상심리.
- 사회성 : 부하나 후계자에게 신의관계를 결성하고 후견인이나 스폰서를 찾아 나의 미래까지 보장되는 든든한 입지를 만들고자 희망하며 대체적으로 물질적인 지원과 투자자를 원하는 성향이다.

3) 비견의 직업과 사회성

사안(事案)	직업
형제, 친구, 동창생, 배우자, 동업자, 동업문제, 분가·분리 등의 길흉사	독립 자영업, 전문직, 자유직업, 신체지능을 활용하는 직업

비견(比肩)

비견(比肩)이 청(淸)한 경우	비견(比肩)이 탁(濁)한 경우
자비심, 인류애, 관용, 타인배려, 독립심, 친화력, 공익중시, 명분(명예) 중시, 협동심, 활동력, 사회정의에 앞장섬, 女命의 경우, 가족을 위해 희생봉사하는 맏며느리의 성품을 지님	이기주의, 타인에 대한 배려 없음, 자존심과 고집, 독선, 고독, 승부욕, 권익을 위해 쟁탈, 경쟁(군비쟁재), 아내학대, 복종강요, 의처증

비견(比肩)은 일간과 같은 음양과 오행을 말하며 동질과 독립적 성향으로 독립심, 자존심, 책임감이 강하다. 책임진 일을 잘 수행하여 식신이 좋을 경우 연구에 몰두하는 형이다. 상당한 개혁정신을 갖고 정당한 자신의 주관을 지키며, 사주에 편관이 있으면 누구보다 관공직에서 투철한 사명의식으로 성공하게 된다.

지식체계

경제학과, 경호학, 장의사학, 안경학, 체육과, 약학과, 한의학, 치의학과, 기계공학, 이비인후과, 방사선과 등.

직업적성

프리랜서, 의사, 변호사, 미용업, 언론사, 기자, 대리점, 조경, 스포츠, 물류유통, 사진, 종교 지회지부, 출장소, 건축, 납품업, 주유소 등.

사회부 기자 丁 丁 丁 甲 未 巳 丑 寅	비견이 나란히 투출하였다. 사주의 주인공은 독립적이고 적극적인 성향으로 신문사 사회부 기자로 재직하고 있다.
대기업 경호원 己 己 甲 癸 巳 未 寅 亥	정관격으로 비견이 투출하여 의지한다. 학사장교 경력으로 대기업 경호원이 된 사람이다.
종교법인 운영 辛 戊 壬 辛 酉 寅 辰 亥	월지 비견의 사주다. 대학에서 불교학을 전공하였고 여행사에서 근무하다 종교법인을 설립하여 운영하고 있다.
금융사업 庚 丁 甲 辛 子 亥 午 亥	대학에서 경영학을 전공하였다. 금융회사에 다니다가 퇴사하고 사금융사업을 하고 있다.

4. 비견(比肩)의 통변성과 사례분석

1) 비견의 통변성

사주 원국에서 비견(比肩)이 왕(旺)한지 약(弱)한지를 살펴야 한다. 비견(比肩)이 왕(旺)하고 이를 극설(剋洩)하는 육신이 사주에 없으면 나쁜 점이 두드러지게 나타나지만, 사주가 조화를 잘 이루면 좋은 점으로 나타난다.

(1) 비견이 없거나 무력할 경우

- 비견(比肩)이 무력한 경우 기본적으로 강한 고집이나 자존심을 내세우기보다는 주변과 타협하는 편이다.
- 때로는 주관이나 소신이 불분명하다.
- 기가 세지 못하거나 없다는 의미가 되어 약해 보일 때가 많다.
- 솔직, 담백하고 화통한 성정이 나타나지 않는다.

비견(比肩)이 사주원국에 많아도 사주위치나 충(沖)극(剋) 관계 및 식상(食傷)의 유통관계, 관성(官星)의 억제 등에 따라 통변(通辯) 해석이 달라질 수 있다.

(2) 비견이 많거나 강한 경우

- 비견(比肩)이 많으면 부부간에 불화와 금전 문제가 발생하고 법이나 타인의 조언을 무시하며 직장생활이 어렵다.

- 비견(比肩)이 많으면 형제자매와 불화하고, 여자인 경우에는 주관이 강해 시어머니와 불화가 생겨 심한 경우에는 고부간의 갈등으로 인해 남편과 이별하는 수가 있게 된다.

- 비견(比肩)이 많고 강하다는 것은 재성(財星)을 극(剋)하고, 관성(官星)의 역할이 어렵다는 의미가 된다.

- 비견(比肩)이 사주 원국에 많고 강하면 자존심과 고집이 대단하고 자기 본위적이며 배우자나 타인의 간섭과 억압을 싫어한다.

- 일간(日干)의 기가 세고 강하다는 것은 타인의 도움이 필요 없다는 의미가 되어 부모, 형제나 타인의 도움을 바라지 않고 대개 자수성가를 한다.

- 자수성가를 해야 만족을 하기 때문에 끝없는 재물 욕심을 나타내고 또한 자기본위적이어서 중매결혼은 성사되기 어려우며 자신의 감정위주로 상대를 파악하는 경우가 많아 연애결혼이 많다.

- 비견(比肩)은 솔직 담백하나 너무 많으면 겁재(劫財)의 성정이 나타난다.

2) 비견의 사례분석

【사례 1】 스포츠센터 운영

```
時 日 月 年
乙 戊 庚 丁
卯 戌 戌 卯

癸 甲 乙 丙 丁 戊 己
卯 辰 巳 午 未 申 酉
```

위 사주는 戊土 일간이 戌월에 丁火가 연간으로 투출하여 정인격을 이루었으며 좌하 戌土에 통근하니 비견이 왕한 신강사주다. 시상의 乙木 정관은 관인상생격(官印相生格)을 이루는 동시 왕한 비겁을 제하는 용신이 된다. 또한 월간의 식신 庚金은 戌土의 지장간 辛金에 통근하여 조후를 담당하고 신왕한 일간의 기(氣)를 설기(洩氣)시키고 있으니 사주가 맑아졌다.

사주의 주인공은 대학에서 건축공학을 전공하고 ROTC장교로 군복무를 마친 후 대기업에 취업하였으나 적성에 맞지 않자 퇴사한 후 스포츠센터를 창업하였고, 트레이너 활동은 성공적이라고 한다. 비겁이 강한 사주는 스포츠나 운동선수에 적성이 잘 맞고 자기 신체적 재능을 활용하는 직종이 적성임을 여실히 보여주고 있는 사례이다.

【사례 2】자존심이 강한 사람

```
時 日 月 年
癸 甲 甲 戊
酉 寅 寅 午

庚己戊丁丙乙
申未午巳辰卯
```

위 사주는 일간의 기운이 배우자궁인 일지까지 차지하고 있는 관계로 일간이 자기중심적, 자기 본위적인 성격으로 배우자 및 타인을 무시하는 경향이 있어 마찰이 있고 고독한 편이다. 배우자에 대한 배려보다 자신이 우선이다. 즉, 강한 자존심과 자기 본위적 성격으로 직장이나 조직에 얽매이기 싫어한다.

비겁 강의 신강사주는 식상과 재성을 추구하여 자영업에 관심이 많으나, 비겁은 결국 재성을 극하게 되어 운이 흉하면 실패를 경험하게 된다. 또한 비겁 강의 사주는 관성으로 비겁을 제화시킬 경우 공직에 진출하여 안정된 삶을 영위할 수 있다.

【사례 3】 인테리어 사업

```
時 日 月 年
辛 戊 壬 戊
酉 寅 戌 戌

戊 丁 丙 乙 甲 癸
辰 卯 寅 丑 子 亥
```

이 사주는 비견(比肩)이 강한 사주로, 성격이 부드럽고 온화한 중 어떠한 힘든 일이 있어도 굴복하지 않는 주관적인 성격의 소유자이다.

경쟁심이 강하고 항상 긍정적으로 행동하며, 매사에 추진력이 강하다.

이 사주의 주인공은 상관(傷官)이 용신으로 주방 인테리어사업을 운영하는 사람이다. 항상 창조적인 면을 발휘하며 노력하지만, 금전적인 면에 굴곡이 많은 것은 비겁이 壬水 재성을 극하는 구조이며, 비겁이 강한 사주는 관성이 투출하던가 식상이 발달해야 재물을 지키고 중용을 지키며 살게 된다.

이 사주는 辛金 상관이 투출하였으므로 창조성을 활용하는 인테리어 사업은 잘 맞는다고 볼 수 있다.

【사례 4】 시모와 분가한 여인

```
時 日 月 年
辛 辛 辛 甲
卯 酉 未 辰

乙 丙 丁 戊 己 庚
丑 寅 卯 辰 巳 午
```

辛金 일간이 득령(得令)하고 비견(比肩)이 태과하여 자기 위주의 강한 성격으로, 이기적이어서 항상 시어머니와 불화가 끊이지 않던 중 결국 분가하였다. 이 사주의 주인공은 평소 간섭을 싫어하고, 작은 시비에도 투쟁을 서슴지 않는 사람이다. 즉, 비겁(比劫)이 태과하면 안정의 욕구에 대한 불만과 실현성의 부재로, 졸렬하며 이기적이고 팽배된 불만을 표출하게 된다.

비겁이 강하고 식상이 없는 구조는 결국 비겁이 재를 극하게 되니, 부(富)를 지키기 어렵게 된다. 이러한 구조는 성격에도 영향을 끼치게 되며 사회생활에서도 정직하지 못할 수 있다.

위 사주는 식상도 없고 관성도 없으니 왕성한 비겁의 기운이 오직 재를 극하는 불미함이 따른다. 사회봉사를 실천하고 기술을 습득하여 일신이 바쁜 생활을 하는 것이 인생에 도움이 될 것이다.

【사례 5】 군겁쟁재(群劫爭財)

```
時 日 月 年
壬 辛 辛 辛
辰 卯 丑 酉

乙 丙 丁 戊 己 庚
未 申 酉 戌 亥 子
```

　비견(比肩)이 강한 신강구조로 卯木 재를 극하니 성격이 난폭하기 쉽다. 비견(比肩)이 多하여 쟁재(爭財)하는 사주는 상대방을 힘들게 하고, 아버지를 힘들게 한다.

　남명(男命)의 경우는 여자를 힘들게 하며 여명(女命)은 시어머니에게 불손하다. 특히 비겁을 제화(制化)시킬 관성(官星)이나 식상(食傷)이 없으면 난폭하고 말이나 법으로도 해결이 잘 안 되는 사람으로 제멋대로의 논리와 체계 없는 생활을 하기 쉽다. 따라서 재물을 가볍게 여기고 경거망동하여 사업실패와 가정파탄 등을 경험하게 된다.

　즉, 군겁쟁재격은 성격이 조급하고 즉흥적이며 생각없이 말하고 행동하는 것이 인생의 전반을 힘들게 할 수 있으니 근검절약과 수양을 통한 인내심을 길러야 한다.

【사례 6】 스피닝과 요가 강사

```
時 日 月 年
壬 戊 戊 辛
戌 午 戌 未

甲 癸 壬 辛 庚 己
辰 卯 寅 丑 子 亥
```

위 사주는 戊土 일간이 戊戌월에 출생하여 비견격이며 4지지에 통근을 하여 비겁이 태강한 사주다. 평소에 욕심이 많고 지기 싫어하는 성격으로 자기가 하고자 하는 일에는 최고가 되어야 하며 자기관리에도 최선을 다한다. 대단히 몰입하는 성향이다.

사주의 주인공은 재즈댄스를 전공하였으며 스포츠 센터에서 스피닝과 요가를 가르치는 강사로 활동하고 있다.

이와 같이 비견이 왕한 사주는 자기 에너지가 왕성하여 행동이 부산하여 몸을 가만히 두지 않는 경향이 있다. 또한 성격이 조급하고 인내심도 부족하다. 그러므로 제조생산 등의 사업보다는 자신의 신체가 고유의 기술을 습득하여 열심히 활동하는 직업이 적성에 맞는다. 이 여성은 자신의 선천적성을 잘 살린 예이다.

Part 2
비견·겁재의 기질과 사회성

3장

겁재(劫財)의 기질과 사회성

겁재(劫財)

모험을 즐기는 질투의 화신

'경쟁지능'

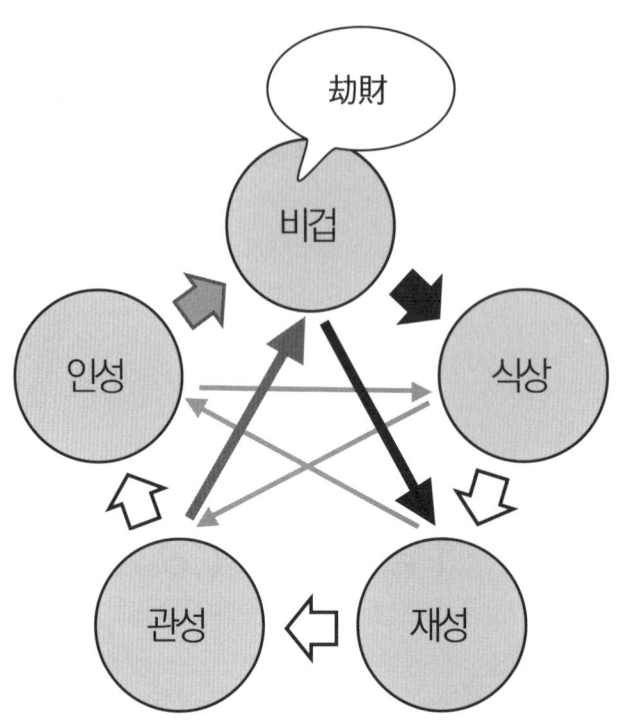

| 生 | 겁재(劫財)는 식상(食傷)을 생(生)한다. |

| 剋 | 겁재(劫財)는 재성(財星)을 극(剋)한다. |

| 制 | 겁재(劫財)는 관성(官星)에 대항(對抗)한다. |

| 洩 | 겁재(劫財)는 인성(印星)를 설기(洩氣)한다. |

1. 겁재(劫財)의 구조

1) 겁재의 성립과정

일간과 오행이 같고 음양이 다른 것을 겁재(劫財)라 한다.
예) 甲木 일간이 사주 내에 乙木이나 卯木이 있다면 겁재가 된다. 겁재는 양간(陽干)의 겁재인 양인(陽刃)과 음간의 겁재(劫財)로 구별할 수 있다.

日干	甲	乙	丙	丁	戊	己	庚	辛	壬	癸
天干	乙	甲	丁	丙	己	戊	辛	庚	癸	壬
地支	卯	寅	午	巳	丑未	辰戌	酉	申	子	亥

육신(六神): 겁재[劫財] ▷ 일간인 '나'와 동일한 오행
[비교] 일간과 오행이 같고 음양이 같은 – 비견(比肩)
일간과 오행이 같고 음양이 다른 – 겁재(劫財)
십성(十星)

2) 육친관계

남명 : 남매, 이복형제, 경쟁자, 며느리
여명 : 오누이, 이복자매, 경쟁자, 시아버지

	일간		
	+木	겁재	
丁	甲	乙	癸
卯	戌	卯	巳
겁재		겁재	

	일간		
	-木	겁재	
戊	乙	甲	己
寅	未	戌	丑
겁재			

2. 겁재(劫財)의 본성과 기질

1) 겁재의 심리

주도적 지배심리 ⟷ 자아의 욕구 ⟷ 배타적 우월심리

자존심이 더욱 강하여 절대 굽히지 않으며 성취욕과 추진력도 매우 강하다.	지나친 자존심으로 타인을 무시하거나 교만하여 불손한 경향이 있다.
직무에 최선을 다하고 타인과의 경쟁력이 강하며 앞장서는 리더쉽이 있다.	불평과 불만을 자초하여 배우자를 억압하고 도벽의 기질이 강하며 비열하다.
주관이 뚜렷하여 사리사욕이 없고 불의와 타협하기를 싫어한다.	냉혹하여 남을 제압하는 기운이 있으며 표현이 비견(比肩)보다는 내향적이다.

```
           일간과
           음양이
           다름
時 日 月 年         時 日 月 年
○ 木 木 ○    →    ○ 甲 乙 ○
○ ○ 木 ○         ○ ○ 卯 ○
```

일간과 오행이 같은 비겁은 음양의 차이에 따라 비견(比肩)과 겁재(劫財)의 성향이 다르게 나타난다. 비견은 조금 순조로우나, 겁재는 승부를 봐야 직성이 풀리며 경쟁력이 강한 편이다.

겁재(劫財)는 탈취욕(奪取欲)으로 비견(比肩)과 달리 내면 속에 또 다른 자기가 있어 일간의 재물을 빼앗아 정재(正財)를 파극한다는 뜻으로, 흉(凶)

함이 많고 강제성을 띤다. 甲木일 경우 乙木이나 卯木이 겁재에 해당된다. 이러한 양간들의 지지 겁재를 양인살(陽刃殺)이라고 칭하나 양간(陽干)과 음간(陰干)의 차이, 왕지(旺地)와 생지(生地)의 차이로 인하여 고서에서는 양간(陽干)에서만 양인살(陽刃殺)을 적용하고 있다.

- 남명은 배우자를 극하여 이별하거나 처가 건강하지 못하다.
- 비견(比肩), 겁재(劫財)가 간합(干合)하면 형제간에 우애가 없다.
- 명(命)에 겁재와 양인이 일지에 있으면 처와 사별한다.
- 명(命)에 비견, 겁재, 상관이 강하면 도둑의 근성이 강하다.
- 사업을 할 경우 자금 회전의 악화로 경영 부진이 생긴다.
- 자신의 인생에 손재, 사기, 도난 등의 일이 많이 발생한다.
- 여명에 비겁, 양인이 시(時)에 있으면 산액이 많다.
- 비겁이 많고 관성이 없으면 일생 가난을 면하지 못한다.
- 재격의 신약사주가 겁재(劫財)운을 만나면 발복(發福)한다.
- 겁재(劫財)가 희신이면 겁재운에서 득재(得財)하게 된다.
- 비견(比肩)과 같은 성질로 부모, 형제, 친구 간에 불화가 많다.
- 이기적이며 투쟁심이 강하여 타인을 무시하는 성질이다
- 타인이 잘 되는 것을 질투하고 양보심이 없다.
- 기술, 연구, 기자, 의사, 변호사, 대리점, 개인사업 등이 좋다
- 처를 극(剋)하는 속성으로 이별을 면키 어렵다.

- 겁재(劫財)와 양인이 동주하면 난폭하고 과욕으로 사업 실패한다.

- 신약사주에 겁재(劫財)는 주변의 도움을 받으며 형제 덕을 보게 된다.

- 신강하면 경쟁, 시비로 형액(刑厄)을 당하고 관재수가 많이 따른다.

- 겁재(劫財)는 도벽(盜癖)의 기질이 강하며 비열하고 음흉하다

2) 겁재의 긍정적·부정적 성향

긍정적 성향

- 강한 사람에게는 강하고 약한 사람에게는 측은지심이 있다.

- 겁재(劫財)는 자존심이 강하며 성취욕과 추진력이 강하다.

- 앞장서서 행동하기를 좋아하고 독립적인 행동이 투철하다.

- 주관이 뚜렷하며 사리사욕이 없고, 불의와 타협하기 싫어한다.

- 주어진 일에 대하여 최대한 책임을 완수하려 한다.

- 바른 말을 잘하고 아부하는 것을 싫어하는 성격이다.

- 직무에 최선을 다하고 타인과 경쟁력이 강한 성향이다.

부정적 성향

- 자존심이 강하므로 타인을 쉽게 무시하는 경향이 있다

- 질투심이 많고 교만하여 불손한 성향이 짙다.

- 투쟁심이 강하며 한편으로 투기와 요행을 바란다.

- 이중인격자 기질이 다분하고 도벽심이 강하다.

- 불평과 불만을 스스로 자초하여 배우자를 억압한다.

- 겁재(劫財)는 도벽(盜癖)의 기질이 강하며 비열하고 음흉하다.

- 겁재(劫財)격은 수염이 거칠고 눈이 크고 돌출해 보이며 덩치가 크다.

- 남을 시기하고 질투하며 방해하는 것을 좋아한다

3) 겁재의 기질적 특성

겁재(劫財)
겁탈할 겁(劫)
+ 재물 재(財)

"조급한 사람"
겁재(劫財)는 겁탈(劫奪), 탈재(奪財), 분쟁(分爭)을 의미하나, 나와 동일한 오행은 동기로서 나의 형제자매가 되며 아버지의 처(妻)가 낳은 자는 나와 나의 형제가 되므로 비견과 같이 형제자매로 보며 어머니가 다른 이복형제도 된다.

투쟁과 시비구설
도적(盜賊)

비견(比肩)과 같이 나와 같은 오행으로서 동기가 되므로, 즉 의기가 상동하고 상통할수 있는 동료, 친구로 볼 수 있고 비견과 유사하여 재물을 파함이 더욱 강하고 남녀 모두 배우자를 극(剋)함이 강하다. 사회적으로는 채권자, 손재, 불화, 배신, 투쟁, 강제, 폭력, 강도 등이 이에 해당한다.

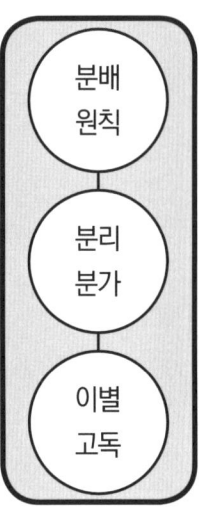

- 겁재(劫財)는 비견(比肩)과 마찬가지로 횡적인 관계로 나와 같은 등급의 관계를 갖는 사람들로 내가 약(弱)해서 필요할 때는 나를 돕는 대상들이 되지만 내가 강(强)할 때는 내 몫을 나누어 가져야 하는 대상도 된다.
- 협동심이 부족하고 자기욕구가 강하며 공동생활보다 독립사업이나 전문직을 선호하는 것이 바람직하다.
- 일을 처리함에 있어 순리보다는 편법으로 처리하는 경향이 많으며, 과격성으로 가정생활이 원만하지 못해 아내와의 불화로 헤어지는 경향이 많다.

주도적 추진력

경쟁을 바탕으로 한 투쟁적 사회주의자로 목적을 위해서는 엄청난 노력을 하고 대가(代價)를 얻는 합리적 외향적 주체성으로 원하는 것을 쟁탈하려는 경쟁심리가 강하다.

기능인

대의명분과 타인과의 관계에서 자신의 현실적 이득을 위한 독립적이고 전문적인 자신만의 독창적이고 특별한 기능과 특기를 갖는다.

배타적 우월주의 투기성향

군중 속의 리더십으로 자기주도적인 경쟁력을 갖추어 독자적인 기술력 발휘로 신속한 결과와 이득을 추구하며 재(財)에 대한 욕구가 강해서 투기성, 모험적 기질을 즐긴다.

군겁쟁재(群劫爭財)

사주에 비겁(比劫)이 태왕하고 재성(財星)이 약한 구조로 많은 무리들이 재(財)를 놓고 전쟁을 벌여 극(剋)하는 형상으로 이전투구(泥田鬪狗)와 같다. 비겁이 많고 식상이 없어 재가 극을 받는 군겁쟁재는 아주 흉(凶)하다. 성격은 강인하나 재(財)를 서로 차지하려고 다투는 현상으로 직업이나 재물운이 썩 좋지 못하다. 군겁쟁재는 대개 동작이 빠르고 삶에서 무슨 일을 하고자 하면 예상치 못한 라이벌이 많이 나타나게 된다. 이는 먹을 것을 놓고 많은 사람들이 서로 쟁탈하는 현상과 같아 그 재성을 감당하지 못하고 오히려 큰 형액을 당하게 된다. 대운에서 식상운과 식재운을 만나야 길하다.

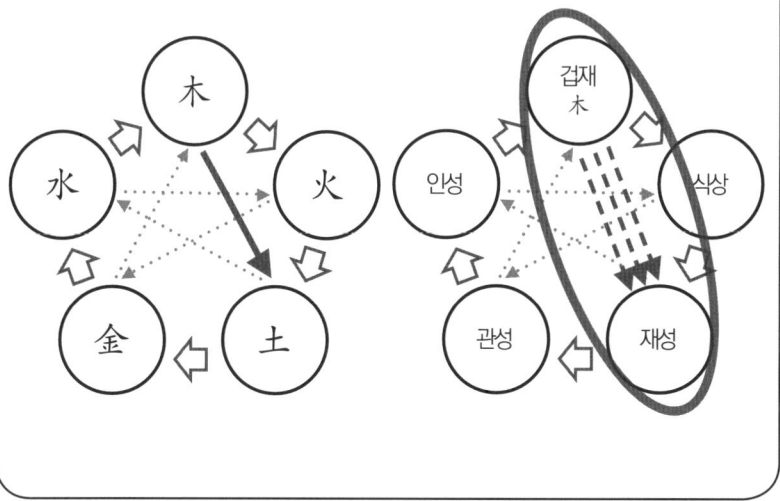

3. 겁재(劫財)의 재능과 사회성

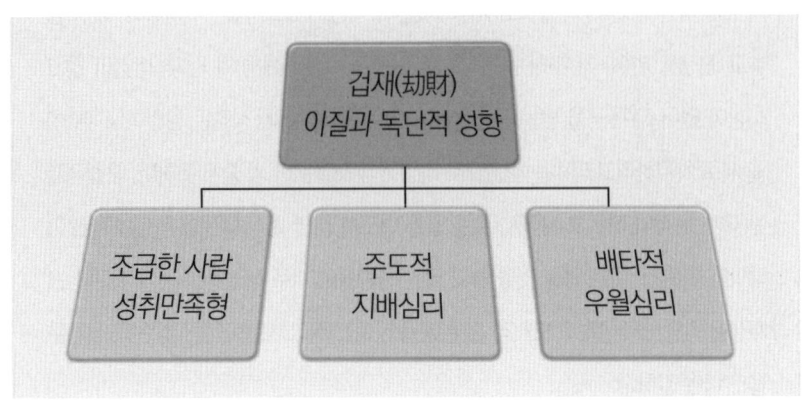

1) 겁재의 지능과 재능

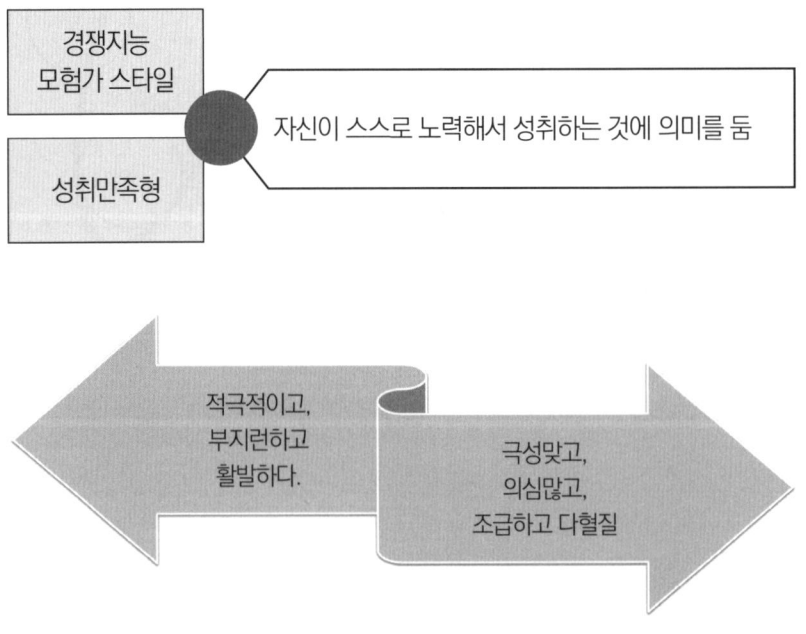

- 모든 일에 강한 경쟁심과 성취 자체에 대한 만족감이 가장 중요한 유형이다.
- 성취감에 대한 희열감에 더 만족하므로 적절한 목표를 제시해 주는 것이 중요하다.
- 강한 승부근성과 경쟁심을 가지고 일에 임하며 책임감 있게 일도 완수하고자 한다.

> 자기 내부의 집중이 강하고 현재에 초점을 맞추어 주어진 책임을 확실하게 수행하는 형으로 이질과 독단적 성향이 강하다.

주도적 지배심리 & 배타적 우월심리

- 매우 계산적이며 물질에 대한 욕심도 대단하다.
- 타인을 믿지 않는 성격이기 때문에 동업은 할 수 없으며, 비견(比肩)과 유사한 독립적인 자기기능을 활용하는 것이 좋다.
- 자신의 체력을 활용하는 직업이나 분야가 좋다.
- 경쟁구조에서 오히려 자신의 능력을 발휘하게 된다.
- 솔직담백한 성격은 장점이다.
- 강자에게 강하고 약자에게 배려하는 심리다.

2) 겁재의 궁위별 특성

時	日	月	年
대의적 안정과 명분 지향의 의협심리	나(我)	명분에의 희생과 동정을 수반한 주체심리	경쟁에 강요된 자기보호의 본능심리
미래지향적 후견인 기대심리	주종관계의 동질성과 측근의 협력심리	정의와 공익의 명분을 위한 희생심리	동질감이 상실된 이질적 부조화심리

① 연간의 겁재

丙乙己甲
子丑巳申

- 심리 : 경쟁에 강요된 자기보호의 본능심리.
- 사회성 : 비견(比肩)과 대체로 같은 특성이나 음양이 다르므로 타인과의 경쟁력이 더욱 강하고, 처한 입지가 불안정하여 자신만의 터전을 찾아 유학이나 이민을 선호하며 약자에게는 측은지심이 동요되어 보호본능을 가진다.

② 월간의 겁재

丙己戊乙
寅巳子酉

- 심리 : 명분에의 희생과 동정을 수반한 주체심리.
- 사회성 : 전체라는 명분을 내세워 개인적인 희생을 감수하고 배려와 동정심이 강하여 인정받으나 완강함과 일상생활의 부조화로 파생되는 예견치 못한 난처한 일들을 감당하는 성향이다.

③ 시간의 겁재

丁丙辛庚
酉子巳申

- 심리 : 대의적 안정과 명분 지향의 의협심리.
- 사회성 : 단체나 대의를 위해서 명분을 지켜 나가기 위하여 자신의 수고로움은 당연시하는 의협적인 마음을 가지게 된다. 그러나 무조건적인 수고가 아니라 자존심 유지라는 내면적 바탕 위에 드러나는 행동이므로 경쟁적이고 성취동기가 강하다.

④ 연지의 겁재

丁乙丁壬
亥卯未寅

- 심리 : 동질감이 상실된 이질적 부조화심리.
- 사회성 : 나와는 배타적인 곳에서 이질적 관계의 대인관계를 형성하고 소속되려 하고 미지의 영역과 연관 지어져 신앙적인 성향이 짙다. 또한 경쟁에서 승부적 긴장감의 연속으로 마음의 안식처를 항상 갈구한다.

⑤ 월지의 겁재

국가대표 수영선수

癸庚癸己
亥寅酉巳

- 심리 : 정의와 공익의 명분을 위한 희생심리.
- 사회성 : 정의와 명분 공익과 의리를 위한 소임을 맡고 보장된 영역확보를 위해서는 희생이 따른다. 사회적 필요에 부응하여 권력행사를 담당하며 실력의 승부와 경쟁적인 이미지의 유형이다.

⑥ 일지의 겁재

영화관련사업

丙壬乙戊
午子丑寅

- 심리 : 주종관계의 동질성과 측근의 협력심리.
- 사회성 : 든든한 보좌관과 같은 존재의 도움으로 자아실현을 이루고 현실적으로 소중한 관계들에게 동등한 권리보장과 그 수고에 대한 정당한 분배로 협력관계를 지속시킬 수 있다. 독특한 노하우를 소유한다.

⑦ 시지의 겁재

공무원

癸癸甲丙
亥亥午午

- 심리 : 미래지향적 후견인 기대심리.
- 사회성 : 자신을 보좌할 수행인을 통하여 일신의 편안함과 안정을 도모하는 생활을 추구하는 패턴으로 투자자의 협조와 연대로서 장기적이고 미래지향적인 안정을 얻고자 한다.

3) 겁재의 직업과 사회성

사안(事案)
재산손실, 이성문제, 배우자 건강, 이별, 언쟁, 구설 등의 길흉사

직업
비견과 유사한 독립적 사업, 전문직, 육체노동, 독창적 자기 기술력 배양

겁재(劫財)

겁재(劫財)가 청(淸)한 경우
용감무쌍, 투지견고, 의협심, 불의 항쟁, 억강부약(抑强扶弱), 사교성, 검찰 경찰관도 겁재가 필요. 겁재합살(劫財合殺)은 淸함. 겁재가 정관의 제압을 받으면 흉성이 순화된다. 겁재(劫財) 용신이면 솔직하고 가식이 없다.

겁재(劫財)가 탁(濁)한 경우
고집불통, 굽히지 않는 성격, 독선, 흉폭, 무자비, 안하무인, 재물에 대한 지나친 욕심으로 투기와 요행을 바란다. 아내학대, 폭행, 복종강요, 의처증, 상처(喪妻), 낭비벽, 불법, 비윤리적인 일을 하면서도 양심의 가책을 받지 않는다.

겁재(劫財)는 일간과 오행은 같으나 음양이 다른 것을 말하며 이질과 독단적 성향으로 비견과 동일하게 나타나며, 단지 재물에 대한 욕구나 경쟁을 선의적인 경쟁으로 이끌지 못하는 경우가 있어 성공하는 과정에서 오해를 많이 받게 되는 것이 특징이다. 겁재의 특성은 자존심과 경쟁심이 강하므로 자신의 체력을 활용하는 직업이나 학과가 좋다. 하나의 예로, 특전사 같은 직업군인이라면 누구보다 생존훈련에 능하게 된다. 어느 학과나 직업에서도 이런 장점을 살릴 수 있다.

지식체계

경제학, 경호학, 장의사학, 군사학, 체육과, 약학과, 외과, 치과, 국제금융학과, 국제 정치학과, 국제변호사, 조소과, 연기, 영화학과 등.

직업적성

기술, 스포츠, 행위예술, 연기자, 구매, 창고관리, 경호원, 경비원, 기자, 보석세공, 투기업, 유흥업, 요식업, 수금업, 요리사, 운수업, 조각가 등.

춤추는 가수 甲 壬 壬 丁 辰 戌 子 巳	壬水일간이 월령 子水이며 壬水가 월간으로 투출하여 비겁이 강하다. 행위예술을 겸비한 춤추는 가수 싸이의 사주다.
치과의사 丙 丁 丁 辛 午 巳 酉 亥	겁재가 투간하였다. 신왕재왕한 사주로 치의대를 졸업하였고, 현재 치과병원을 운영하고 있다.
간호사 庚 辛 庚 癸 子 巳 申 丑	겁재격으로 사주가 대부분 비겁으로 이루어졌다. 癸水 상관으로 설기해야 한다. 신경외과 간호사다.
유통업체 근무 壬 戊 己 乙 戌 戌 丑 未	월령 겁재이며 비겁이 태과한 사주다. 독일문학을 전공하고 출판사에 근무하였고, 이후 직업변화가 여러 차례 반복되었다. 현재 유통회사에 근무한다.

4. 겁재(劫財)의 통변성과 사례분석

1) 겁재의 통변성

사주 원국에 겁재(劫財)만으로 판단을 내리기에는 무리가 있으니 편관(偏官)이나 식상(食傷) 등의 유무와 합(合), 충(沖), 신살(神殺) 등을 두루 살펴 판단해야 한다.

(1) 겁재가 없거나 무력할 경우

- 겁재가 사주에 없으면 일반적으로 자존심, 교만심보다는 주변과 적당히 타협하여 자신의 주관, 소신을 강하게 나타내지 않는다. 때로는 약해 보일 때가 있으며 탐심이 없는 편이다.
- 겁재가 길신(吉神)으로 작용할 때는 자신의 성장기에 부모보다 형제가 더 힘이 되어주는 경우도 있다.
- 겁재(劫財)는 식상(食傷)으로 잘 설기되어야 하고, 또 관성(官星)으로 통제할 수 있으면 길(吉)하다. 만일 식상(食傷)이 없고 관성(官星)만 있으면 보수적이고 식상만 있고 관성이 없으면 약자에게는 잘하나 예의가 없고 제멋대로이다.

(2) 겁재가 많거나 강한 경우

- 겁재(劫財)가 사주원국에 많고 강(强)하면 물질욕이 대단하고 자기

본위적이고 고집이 세며 항상 계산적이기 때문에 속을 알 수 없다.

- 겁재가 많다는 것은 일간(日干)의 입장에서는 자신과 다른 마음을 가진 형제, 자매 또는 주변 사람이 많다는 뜻이므로 상대를 믿지 않으며 동업이나 공동투자는 금하는 것이 좋다.

- 겁재가 많으면 배우자를 무시하거나 외면하여 부부 불화가 잦고 재물과 이성에 대한 탐욕으로 문제가 발생한다. 이때, 관성(官星)이 무력하면 인간다움이 결여되어 있으며 법이나 타인의 조언을 무시한다. 관성(官星)은 남명(男命)에 자식이며 여명(女命)에는 남편이 되기 때문에 해당 육친(六親)과 인연이 약(弱)하다.

(3) 겁재(劫財)는 정재(正財)를 파극한다.

- 겁재(劫財)는 나의 재물(처)을 빼앗아가는 것으로 흉함이 많고 강제성을 띠며 강자에게 강, 약자에게 약해서 보호해주는 것이 있고 재(財)에 대한 욕망이 강해 수단방법을 가리지 않는 경향이 있어 도박, 투기와 요행, 모험등을 좋아한다. 지는것을 싫어해 경쟁에 강하고 안하무인 성향이 강하다.

- 겁재(劫財)가 강한 군겁쟁재(群劫爭財) 사주는 의욕이 강해서 젊어서 일시적으로 목표달성은 할 수 있지만, 그 뒤에 사회의 일원으로 많은 것을 받아들이고 수용하고 섬기, 관용하는 데 힘이 들어 조직생활이 어렵다.

2) 겁재의 사례분석

【사례 1】주관이 뚜렷한 여성

```
時 日 月 年
庚 戊 乙 癸
申 申 丑 丑

辛 庚 己 戊 丁 丙
未 午 巳 辰 卯 寅
```

이 사주는 戊土 일간이 丑月에 득령하였으나 한습(寒濕)한 계절로 신약하여 겁재(劫財)를 용신하고 화운(火運)을 기다린다. 사주의 주인공은 주관이 뚜렷하고 마음이 바르며, 직업에 대한 집착 또한 강하고 성실하다.

용신대운으로 일로(一路)하여 남편과 친구, 형제, 부모의 덕이 많다. 한편 남한테 지는 것은 매우 싫어하는 성격이다. 겁재(劫財)가 용신(用神)일 경우 자아욕구가 주는 자신감과 성취하고자 하는 실현성이 고무적인 성향으로 나타난다.

인수가 없으면 순서대로 하거나 사려 깊은 생각이 부족하여 즉흥적이기 쉽다. 그러나 위 사주는 정관, 정재, 식신이 투출하여 정직하고 현실적이며 순리적인 면이 나타난다.

【사례 2】 대기업 사퇴 후 패망

```
時 日 月 年
戊 戊 辛 己
午 戌 未 亥

乙 丙 丁 戊 己 庚
丑 寅 卯 辰 巳 午
```

이 사주는 戊土 일간으로 외형적인 성격은 착하지만, 속내가 이기적이고 자기위주이며 타인을 무시한다. 월령(月令) 겁재(劫財)에 비견(比肩)이 태과한 군겁쟁재(君劫爭財)의 명으로 도벽심이 많고 재물에 욕심이 지나쳐서 대기업 과장 자리를 박차고 나와 사업을 하였다. 그러나 결국 재산을 모두 탕진하고 사기죄로 형무소에 복역한 사람으로, 형제간에도 채무관계로 원수처럼 지내게 되었다. 겁재가 왕할 때 안정의 욕망이 무산되어 잠재의식에서 도덕성이 결여될 수 있다.

비겁이 강하고 상관을 쓰는 사주는 오직 자기 자신만의 기술을 습득하여 남다른 전문성을 활용하는 것이 좋다. 그리고 바쁘고 부지런히 움직이며 적절한 체력소모를 하는 것이 오히려 자신의 운명에 도움을 준다.

【사례 3】 행위예술

```
時 日 月 年
壬 己 丙 癸
申 未 辰 未

庚辛壬癸甲乙
戌亥子丑寅卯
```

　이 사주는 己土 일간이 辰月에 태어나 일간이 득지(得支)하고 인수의 생(生)을 받아 지지로 비겁이 신강한 구조로 본성은 비겁의 속성을 지녔으나 壬癸가 투출해서 재성의 현실적인 성향이 나타난다.

　신왕한 기운을 가진 일간은 천간으로 투간된 재(財)의 영역을 추구하고자 운동선수나 행위예술 등의 자기에너지가 소모되는 분야에 흥미가 있다. 또한 時柱에 申金은 재의 뿌리로 상관의 힘을 설기해 늘 상관생재를 꿈꾸고 있다. 무관성의 사주로 인수의 설기마저 심하니 끈기를 가지고 꾸준히 노력하는 인내가 필요한 사주이다.

　상관생재는 수단과 변화의 능통함으로 유통업, 문화예술 사업, 인테리어 등과 자신 스스로가 행위예술로 연기자나 몸기술을 활용하기도 한다.

【사례 4】 택배업 종사

```
時 日 月 年
乙 癸 壬 壬
卯 酉 子 子

戊 丁 丙 乙 甲 癸
午 巳 辰 卯 寅 丑
```

이 사주는 癸水 일간이 子月에 태어나 壬子 양인(陽刃)을 놓고 겁재(劫財)가 강한 신강사주다. 일간 오행의 기세판단에 따르면 주변 세력은 온통 겁재 양인(陽刃)으로 구성되었으며 사주가 한랭하여 조후에 결함이 있다.

왕한 水 기운을 설기시키고 있는 乙卯는 일지 酉와 卯酉沖이 되어 그 역할을 제대로 수행할 수 없다. 그러므로 직장생활을 제대로 유지하지 못한 채 특별한 기술도 없이 택배업에 종사하며 생활을 이어가고 있다. 다행히 초년 식상대운을 만나 배달, 유통업에 해당하는 분야에서 체력을 활용한 단순노동으로 생계를 유지하고 있으나 여러 차례 사고가 나는 등 어려움도 따르고 있다.

【사례 5】 추진력으로 40대 대기업 임원, 그리고 실패

```
時 日 月 年
丙 壬 癸 癸
午 午 亥 卯

丙丁戊己庚辛壬
辰巳午未申酉戌
```

壬水 일간이 亥월에 생하였고 癸水가 투출하여 겁재격이다. 일간은 득령하고 득세하여 신왕한 중에 재성 또한 왕하니 신왕재왕(身旺財旺)한 사주가 되었다. 그러나 연지 卯木과 월지의 亥水가 亥卯 合 木局을 이루어 일간의 氣를 설기하여 재성 火를 생하는 중 인성 金이 없으므로 선신강 후신약이 되는 사주로 金운에서 발전할 것이다.

사주의 주인공은 군 제대 후 대기업 건설사 현장인력으로 입사하여 비겁의 뚝심과 추진력으로 40대 초에 임원까지 진급한 인물이다. 퇴사 후 욕심을 부려 사업을 하였으나 5년 만에 모두 탕진하고 말았다. 金운에는 직장에서 승승장구하였으나 퇴사 후 火 재성 대운에 들어 자극받은 비겁의 무모한 추진력이 결국 사업실패를 가져왔다.

Part 3

식신·상관의 기질과 사회성

1장 식상의 특징
2장 식신의 기질과 사회성
3장 상관의 기질과 사회성

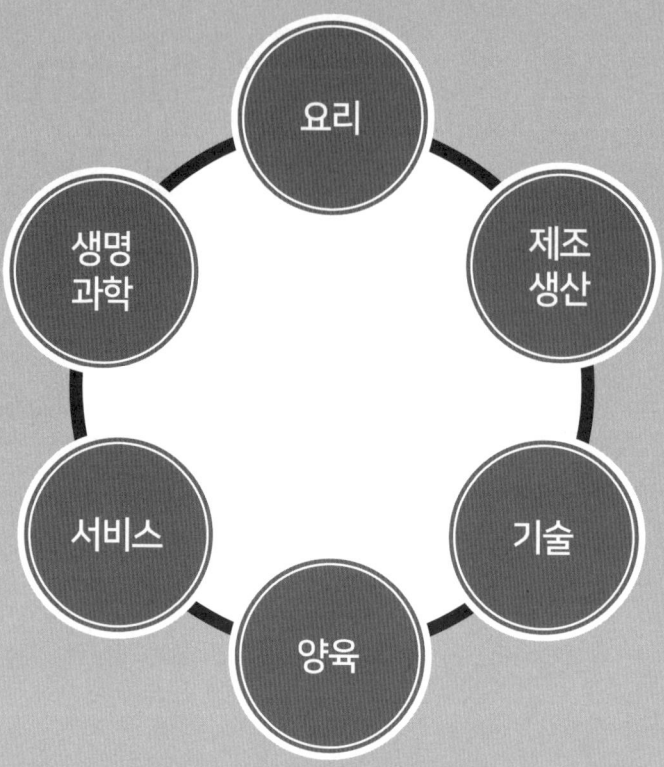

Part 3 식신·상관의 기질과 사회성

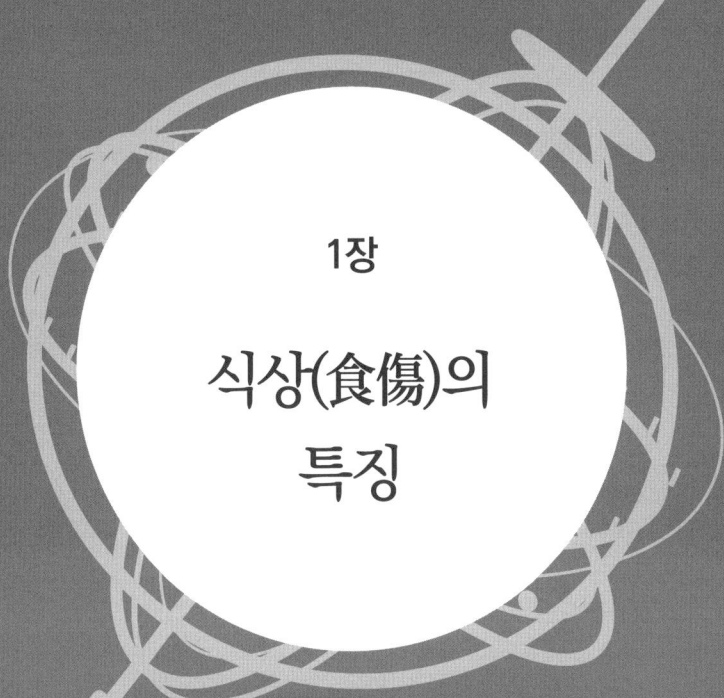

1장

식상(食傷)의 특징

식상(食傷)

유행과 공개경쟁을 즐기는

'생산본능'

1. 식상(食傷)의 이해

1) 일간이 생(生)하는 오행 – 식상(食傷)
- 일간과 음양이 같은 식신
- 일간과 음양이 다른 상관

2) 에너지의 유출로 내 힘을 설기해 가는 것
- 의도적인 힘의 소모가 아닌 저절로 자연스럽게 힘이 설기되는 것
  ① 체(體)의 영역으로는 남명(男命)은 장모, 후배, 할머니, 여명(女命)은 자식
  ② 용(用)의 영역에서는 생산, 개발, 서비스, 출산, 취미생활, 여가, 육체적 움직임도 모두 식상활동에 포함된다.

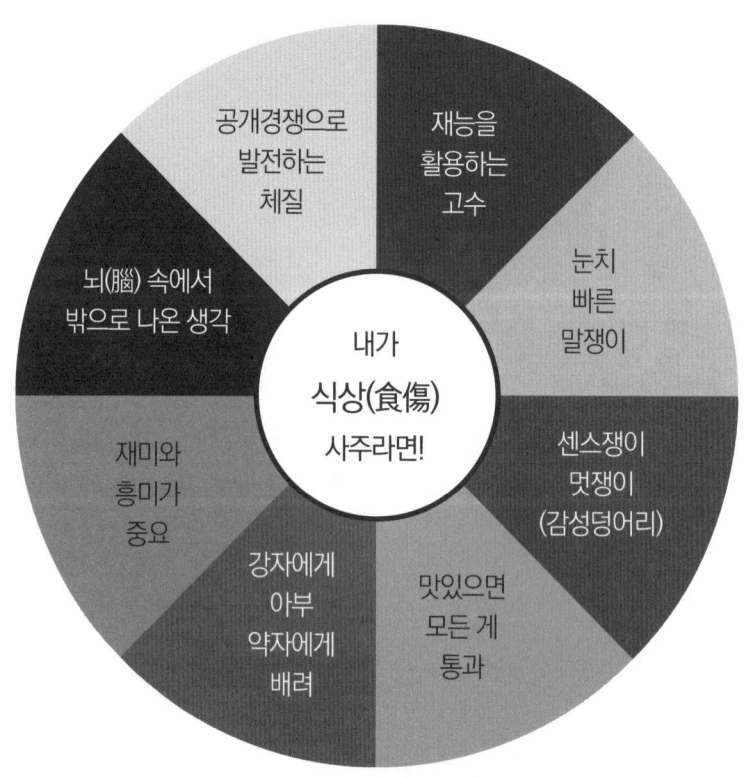

2. 식상(食傷)의 본성과 심리

1) 식상의 진화심리 : 생산본능 / 창조본능

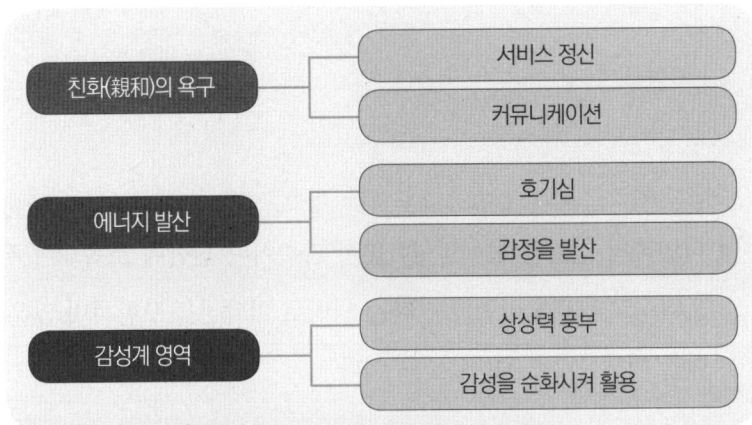

- 식상은 틀에 얽매이지 않는 자유경쟁이다.
- 출산의 본능으로 종을 이어간다.
- 자신이 흥미를 느끼는 것에 심취한다.
- 새로운 방법을 발견, 개발하는 본능을 가진다.
- 미래를 위한 발견과 신세계를 꿈꾼다.

- 사고의 자율성과 일탈 심리를 가진다.

① 동물 : 번식, 활동, 모험
② 인간 : 출산, 창작, 기술, 표현, 모험, 공개경쟁

2) 식상의 욕구

식상(食傷)은
- 타인과의 친밀관계를 형성하면서 가족이나 집단에 소속되어 서로 도와주고 배려하며 이해한다는 의미로 이타심을 포함하며 많은 분야를 이해하기를 원하는 욕구이다.
- 지적인 호기심의 만족에 직결될 때 아이디어를 통합하고, 일반화하며, 논리적인 사고를 유연하게 이끌어내는 욕구이다.

친화의 욕구

집단에 소속되어 신뢰와 수용을 바탕으로 사랑을 주며 또 받고자 하는 욕구로 타인과의 친화적인 커뮤니케이션을 지향한다. 또한 호기심이 많아서 인내(忍耐)가 어려우며 자신을 발산시키고자 하는 친화(親和)의 욕구(欲求)이다.

식상(食傷)의 심리는 희생(犧牲)과 양보(讓步), 배려(配慮)를 의무적으로 실행하고자 하는 마음을 갖고 타인과의 관계를 지속함으로써 친화의 욕구

를 드러낸다. 호기심이 많아서 참고 기다리는 것에는 결코 익숙하지 못하여 무언의 인내함이 고통스럽다. 그러므로 앞서서 자신의 의견과 뜻을 피력하는 것이 일상화 되어 있으며, 상대가 있는 것에 대한 두려움보다 상대가 있으므로 자신의 마음을 열 수 있다는 것이 더 상쾌하다. 식상은 인간과 인간의 공간 속에 존재하는 친화적 커뮤니케이션이다.

식상(食傷)은 일간(日干)의 힘을 설(洩)하는 기능, 일간(日干)인 내가 발산(發散)하는 기운으로 설기(洩氣)라고 표현된다.

- 자기의 내면세계를 밖으로 표현(유출)하는 성분으로서 그 수단으로는 말이 아닌 기술과 손재주를 빌린다.
- 활동, 일, 작업, 기술, 노하우로 한 가지 일에 깊이 연구하고 사색하며 지적 호기심이 많고 지적 재능이 뛰어나다.

식상(食傷)은 틀에 얽매이지 않는 자유경쟁으로 기본적 삶의 요구를 얻는 매개체이며 미래를 위한 발견과 신세계를 동경한다.

- 식상이 강(强)하면 감정체계의 상승구조로 감정의 노출수위가 높아지고 대리충족 욕구가 강해진다. 또한 감정변화가 심하고 항상 말이 앞서며 관성(官星)을 극(剋)하므로 구속을 싫어하고 사고의 자율성으로 일탈심리가 내재된다.
- 식상이 약(弱)하면 일단 감정순환의 호환이 이루어지지 않으면서 표현력이 부족하게 되어 진보적이지 못해 창의성에 문제가 생긴다.

3) 식상의 본능과 상대적 심리

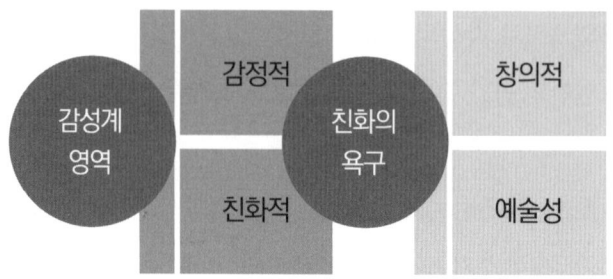

식상(食傷)의 심리는 진출하는 기질로 호기심이 많고 상대에 대한 터치로 간섭을 잘한다. 스트레스 해소기관으로 감정을 배출하고 표현하는 기질이다.

- 식상이 강하면 공상과 상상이 많고 감정을 주체하기 어려우며 앞서 말하고 행동하는 이치로 웃음과 눈물이 많고 눈치가 빠르다.
- 식상이 약하면 능동적이지 못하고 활동에 제약이 따르며 스트레스를 축적하며 이해와 양보심이 미력하다. 또 눈치가 없다.

식상(食傷)은 내가 흥미를 느낀다.
항상 자신의 무엇을 소모시키는 활동과 대상을 찾게 되어있다.

- 식상(食傷)이 강한 사람은 항상 자신을 표출시키고 표현하고 싶어서 말하고 자랑하고 언어, 맛과 멋, 소비하는 것으로 활동을 하거나 대상을 찾는다. 그래서 식상이 왕한 사람들은 사람을 만나서 자기자랑을 할 사람을 찾는다.

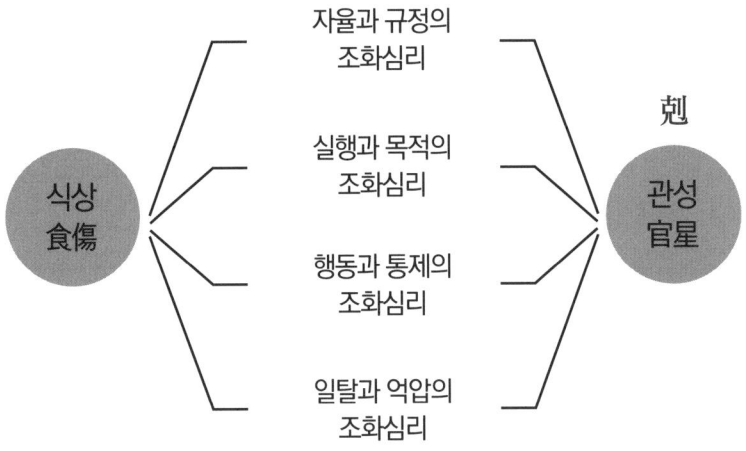

식상(食傷)은 창조생산본능이다.

자신의 감정에 충실하며 주관적인 감성으로 정해진 규칙이나 틀에 얽매이는 것을 싫어하고 자유분방한 사고와 강한 몰입능력으로 누구나 쉽게 따라하지 못하는 자신만의 독특한 전문성을 갖추게 되는 경우가 많다.

- 언어와 지식의 전달체계, 연구와 표현력

- 언어 구사력(말하기), 홍보, 광고, 브리핑(상황 설명, 전황 요약, 보고)

- 개방(노출), 창조, 상상력, 계발(啓發), 서비스, 소비, 지출, 기술, 제조, 생산, 분배, 마케팅, 포장, 디자인

- 생명과학, 제품개발, 양육, 교육

3. 식상(食傷)의 사회성

1) 식상의 작용

《친화력, 섭외력, 응용력, 설득력, 어휘력, 민첩성》

- 활동이 왕성해져 능력을 발휘하며 매출이 늘고 신기술을 익힌다.
- 부친과 처 등 모두에게 친절하며 명랑하고 의욕적이다.
- 법(法)을 무시하고 상사나 직장에게 불만이 생기며 허풍과 도벽심이 발동한다.
- 권태를 잘 느끼고 명예가 훼손되거나 지출이 심하며 멋 부리고 방탕하기 쉽다.

식상의 속성

알고 싶고 원하는 마음이다.
간섭이나 참견을 잘한다.
감각으로 느끼고 싶어 한다.
사치성과 소비심리가 있다.
서비스하는 마음이다.
버릇없고 말을 함부로 한다.
활동적이고 적극적이다.
싫증을 잘 느낀다.

2) 식상의 봉사와 화려함

식상(食傷)은 내가 생(生)해줌으로써 본인이 변신하는 것으로 기예가 능통하고 발전력, 응용력, 예지력, 추리력, 언어 등이 잘 발달하여 임기응변에 강하다. 상상력, 발전력, 직언, 희생, 봉사, 폭언, 담력, 과장, 허세, 구설, 도벽, 사기, 배신, 하극상, 저항력 등이 식상이 지닌 주요 속성이다.

- 스스로 일을 만들어 벌이는 구조로 창의적이다.
- 자신의 능력을 표출하며 발산하는 성향으로 기예를 뽐낸다.
- 식상(食傷)은 재성으로 흘러야 뜻을 발휘하며 재물이 형성된다.
- 식상이 부족하면 일의 활동성이 약해서 안정된 일자리가 좋다.

3) 식상 운의 행운작용

- 식신 : 객식구, 창업, 잔치 밥 먹고, 매출증대, 손님 많고, 일도 많고, 장모, 처가 방문.
- 상관 : 사람문제, 구설시비, 직장문제, 송사문제, 비밀 폭로, 말조심, 부부갈등, 직장근심, 벌금.
- 심리 : 변화모색, 활동이 왕성, 에너지 소모, 체력소모, 식욕왕성.
- 변화 : 연구, 생산, 노하우, 발명, 활동, 배달, 점포 확장, 이동 문제, 건강,

자식 문제, 후배, 부하, 객식구.

① 식상이 강(强)해지면 : 후배, 부하, 제자, 자손과 소비, 허영심, 활동이 주도, 사치하고, 과소비, 임시방편, 겉치레.

② 식상이 약(弱)해지면 : 자손, 후배, 부하 등과 장사는 손님이 줄어든다.

③ 흉(凶) 작용 : 계약, 직장 문제, 법적 문제 발생, 일을 벌여놓고 수습을 못함.
  - 충(沖) : 낙태, 배달사고, 진행되던 일의 계획 수정, 자식 가출, 사고

④ 길(吉) 작용 : 객식구 늘어난다, 장사손님 많이 온다, 매출증대, 자손 번성.
  - 합(合) : 임신, 결혼, 자손, 후배, 부하 덕 본다.

⑤ 재(財)를 생(生)하는 경우 : 재물이 불어난다, 사업 확장, 관을 본 여자, 남자를 건드려 연애한다.

⑥ 관(官)을 극(剋) 하는 경우 : 시비, 구설, 소송, 벌금, 단속 주의, 직장문제, 상사와 불화.

⑦ 일간을 설기(洩氣)하는 경우 : 체력소모, 할 일이 생긴다, 형제자매 일거리가 생긴다.

⑧ 인수가 극(剋) 하는 경우 : 모친의 간섭, 서류문제, 노인과 어른 연관.

4. 식상(食傷)의 재능활용

1) 식신의 재능구조

자기의식	순수하고 활동적이며 어떤 일이나 사물에 대하여 깊이 있게 조사하고 생각하여 진리를 탐구해나가는 외향성의 이면에 내향을 소유함
선천지식	사교적, 융통적, 이해력, 진실에 관점, 노하우, 기술력, 이행능력, 협조적, 감성적
사회성향	타인에 대한 배려와 주어진 프로그램을 수행하는 연구능력과 창의적인 사고와 생산능력이 우수한 형
우수능력	이해와 친화력이 강하고 희생정신, 창조력, 연구력, 창의성, 양보심, 교합성이 우수한 소유자로 대인관계와 설득력이 우수
선천지능	생산적 연구와 기술 노하우 : 연구지능(研究知能)
직업스타일	연구가 스타일
재능	대인관계와 연구의 전문기술을 활용하는 지능으로 이타적, 감성적, 이해력, 유동적, 협조적, 기술력으로 대표되며 노하우, 이행능력, 진실에 관점, 미래지향 등이 주요 특징
진로직업	식신은 견실한 직업, 의식주에 관계된 직업이 吉하다. 생필품에 관계된 생산업, 중개업이 알맞은 적성이다. 식신은 교육, 양육으로 학원, 유치원, 보육원 등에 발전전망이 있다. 희생정신이 강하여 간호사 사회복지에 적합하다.

【사례】

멘델의 법칙 멘델	서비스업 여성 사업가	애플社 스티브 잡스
乙丁丁壬 巳未未午	乙庚壬丁 酉戌子未	戊丙戊乙 戌辰寅未
월일지 식신이 왕성하고 시간으로 편인이 투출하였다.	월지에서 식신이 투출하여 서비스업의 사업으로 성공하였다.	월지편인과 식상이 강하여 연구능력이 돋보인 사례다.

2) 상관의 재능구조

자기의식	생각이나 느낌 등을 언어나 몸짓의 형상으로 드러내어 나타내는 것과 시각적으로 보이는 사물의 여러 모양과 형태
선천지식	표현력, 미감적, 감정적, 묘사에 능함, 직설적, 독창적, 응용력, 변화에 관점, 과정중시
사회성향	사교성, 감각성, 감수성, 외교력, 언어구사, 모방, 발상, 변화에 우수한 소유자로 예술과 정신적 성향이 강함
우수능력	임기응변과 언어 표현능력이 탁월하게 갖추고 있으며 직설적이고 비판적인 동시 감수성이 예민하고 미적 감각이 뛰어남
선천지능	탁월한 설득력과 비판적사고 : 표현지능(表現知能)

직업스타일	발명가 스타일
재능	창의성과 모방 및 설득과 비판의 언어표현 지능으로 표현능력, 감각적, 묘사에 능함, 예술성, 직설적으로 대표되며 독창적, 응용력 우수, 변화에 관점, 미적 중시 등이 주요 특징
진로직업	상관은 미적, 감각적, 창조적 방면의 업무에 최상이다. 작가, 언론계, 변호사, 언어학, 평론가, 기술자 등 모두 좋다. 상관격(傷官格)은 유창한 화술을 필요로 하는 강의, 연설에 탁월하다. 발명가로 명성을 날리거나, 교육 계통, 기획 업무에 능하다.

【사례】

톡 튀는 MC 유O석	천재과학자 스티븐 호킹	컴퓨터 백신개발 안O수
己丁戊壬 酉丑申子	壬辛辛辛 辰酉丑巳	丙乙壬壬 戌未寅寅
천간으로 상관과 식신이 모두 투출되었다.	비겁이 나란히 있어 강하며, 시상으로 상관이 투출하였다.	시상으로 상관이 투출하여 컴퓨터 백신을 개발하였다.

직업의 의미

직(職)은 관을 중심으로 행하는 관직의 뜻과 직분을 맡아 행한다는 개인의 사회적 역할을 뜻한다.

업(業)은 생계를 유지하기 위하여 전념하는 일이라는 뜻과 자기능력을 발휘하기 위하여 어느 한 가지 일에 전념한다는 뜻을 가지고 있다.

그러므로 직업은 생계유지와 사회적 역할 분담 및 자아실현을 지향하는 비교적 지속적인 일을 지칭한다.

[직업을 의미하는 다양한 영어 단어]

구분	의 미
job	일자리, 삯일, 품팔이의 의미가 있으며 정기적으로 보수를 받는 일
work	생계나 벌이를 위해 육체적·정신적 노동을 하는 것
occupation	종사한다는 의미로 오랜 기간에 걸쳐, 보수를 받아가며 하는 일
vocation	천직, 소명, 사명감, 성직의 의미를 가진 천부적인 일을 의미

Part 3 식신·상관의 기질과 사회성

2장

식신(食神)의 기질과 사회성

식신(食神)

사교성과 노하우 쌓기의 달인

'연구지능'

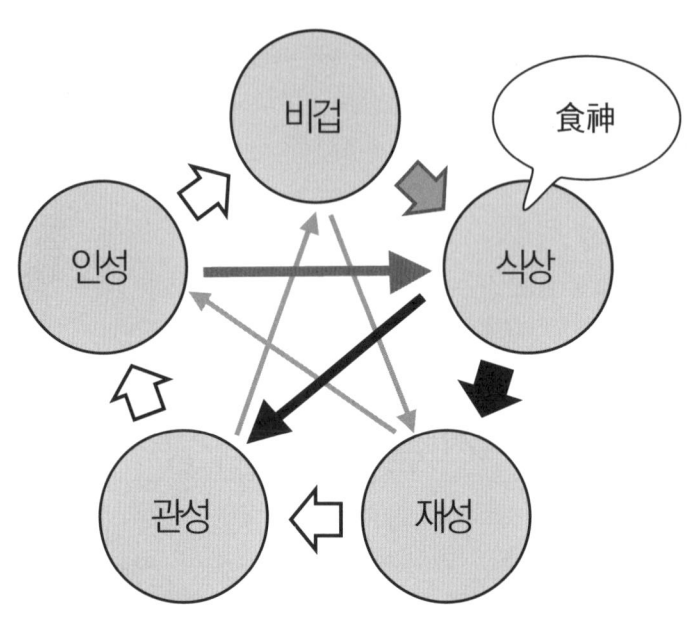

| 生 | 식신(食神)은 재성(財星)을 생(生)한다. |

| 剋 | 식신(食神)은 관성(官星)을 극(剋)한다. |

| 制 | 식신(食神)은 인성(印星)에 대항(對抗)한다. |

| 洩 | 식신(食神)은 비겁(比劫)을 설기(洩氣)한다. |

1. 식신(食神)의 구조

1) 식신의 성립과정

일간이 생(生)하는 오행으로 일간과 음양이 같은 것을 식신(食神)이라 한다.
예) 甲木 일간이 사주 내 丙火와 巳火가 있거나 己土 일간이 辛金, 酉金이 있으면 식신이 된다.

日干	甲	乙	丙	丁	戊	己	庚	辛	壬	癸
天干	丙	丁	戊	己	庚	辛	壬	癸	甲	乙
地支	巳	午	辰戌	丑未	申	酉	亥	子	寅	卯

육신六神 — 식신[食神] →
▷ 일간(나)이 생(生)하는 오행
일간이 생하며 일간과 음양이 같은 – 식신(食神)
[비교] 일간이 생하며 일간과 음양이 다른 – 상관(傷官)
— 십성十星

2) 육친관계

남명 : 장모, 조카, 손자, 사위, 증조부
여명 : 딸, 아들, 증조부, 조카

	일간		
	+木	식신	
丁	甲	丙	癸
卯	戌	辰	巳
			식신

	일간		
식신	-木		
丁	乙	庚	己
亥	未	午	丑
		식신	

2. 식신(食神)의 본성과 기질

1) 식신의 심리

창의적 연구심리	⟷ 친화의 욕구 ⟷	주관적 도취심리

주변과의 화합을 도모하고 겸손하고 온화하여 인간관계가 원만하다.	일은 잘 벌이지만 이론과 말이 앞서서 마무리를 못한다.
문예와 기예에 능하고 창조적이며 연구심이 많아 박학다식하다	소비가 심하고 멋을 부리며 허례허식이 많다.
성격이 관대하고 예의범절이 바르며 서비스 정신이 좋다.	기분이 내키는 대로 언행을 하며 성격이 괴팍하다.

- 총명하며 박학다식하고 연구심이 많아 창조적이다.
- 앞서기를 좋아하고 잘 나서는 성향
- 사업수완이 좋고 생산 능력이 뛰어나다.
- 연구직에 능력을 발휘하여 박사나 발명가가 많다.
- 신왕의 명(命)에 식신(食神)이 편재를 보면 횡재한다.
- 생산 및 제조 사업의 성공으로 재산증식을 잘한다.

- 증권, 투자, 투기를 효율적으로 잘한다.

- 대인관계가 원만하여 주변의 협조력이 탁월하다.

- 식신(食神)이 편인, 인수와 같이 있으면 파란곡절이 많다.

- 월지에 식신(食神)이 있으면 뚱뚱한 배우자를 만난다.

- 여명(女命)의 일지에 식신(食神)이 있으면 음식 솜씨가 좋다.

- 남명(男命)에 식신(食神)이 과다하고 정·편관이 없으면 자식이 없다.

- 남명(男命)에 식신(食神)이 왕하고 재(財)가 있으면 처덕이 있다.

- 여자가 재성과 식신(食神)이 왕하면 남편에게 이롭다.

- 여명(女命)이 신약하고 식신(食神)이 왕하면 산후 건강이 나쁘다.

- 여명(女命)에 식신(食神)이 약하고 인성이 태강하면 자식이 없고 식신(食神)이 약한 중 충거(沖去)되면 낙태될 수 있다.

- 식신(食神)이 많고 편관을 극하면 결단성이 없고 무능하다.

- 식신(食神)이 희신운이면 가업이 번창하며 새로운 사업을 경영하게 된다.

- 식신(食神)이 기신운이면 하는 일에 막힘이 많고 손재(損財) 및 관재구설을 당한다.

- 일간 木 월주 火의 식신격은 총명하며 교육 연구가이다.

- 일간 火 월주 土의 식신격은 신용이 두텁고 선비형이다.

- 일간 土 월주 金의 식신격은 음성이 좋고 결단성 있다.

- 일간 金 월주 水의 식신격은 비상한 두뇌로 만능적이다.

- 일간 水 월주 木의 식신격은 문예에 능통한 학자형이다.

2) 식신의 긍정적·부정적 성향

긍정적 성향

- 성격이 관대하고 예의범절이 바르며 서비스정신이 좋다.
- 도량이 넓으며, 문예와 기예에 능하고 식도락가이다.
- 처세술이 능통하고 대인관계가 원만하고 마무리가 깔끔하다.
- 허영과 이상보다는 현실적인 면을 추구한다.
- 과감한 결단력보다는 주변과의 화합을 도모한다.
- 총명하며 박학다식하고 연구심이 많아 창조적이다.
- 대인관계가 원만하여 주변의 협조력이 탁월하다.

부정적 성향

- 앞서기를 좋아하고, 잘 나서는 성향이 있다.
- 소비가 심하고 멋을 부리며 허례허식이 많다.
- 이론과 말이 앞서고 행동과 실천은 잘 안 된다.
- 수입을 계산하지 않고 쓰고 보는 형이며 싫증을 잘 느낀다.
- 일은 잘 벌이지만 인내심이 부족하고 마무리를 못한다.
- 식욕이 좋고 부지런하지만 절제를 못하여 허무하다.
- 화려하고 변덕이 심하며 기분 내키는 대로 언행한다.

3) 식신의 기질적 특성

아생자 (我生者) — 식신(食神)은 일간의 응집된 에너지를 분출하며 설기(洩氣)하는 기운으로 내가 낳은 자, 즉 아생자(我生者)로 자식, 양육의 의미이다.

식록의 풍요 — 식신(食神)은 일간(日干)을 '나'로 볼 때, 일간인 나의 힘을 아낌없이 빼내어 주는 것에 기인하며, 식록의 풍부함을 상징한다. 주요핵심은 〈주관성〉과 〈자존력〉이다.

흥미지속 — 일간과 비겁의 에너지를 소모하여 만들어 낸 식신(食神)은 집중력, 탐구력, 쟁이근성, 연구하는 성분, 꾸준한 지속성, 순수한 맛, 어수선하지 않으며 서두르지 않는다.

기초자산 — 식신(食神)은 의식(衣食)을 뜻하고 길신(吉神)으로, 식신이 재(財)를 생하여 인간생활에 경제의 바탕을 마련하는 것으로 무엇보다도 의식주의 풍성함을 뜻한다.

의식주 (衣食住) — 식신(食神)은 먹는 神, 생존(生存)의 수단, 돈버는 기술(技術), 삶의 기초(基礎), 경제 활동(活動), 진로, 활동능력, 소득, 복록(福祿), 자산(資産) 등을 나타낸다.

식신(食神)은 사회적으로는 교육, 문화, 예술, 복지사업, 식품의 제조나 판매, 농축수산업, 의약, 병원, 연구개발 등 의식주에 필요한 모든 활동을 나타낸다.

내면적 즐거움을 스스로 찾고 만족하며 자신의 감정과 씨름하며 한 가지에 깊이 파고드는 성향이 있어 융통성은 약하나 연구력으로 정해진 일에 충실하고 능률적이다. 다만 한 가지에 파고드는 성향으로 단독행을 행하는 것 때문에 단체심은 약하나 남을 배려하는 성분도 강하다.

대인관계에서 봉사와 희생정신이 투철하여 인간적 자산이 넓고 안정되어 폭넓은 사회 활동을 한다. 그러나 사주명식에 식신(食神)이 과다하면 허황된 꿈을 좇거나 편굴하고 편협하게 되며 경솔한 행동을 남발하여 체면이 손상 당한다.

감정이 풍부하여 아름다운 것을 좋아하고, 예술적 이해와 관심이 뛰어나나 쾌락에 빠져 현실을 도외시하는 경향이 있고, 진취적이거나 분발하려는 정신이 부족하여 비상업적인 성향이 있어 이런 사람은 예술방면으로 나가는 것이 길하다.

식신(食神)은 쾌락·식복·의식주 등을 관장한다. 따라서 사주가 식신격을 이루면 물질이 풍부하여 생활이 안정되니 근심이 없고, 예의와 염치를 알며 신체가 조금 비대하다. 선천적으로 관용의 미덕을 지니고 있어 여간해서 남을 원망하지 않으며 온화하고 명랑한 성격에 미식가가 많다. 항상 남을 생각하고 베풀기를 좋아하며 도량이 넓으며 총명하고 준수하다.

식신(食神)은 상관(傷官)과 다르게 동일한 오행의 상생으로 생(生)해주고 설기(洩氣)해가는 본성이 순수하기에 온순한 순정파이다.

식신(食神)은 내가 원해서 하는 것이고 나를 드러내고 표현하여 타인과의 차별화를 추구하고 문화예술과 창조가치를 소중히 하며 생명을 키우는 생명학적인 활동에 적합하다. 그러므로 고지식한 자유본능이 나타나게 된다.

- 사주명식에 식신(食神)이 온전하게 자리하면 열심히 노력하고 왕성한 활동을 할 때, 이 일간이 한 개의 식신을 추구한다면 노력한 만큼 식록과 재복이 따른다.

- 식신(食神)은 길신으로 일간을 극하는 칠살(七殺)의 작용을 보호 방어하는 수명신(壽命神)으로 건강과 사고를 예방해 주며 식신(食神)이 있는 사람은 장수한다.

- 식신(食神)은 신체의 질병을 막아주는 면역체계로 편인(偏印 : 효신(梟神))을 만나 파(破)하게 되면 복록이 부족하고 건강이 좋지 않으며 활동의 장애가 따르고 막힘이 많다.

식신생재(食神生財)

식신(食神)이 재성(財星)을 생(生)하는 구조

일간을 중심으로 월지가 식신(食神)이나 상관(傷官)을 이루고 식상은 다시 재성(財星)을 생하는 격으로 순기(順氣) 생재(生財)하면 복록이 많고 총명하며 대인관계가 원만하므로 사업수완이 좋은 명이다. 또한 일주가 강하고 재성이 약할 때 사주 가운데 식신이나 상관이 있으면 식상을 용(用)하여 재를 생조(生助)해야 길하며, 일간이 신약할 때 식상이 강하면 인성운이 좋다. 고서(古書)에 '식신유기승재관(食神有氣勝財官)'이라 하여 사주에 식신(食神)이 건왕(健旺)하면 재(財)와 관(官)보다 낫다는 의미로, 사주에 식신이 있고 비겁 등이 이를 생왕하게 하고 편인이 없거나 식신이 형충파해 되지 아니하면 부귀하고 덕망이 있으며 신체가 건강하여 한 평생을 행복하게 지낼 수 있다.

식신제살(食神制殺)

강한 관살(官殺)을 식신(食神)이 억제(抑制)하는 구조

사주 내에 관살(官殺)이 왕하고 일간이 신태약(身太弱)하지 않을 경우 인성(印星)이 없거나 있어도 무기력하면 식신(食神) 또는 상관(傷官)으로 관살을 억제하여 일간을 보호토록 하는 것을 말한다. 식신제살이 잘 되면 貴함이 따르고 大人의 형상을 갖춰 속전속결로 명쾌하고 깔끔하다. 다만, 식신과 관살의 균형이 깨지면 세력 싸움으로 전락해서 주변이 시끄럽거나 일이 늦어진다.

3. 식신(食神)의 재능과 사회성

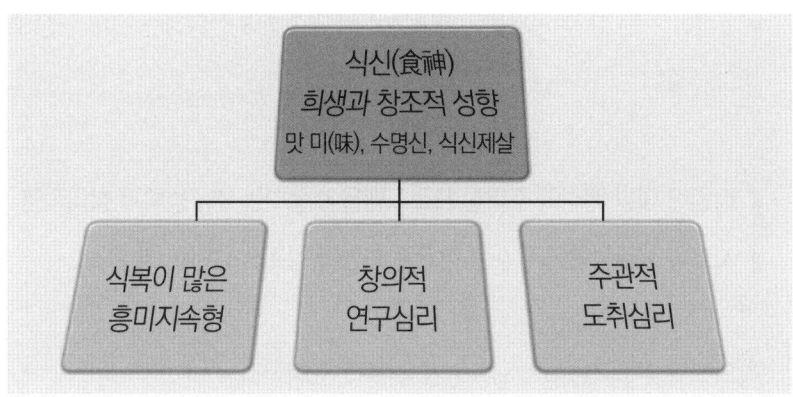

1) 식신의 지능과 재능

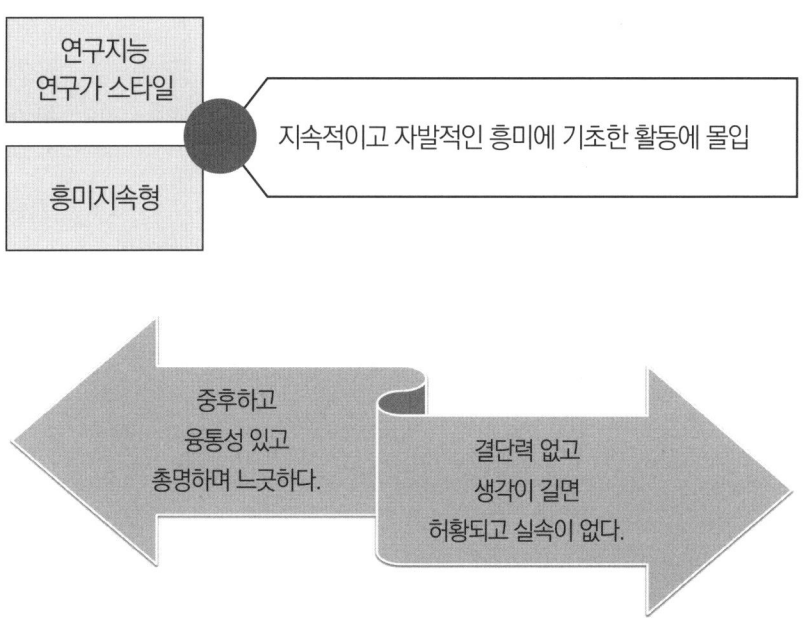

- 자율적이고 능동적인 일의 유형을 선호, 연구력과 기술습득 능력이 우수하다.

- 외적인 자극보다는 모든 행동변화가 자신 스스로의 결정에 바탕을 둔다.

- 관심이 가는 한 분야에 몰입하여 스스로 만족하며 진행하는 것이 가장 효과가 좋다.

> 타인에 대한 배려와 주어진 프로그램을 수행하는 연구능력과 창의적인 사고와 생산능력이 우수한 형으로 희생과 창조적 성향이 강하다.

창의적 연구심리(능률적 생산성) & 주관적 도취심리

- 연구하는 심성으로 사색과 고찰 등 내면적인 실험 정신을 갖는다.

- 미래에 대한 관심이 많고 희생과 봉사정신이 크며 지적, 정적이며 어느 한 분야에 깊이 몰두하는 외골수이다.

- 자기 영역을 침해당하지 않고 창의성을 발휘할 수 있는 직업, 공간을 원하게 된다.

- 주관적인 생각을 밖으로 유출시켜 객관화시키는 과정이다.

2) 식신의 궁위별 특성

時	日	月	年
생산적인 자아의 미래상 추구심리	나(我)	안정과 여유의 추구로 진보적 획득심리	사회적 진보성과 경제 보장의 안정심리
미래적인 안정과 풍요의 추구심리	고유한 라이프스타일을 즐기려는 심리	고유한 특기의 사회생활과 풍요 추구심리	낙천주의적 생활유지의 요구심리

① 연간의 식신

박사 - 기술지원

乙癸己乙
卯丑卯卯

- 심리 : 사회적 진보성과 경제 보장의 안정심리.
- 사회성 : 선대로부터 전승된 경제적 안정에 유리하며 이를 바탕으로 사회적으로 진보의 노력과 긍정적인 활약으로 일찍 선두 위치를 확보하고 안정적인 기반을 추구한다.

② 월간의 식신

甲辛癸丁
午丑丑卯

- 심리 : 안정과 여유의 추구로 진보적 획득심리.
- 사회성 : 의식주에 대한 보장과 여유 있는 문화생활을 추구한다. 명랑하고 관용적이며 온화하게 사회생활을 이끌며, 때로는 우유부단하지만 항상 새로운 경험 속에서 생산력을 가지려고 노력하는 유형이다.

③ 시간의 식신

乙癸己甲
卯亥巳辰

- 심리 : 생산적인 자아의 미래상 추구심리.
- 사회성 : 자아실현을 목표로 꾸준히 미래를 준비하는 동시에 사회 활동은 실리를 기반으로 하여 매사에 항상 준비하는 전형적인 성향으로 모든 사안에 대항력이 강하다.

④ 연지의 식신 乙 庚 戊 丁 酉 寅 申 亥	● 심리 : 낙천주의적 생활유지의 요구심리. ● 사회성 : 안정과 풍요로움의 성장환경이 우선적일 수 있으므로 이로 인해서 자연스럽게 지속적인 문화생활을 접하게 되며, 사회적인 공헌과 기여, 개인적인 주체성으로 개인적인 풍요로움 속의 낙천주의자로 비치게 될 수 있다.
⑤ 월지의 식신 庚 戊 戊 壬 申 子 申 戌	● 심리 : 고유한 특기의 사회생활과 풍요 추구심리. ● 사회성 : 자신만의 고유한 특기를 살려 사회생활에 적극적으로 활용하며 나아가 안정되고 풍요로운 삶을 추구한다. 관을 보면 경제나 교육계통 활동에, 재를 보면 생산가공 사업과 예술에 관심을 보이고 인성을 보면 학문을 통한 전문성이 강하다.
⑥ 일지의 식신 예술인 丙 戊 乙 丁 辰 申 巳 酉	● 심리 : 고유한 라이프스타일을 즐기려는 심리. ● 사회성 : 자신의 재능을 발현하고자 하는 심리로 현실적인 기능성의 특기를 추구하게 된다. 일정한 자기 스타일을 가지고 사회생활과 여가생활을 풍요롭게 도모하므로 취미생활에도 의미를 많이 두는 유형이다.
⑦ 시지의 식신 癸 己 丙 癸 酉 未 辰 酉	● 심리 : 미래적인 안정과 풍요의 추구심리. ● 사회성 : 먼 미래에까지 충분한 여가와 풍요가 지속되기를 바라는 개인적인 희망을 소유하고 있어 노후에도 활동적이고 생산적인 일에 시간을 투자하여 안정을 구축하는 성향이다. 자녀의 안정적인 생활에 보상적 기대심리가 있다.

3) 식신의 직업과 사회성

사안(事案)	직업
자손, 사위, 할머니, 객식구, 유흥, 매출, 업무, 기술, 생산 등의 길흉사	의식주 생산판매업, 금융, 기술, 예술, 사회사업, 농어민, 제조업, 연구가, 의약업, 요식업
식신(食神)이 청(淸)한 경우	**식신(食神)이 탁(濁)한 경우**
도량이 크고 명랑하고 낙천적이며 활동적. 건강(면역체계)을 관장하고 신체가 풍만하며 타인에 대한 배려와 융화, 협력을 잘한다.	식신(食神)이 지나치게 많으면 상관(傷官)의 흉성(凶星)을 띠며 풍류를 좋아하고 게으르다.

식신(食神)은 연구하는 심성으로 정해진 일에 충실하고 능률적이며 희생과 창조적 성향으로 고찰과 사색으로 몰입하여 정신적 영역으로 자신을 구축하는 내면적 실험 정신을 가진다. 또한 미래에 대한 관심이 많고 자기 기여도가 높은 공적 희생과 봉사정신이 크며, 이타적 실현성이 크다. 따라서 어느 직종에서나 맡은 바 임무에 창의성을 발휘할 수 있다면 불만이 없으니 이에 적합한 학과를 선택할 수 있다.

지식체계

경영학과, 교육학과, 사회복지학과, 의학과, 미래과학과, 미술학과, 작곡과, 어문학과, 사회심리학과, 섬유공학과, 미생물학과, 식품공학과, 아동심리학과 등.

직업적성

교사, 의사, 연구원, 생산, 예능, 종교, 보육사, 유치원, 교사, 음식점, 제조업, 호텔, 사회복지사, 서비스, 농산업, 식료품업, 슈퍼마켓, 도매업 등

세종대왕 甲壬乙丁 辰辰巳丑	식신이 왕성하다. 식신은 자신의 주관적 사고를 밖으로 표출하며 객관적 평가를 받는 면에 강하다. 한글을 창제한 세종대왕의 사주이다.
법대 교수 丙甲丙戊 寅子辰戌	甲木이 丙火 식신이 월간과 시간으로 투출하였다. 인품이 준수하고 덕망있는 사람으로 평가받는 법대 교수이다.
대학강사 癸甲癸丙 酉午巳戌	甲木이 巳月에 丙火가 투출하여 식신격이며, 식신이 왕성하여 癸水 정인을 용신한다. 검소하고 예의 바른 사람으로 회사원으로 근무하다 박사 학위를 받고 대학강사로 활동했다.
은행원 辛壬甲戊 亥子寅午	壬水가 甲寅월 생으로 식신격이다. 대학에서 영어를 전공하였으며, 은행원으로 근무하고 있다.

4. 식신(食神)의 통변성과 사례분석

1) 식신의 통변성

(1) 식신이 많고 강할 때

- 사주 명식에 식신(食神)이 많으면 일간의 기(氣)가 유출되어 설(洩)하는 오행이 많아서 일간(日干)은 약해진 상태가 되므로 식신의 긍정적인 면을 발현하기가 어렵다. 그러나 식신이 많고 강해도 재성(財星)과 관성(官星)이 온전하여 유통(流通)되거나 인성(印星)이 용신(用神) 역할을 하는 경우에는 무난한 편이다.

- 식신(食神)은 '음식의 神'으로 풍요를 의미하며 식복이 많고 식성이 대단하다는 뜻으로 사주 명식에 식신이 온전하게 자리하면 일간은 부지런하여 놀고 있지를 못한다. 열심히 노력하고 왕성한 활동을 할 때, 이 일간이 한 개의 식신을 지속적으로 추구한다면 노력한 만큼 식록과 재복이 따른다.

- 활동적이고 공개마인드가 있어 속내를 잘 드러낸다.

- 창조적이고 새로운 것에 흥미가 있다.

- 자기 재능을 활용하는 것이 좋다.

(2) 식신이 많으면 관성은 극(剋)을 당하고
　　인성(印星)은 무력하여 역할이 어렵다.

① 관성(官星)을 극(剋)하는 경우

- 안정이나 명예가 손상되고 법을 무시하며 항상 불안정하다.
- 남편과 자식과는 인연이 없다.
- 기존의 법과 규정을 불편하게 생각한다.
- 설득력이 뛰어난 특징이 있다.

② 인성(印星)이 무력한 경우

- 의식주가 불안정하고 여유와 너그러움이 결여되어 있으면 학문을 도외시한다.
- 일간의 주관성이 유출되고 에너지 보충이 잘 안 되어 언행일치가 안 된다.
- 말과 행동이 앞서고 계획력이 부족하다.
- 흥미 위주의 생활방식에 수입지출의 균형을 잃기 쉽다.
- 유행에 민감하여 저축하기 힘들다.

2) 식신의 사례분석

【사례 1】영어교사

```
時 日 月 年
丙 甲 辛 壬
寅 子 亥 辰

己戊丁丙乙甲癸壬
未午巳辰卯寅丑子
```

위 사주는 亥월 생으로 甲木 일간이 인수(印綬)가 왕한 신강사주이다. 일간의 기를 유출시키는 時上의 丙火 식신 용신이 목화통명(木火通明)되어 아름답다. 항상 예의 바르고 자신의 미래를 위해 연구하는 총명하고 인품이 좋은 사람으로서, 현직 영어교사로 재직하고 있으며 미래의 대학교수를 목표로 대학원 박사과정을 마쳤다.

丙火 식신(食神)은 사주체의 전반적인 조후를 병행하므로 미래의 삶과 환경에 대한 긍정적이고 발전을 향한 에너지가 된다. 또한 식신은 무엇인가를 생산해내고 성장시키는 역할이니 대학교수로 이직하는 것은 바람직하다고 할 수 있다.

【사례 2】 언론사 근무(남성)

```
時 日 月 年
己 壬 甲 癸
酉 寅 寅 巳

戊 己 庚 辛 壬 癸
申 酉 戌 亥 子 丑
```

위 사주는 壬水 일간이 寅月에 태어나 실령을 하였고 득지 득세가 약하여 신약사주이다. 사주에서 월간의 甲木 식신은 지지의 튼튼한 기반을 바탕으로 가장 강력한 힘을 가지고 있다.

식신의 가장 큰 장점인 연구력과 언변 등이 뛰어난 점을 직업으로 활용함으로써 자신의 직업능력을 활용하는 것이 좋다.

사주의 주인공은 식상이 왕성하여 공개경쟁력을 갖췄고, 정관의 도덕성과 정인의 기록본능도 갖췄으므로 언론사에 근무하며 직업만족도가 높은 사람이다. 대운이 용신 金 대운으로 향하여 더욱 발전할 것이다.

참고로 水木 식신은 머리가 총명하고 문필력과 문장력이 뛰어나다.

【사례 3】 대기업 연구원(남성)

```
時 日 月 年
庚 戊 丁 甲
申 子 丑 辰

癸 壬 辛 庚 己 戊
未 午 巳 辰 卯 寅
```

위 사주는 戊土 일간이 丑月에 태어나 득령을 하였고 연지의 辰土에 득지를 하였으나, 지지가 申子辰 水局으로 水의 기세가 등등하다. 천간의 원류가 좋아 木生火, 火生土, 土生金으로 시간의 庚金이 세(勢)를 얻었다 하여 土金 식신격이 되었으며 월간의 丁火를 용신한다.

사주의 주인공은 비록 신약하고 한랭하지만 연간부터 오행의 상생이 매우 아름답게 이루어졌고 관인상생이 되니 대기업 연구원으로 일하고 있다. 본인의 직업 만족도도 높게 나타났다.

인비식의 천간구조는 학습능력이 뛰어나고 학문, 연구, 생산, 육영 등 전문가로서의 활동에 적합하다.

【사례 4】 잡일하는 수리공

```
時 日 月 年
辛 壬 甲 癸
亥 寅 寅 卯

丁 戊 己 庚 辛 壬 癸
未 申 酉 戌 亥 子 丑
```

위 사주는 壬水 일간이 甲寅月에 실령(失令)한 중, 식신이 과다해서 매사 생각하는 것이 허황되고 실현성이 없다. 또한 결단성과 주체성이 없어서 자주적이지 못하니 항상 타인의 분위기에 휩쓸려 풍류를 즐기고 색(色)을 좋아하는 사람이다. 다만 손기술은 있고 사람의 심성은 좋아서 일감은 늘 제공되는데, 저축을 못하고 그럭저럭 살아간다.

식신이 태과하면 주고자 하는 친화력의 과다소용으로 안정의 욕구가 파괴되는 증후군으로 나타나며, 이는 준법과 도덕성이 해이되어 허황되게 살게 된다.

식신은 자격증과 자기기술을 갖추어야 한층 더 경쟁력 있는 삶이 될 수 있다.

【사례 5】토목기사

```
時 日 月 年
壬 壬 甲 癸
寅 申 寅 丑

丁 戊 己 庚 辛 壬 癸
未 申 酉 戌 亥 子 丑
```

위 사주는 壬水 일간이 甲寅월에 출생하여 식신격이다. 壬水 일간은 실령하였으나 癸丑 연주와 일지 申金에 통근하고 시간의 壬水 비견의 세를 얻으니 오히려 신왕하여 일간을 설기하는 식신을 용신하게 되었다.

식신 寅木의 지장간에 丙火 재성이 암장되어 식신생재의 기질이 성립되므로 자기 재능을 활용하는 선천적성이 된다. 사주의 주인공은 대학에서 건축공학을 전공하고 토목기사 자격을 취득한 후 건설회사에 입사하여 현장관리직으로 근무하였다.

말수가 적고 과묵하며 행동은 느리나 끈기 있고 예리한 성격으로 회사에서 성실성을 인정받았으나 중도에 디자인컨설팅기획팀으로 이직하였다. 왜일까? 사주에 관성이 없고 재성이 드러나지 않아 관인상생과 재생관의 수직구조인 직장에서 적응이 안 되었던 것이다. 즉 일간은 보다 자유로운 창작을 원했다고 볼 수 있다.

【사례 6】 이직이 잦은 여성

```
時 日 月 年
壬 丁 己 戊
寅 未 未 申

壬 癸 甲 乙 丙 丁 戊
子 丑 寅 卯 辰 巳 午
```

丁火 일간이 己未월에 출생하여 식신격이며, 일지 未土 식신과 연간의 戊土상관이 투출하여 식신상관이 왕한 사주다. 丁火 일간이 식상에 설기되어 일간을 생해주는 시지의 寅木 정인을 용신으로 삼고 용신을 생하는 시상의 壬水 정관을 희신으로 써야 한다.

이 사주의 사주구조 특징은 월령으로부터 왕성한 土 식신이 申金 재성을 생하는 식상생재의 격을 이루었으며, 또한 신약한 일간을 돕는 인수와 관성을 용신 및 희신으로 쓰는 구조다.

사주의 주인공은 사람들과 어울리기 좋아하고 가끔은 우울해지다가도 곧 털어버리는 성격이다. 의류디자이너로 활동하던 중 2~3년 간격으로 회사를 옮겨 다니다가 현재는 명리공부를 하고 있다. 그 이유는 식상이 모두 천간에 투출하였는데 정관이 같이 투출하여 한 직장에 머물기가 어렵게 된 것이다. 또한 대운이 인수운으로 향하자 식상으로 상담이 가능한 명리공부를 하게 되었다고 본다.

Part 3　식신·상관의 기질과 사회성

3장
상관(傷官)의 기질과 사회성

상관(傷官)

창의력과 비판적 언어마술사

'표현지능'

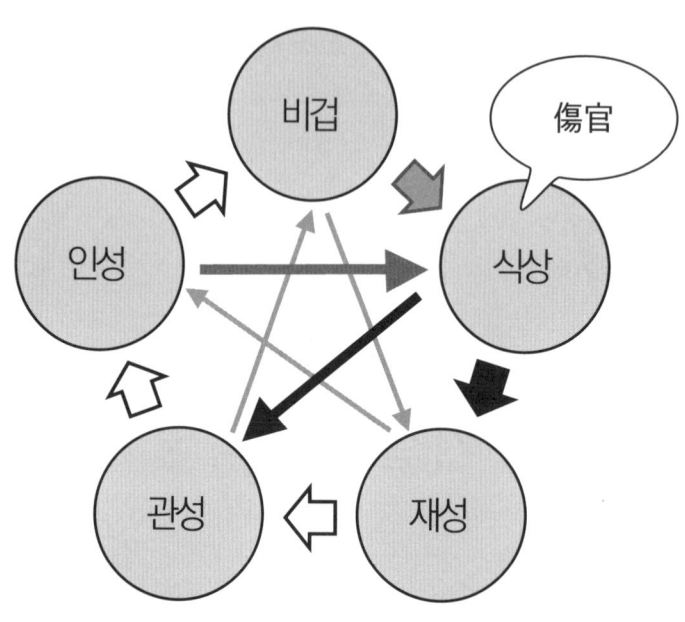

生	상관(傷官)은 재성(財星)을 생(生)한다.
剋	상관(傷官)은 관성(官星)을 극(剋)한다.
制	상관(傷官)은 인성(印星)에 대항(對抗)한다.
洩	상관(傷官)은 비겁(比劫)을 설기(洩氣)한다.

1. 상관(傷官)의 구조

1) 상관의 성립과정

일간이 생(生)하는 오행으로 일간과 음양이 다른 것을 상관(傷官)이라 한다.
예) 辛金 일간이 사주 내 壬水나 亥水가 있거나 丙火 일간이 己土, 未丑 土가 있으면 상관이 된다.

日干	甲	乙	丙	丁	戊	己	庚	辛	壬	癸
天干	丁	丙	己	戊	辛	庚	癸	壬	乙	甲
地支	午	巳	丑未	辰戌	酉	申	子	亥	卯	寅

육신六神 | 상관[傷官] ▷ 일간이 생(生)하는 오행
[비교] 일간이 생하며 음양이 같은 – 식신(食神)
일간이 생하며 음양이 다른 – 상관(傷官)
십성十星

2) 육친관계

남명 : 조모, 외조부, 장모
여명 : 아들, 딸, 조모

	일간		
	+木	상관	
庚	甲	丁	癸
午	戌	巳	巳
상관			

	일간		
상관	-木		
丙	乙	己	己
戌	未	巳	丑
		상관	

2. 상관(傷官)의 본성과 기질

1) 상관의 심리

감각적 친화심리 [창의적 예술성]	⟷ 친화의 욕구 ⟷	파격적 이탈심리

예지 능력이 탁월하고 총명하고 박학다식하며 창의력이 뛰어나다.	계산적이어서 이해타산이 빠르며 목적 달성을 위해서 빠르게 행동한다.
세련된 멋쟁이며 언변과 사교성이 좋아 대인관계에서 능력을 발휘한다.	말이 많고 입이 가벼우며 무례하고 변덕스럽다.
임기응변이 뛰어나고 다재다능하여 눈에 띄며 생각의 발상이 특이하다.	화려한 것을 좋아하고 허영심이 많으며 사치와 낭비벽이 많다.

- 획기적인 아이디어를 잘 창출해낸다.
- 논리적이며 지적이고 세련된 멋쟁이다.
- 예지능력이 탁월하고 총명하며 박학다식하다.
- 언변이 뛰어나 상대방을 말로 잘 설득한다.
- 화려하며 요사(妖邪)스럽고 변덕스럽다.
- 자만, 고집, 독단, 강폭의 기질이 강하다.

- 강자에게는 강하고 약자에게는 동정심을 유발한다.

- 관재(官災) 및 송사(訟事) 등을 자처하여 만든다.

- 허영심이 많고 사치와 낭비벽이 많다.

- 자존심이 강하고 지는 것을 싫어한다.

- 발명가, 연예계 및 예술가가 많다. 활동적이며 시비를 가려내야 직성이 풀린다.

- 명(命)에 상관(傷官)이 강하면 독신생활에 잘 적응한다.

- 여명(女命)이 시상(時上) 상관(傷官)이면 과부 팔자다. 상관은 흉신이므로 간 합되면 작용이 약해져서 좋다.

- 천간의 상관(傷官)은 무례하고 오만불손한 기질이 많으며, 지지의 상관은 총명하고 창의력과 생산능력이 좋다.

- 신약한 사주에 상관격은 말이 많고 입이 가볍다.

- 상관격이거나 상관(傷官)이 많으면 이중인격자가 많다.

- 상관(傷官)이 태과한 命은 소송, 시비, 관재가 많이 발생한다.

- 상관(傷官)이 태중하면 몸이 허약하고 질병이 발생한다.

- 남명이 종아격이면 자식으로 인한 근심이 많이 따른다.

- 여명에 상관(傷官)이 많거나 종아격은 남편이 무력하게 된다.

- 여명의 일지가 상관(傷官)이면 남편을 극하게 된다.

- 상관(傷官)의 인물은 눈이 크며 광대뼈가 나왔다.

- 명(命)에 상관(傷官)이 태왕하면 흉터가 있게 된다.

2) 상관의 긍정적·부정적 성향

긍정적 성향

- 총명하고 영리하여 다방면으로 능력을 인정받는다.
- 자존심이 강하고 승부욕이 매우 강하며 부지런하다.
- 획기적인 아이디어를 잘 창출해낸다.
- 논리적이며 지적이고 세련된 멋쟁이다.
- 예지능력이 탁월하고 총명하며 박학다식하다.
- 발명가, 연예계 및 예술가가 많다.
- 처세술과 설득력이 뛰어나 업무처리에 능숙하다.

부정적 성향

- 총명하고 재주는 뛰어나나 온화하지 않고 거만하고 불손하다.
- 비밀을 간직하지 못하거나, 다른 사람의 자존심을 상하게 한다.
- 이해타산이 빠르며 목적 달성을 위해 빠르게 행동한다.
- 다른 사람의 능력을 무시하거나 인정하지 않는 성격이 강하다.
- 화려한 것을 좋아하고 시비를 가리는 것을 좋아한다.
- 말이 많고 불평불만을 참지 못하는 성격이다.
- 자신의 감정을 모두 표현해야 직성이 풀린다.

3) 상관의 기질적 특성

상관 (傷官)
설기(洩氣)의 작용이 급속적이며 일간이 생해주는 것으로 음양이 다른 것. 즉, 내가 발산하는 기(氣)로 내(일간)몸에서 빠져 나가는 것.
상관은 음(陰) 상관과 양(陽) 상관의 차이점이 있다.

표현력 발명가
미(美)의 추구 "끼" 노출(음 상관이 더 적나라하다).
순간 발상이 뛰어나 발명과 예능 방면에 소질이 있다.

아생자(我生者) 음양이 다름
상관(傷官)은 [아생자(我生者)]로 식신(食神)과 더불어 장모와 첩의 어머니가 되며 조모, 외조부, 사위가 되기도 한다.

표현 지능
상관(傷官)의 주요핵심은 〈감각성〉과 〈친화력〉으로 왕한 기(氣)를 설하여 충만한 기, 유연한 기를 발휘하고 표현하는 것으로 그 기능을 충분히 발휘하여 기예가 출중하다.

순간 발상
상관(傷官)의 속성은 총명의 별로 영리한 반면에 사람을 얕보고 제압(制壓)하려는 성질이 있으며, 총명, 영리, 박학다식, 다예다능, 선견지명, 경쟁, 소송 등의 기질을 나타낸다.

불만 혹평	내심은 비록 온정을 품고 예술적 소질이 있다 하더라도 잔꾀가 능하고 동작이 민첩하나 타인의 방해로 오해와 비방을 초래하기 쉬우며 세인의 반대나 소송을 당하기 쉽다.
상관견관 (傷官見官)	상관(傷官)이 정관(正官)을 본다는 뜻으로, 상할 상(傷)자와 벼슬 관(官)자로 성립되며 세상에서 귀중한 벼슬인 자리[位], 관성(직장)을 상(傷)하게 하므로 흉(凶)하게 본다.
하극상 (下剋上)	상관(傷官)은 일반적인 사흉신 – 살(殺), 상(傷), 효(梟), 인(刃)의 하나로 정관(正官)을 극(剋)하는 기질이 있어 흉(凶)하게 보며 '오기와 교만의 신(神)'이라 한다.
사길신 사흉신	●사길신(四吉神) : 재(財), 관(官), 인(印), 식(食). [재성, 정관, 정인, 식신] ●사흉신(四凶神) : 살(殺), 상(傷), 효(梟), 인(刃). [편관, 상관, 편인, 비겁]
언론 시사 평론	식신(食神)은 물질적, 유형적 생산이나 상관(傷官)은 무형적, 정신적 생산활동으로 언론, 학문연구, 교육, 예술문화에 해당한다. 상관(傷官)은 무형적 기(氣)의 발산, 설기를 뜻하므로 주로 언어, 노래, 시청각, 방송, 연예활동과 관련이 있다.
발설 기관	독창성이 강한 성향이므로 자유로운 업무에 좋으며 흥미유발, 유창한 언어의 구사력 : 화술(話術), 화려한 멋스러움(美), 표현양식을 추구하게 되어 표정과 몸짓과 같은 비언어적 표현을 더 다양하게 사용.

- 감정이 풍부하여 아름다운 것을 좋아하고, 예술적 이해와 관심이 뛰어나나 쾌락에 빠져 현실을 도외시하는 경향이 있고, 진취적이거나 분발하려는 정신이 부족하여 비상업적인 성향이 있어 이런 사람은 예술방면으로 나가는 것이 길하다.

- 식신(食神)은 쾌락·식복·의식주 등을 관장한다. 따라서 사주가 식신격을 이루면 물질이 풍부하여 생활이 안정되니 근심이 없고, 예의와 염치를 알며 신체가 조금 비대하다. 선천적으로 관용의 미덕을 지니고 있어 여간해서 남을 원망하지 않으며 온화하고 명랑한 성격에 미식가가 많다. 항상 남을 생각하고 베풀기를 좋아하며 도량이 넓으며 총명하고 준수하다.

상관견관위화백단(傷官見官爲禍百段)

"나의 명예(官)를 상처 내다"

사주 내 재성이라는 그릇이 깨져 있거나 너무 작으면 오히려 상관(傷官)은 명예인 관성을 바로 치는 역할을 하게 되기 때문에 흉하다. 즉, 생(生)을 하기보다는 극(剋)에 뜻을 두게 되어 상관견관(傷官見官)의 현상이 일어나게 된다. 상관(傷官)과 관성이 사주 원국에 함께 있는 것을 상관견관위화백단(傷官見官爲禍百段)이라고 하여 관재구설이 있거나 여명에 남편을 잡아먹는 팔자라 하여 좋지 않게 보지만 재성이 있어 통관을 잘 시켜주게 되면 문제가 없이 더 좋은 경우가 된다. 그러나 상관(傷官)이 용신이면 재주가 비범하고 문장력이 뛰어나 문예가로 성공하여 명성을 얻게 되고 길운에서 발전하는 속도가 빠른 경우가 많다.

3. 상관(傷官)의 재능과 사회성

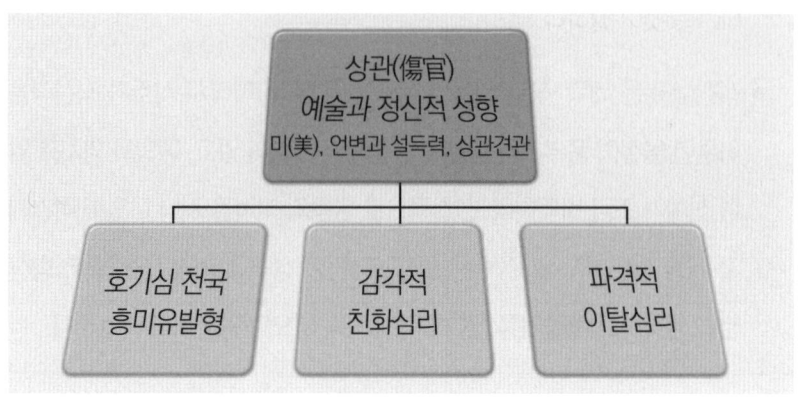

1) 상관의 지능과 재능

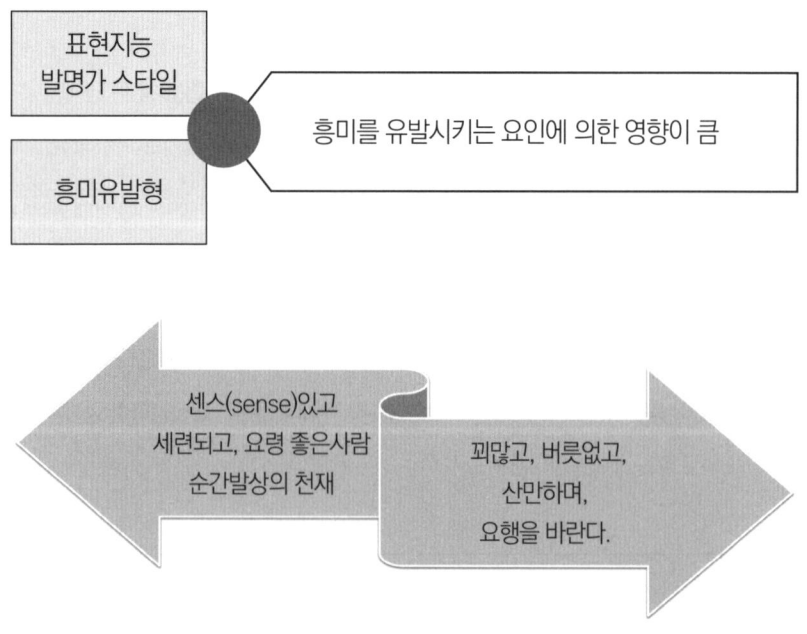

- 활동유형의 근원이 호기심에 근거하므로 다양한 분야에서의 흥미유발이 중요한 유형이다.

- 외적인 강요에 강하게 반발하므로 스스로의 결정에 맡기는 것이 매우 중요하다.

- 언어를 통한 표현력이 뛰어나고 응용력과 창의력을 활용한 분야에 우수하다.

> 사교성, 감각성, 감수성, 외교력, 언어구사, 모방, 발상, 변화와 같은 능력이 우수한 소유자로 예술과 정신적 성향이 강하다.

감각적 친화심리(창의적 예술성) & 파격적 이탈심리

- 순간발상 및 예술성이 있으며 동적, 육체적 활동을 선호하며 발산력이 대단하고 대인지향적이기 때문에 화술과 육체적 활동을 기반으로 한 직업을 원하게 된다.

- 독창성이 강하고 창의적이며 자유로운 업무를 침해당하지 않고 창의성을 발휘할 수 있는 직업, 공간을 원하게 된다.

- 엉뚱한 발상으로 욕을 먹는 경우도 있으나 그 엉뚱함이 새로운 발명이 될 수도 있다.

- 미지의 세계를 동경하거나 대상을 탐닉하는 스타일로 미적 감각을 소유한다.

2) 상관의 궁위별 특성

時	日	月	年
영원한 자유의 갈망과 개성추구심리	나(我)	감각적인 모방을 통한 창의성 활용심리	영리한 두뇌 활용과 보편성의 적대심리
물질과 육체적 욕망 갈망심리	고정관념을 탈피한 자신만의 스타일 추구	언변을 활용한 경제활동과 일상탈피심리	내적으로 잠재된 반발심리와 변혁심리

① 연간의 상관 4개 국어 예능인 辛 乙 乙 丙 巳 巳 未 子	● 심리 : 영리한 두뇌 활용과 보편성의 적대심리. ● 사회성 : 항상 언행의 예리함으로 주변을 긴장시키며, 사건이나 사물의 이면을 보는 영리함의 소유자로 독특한 사업을 추진하여 재물을 얻고자 한다. 집안과 본인이 부조화의 길을 걸을 수 있다.

② 월간의 상관 교육계 乙 丁 戊 戊 巳 丑 午 申	● 심리 : 감각적인 모방을 통한 창의성 활용심리. ● 사회성 : 현실에서 오는 직감력과 추리력을 바탕으로 모방에서 오는 응용적 창조능력이 뛰어나며, 탁월한 언변으로 기회포착에 능하다. 그러나 직언과 다언에서 오는 문제는 주의해야 할 부분이며 안정적인 공직 생활보다는 개인적 능력을 중요시하는 유형이다.

③ 시간의 상관 개인사업 壬 辛 癸 己 辰 卯 酉 酉	● 심리 : 영원한 자유의 갈망과 개성추구심리. ● 사회성 : 규칙과 속박을 싫어하며 언제나 자유인이기를 소망한다. 개성적인 형으로 대인관계에서 해결사이고자 하며 항상 새로운 일을 추구한다. 여자는 자식과 인연이 일생을 함께 하고 남자는 자식으로 인한 근심이 있기 쉬우며 겁재가 동주하면 탈취 욕구가 강하다.

④ 연지의 상관　　壬甲辛甲　申子未午	● 심리 : 내적으로 잠재된 반발 심리와 변혁심리. ● 사회성 : 성장기에 건강과 상해를 주의해야 하고 내적이면서 장소라는 공간적인 활용으로 모든 정보업무에 능력을 발휘하고 언론이나 예술적인 성향이 강하며 깊은 인도주의적 사고의 함양으로 종교적인 성향이 짙다.
⑤ 월지의 상관　　정신과 의사　　乙庚戊庚　酉寅子辰	● 심리 : 언변을 활용한 경제활동 추구와 일상탈피심리. ● 사회성 : 변화에 능동적으로 적응하는 체질로 단기적인 승부에 유리한 중간 역할이나 소개업에 능한 동시 개인적인 기예가 특출하여 전문성의 직종에서 두각을 보인다. 평범한 일상의 안정을 뛰어넘어 자유를 추구하는 유형이다.
⑥ 일지의 상관　　프리랜서(성우)　　乙辛己庚　未亥丑午	● 심리 : 고정관념을 탈피한 자신만의 스타일 추구심리. ● 사회성 : 직접적인 상황에 대처하고자 하는 개인적인 공간을 활용하는 능력이 탁월하여 차별화된 개성의 어필로 사회적인 실리를 구축하고 최대한 응용하는 성향이다. 감정컨트롤이 부족한 것이 대인관계에 있어 주의할 점이다.
⑦ 시지의 상관　　己辛庚辛　亥巳寅酉	● 심리 : 물질과 육체적 욕망 갈망 심리. ● 사회성 : 개인적인 욕망을 충족하고자 하는 강한 욕구로 남자는 재물을 추구하며 여자는 자식을 위한다. 생각과 행동이 이질적이며 미래지향사고가 내면으로 유입되니 항상 재테크에 집착하고 육체적인 욕망의 충족을 원함이 강하다.

3) 상관의 직업과 사회성

사안(事案)	직업
자녀, 장모, 할머니, 객식구, 상해, 모략, 유흥, 발명, 기술 등의 길흉사	독창성 강한 자유로운 업무, 언론, 방송, 연예인, 정보기술, 기술자, 기술계통 학자, 전문직, 종교인, 발명가

상관(傷官)

상관(傷官)이 청(淸)한 경우	상관(傷官)이 탁(濁)한 경우
정인에 의해 제압되면 식록(食祿), 장수, 건강 등 식신(食神)의 특성을 드러낸다. 또한 총명하고 재능이 많으며 사교적이고 달변가이다.	교만하여 남을 무시하고 깔보며 실언망언을 하고, 승부욕이 있어 수단방법을 가리지 않고 남을 이기려 하고, 비판을 잘하여 반론을 제기하고 반발하며 시비구설과 송사가 끊이지 않는다.

상관(傷官)은 예술과 정신적 성향으로 자신을 표현하고 상대를 설득할 능력이 있으며 주제를 설명하고 이해시키는 탁월한 능력이 있다. 순간적 발상이 뛰어나 발명과 예능 방면에 소질을 보인다. 이와 같은 적성으로 자신을 알릴 수 있고 인정받는 곳에서 흥미를 갖는 학과라면 무난할 것이다. 독창성이 강한 성향이므로 창의적이고 자유로운 업무에 좋다.

지식체계

정신과, 정치외교학과, 연극과, 영상학과, 어문학과, 성악과, 관광통역과, 무역학과, 언론정보학과, 사진예술학과, 언론학과, 천문기상학과, 호텔학과, 의상학과, 정보통신과, 종교학과, 문예창작과 등.

직업적성

예체능 종사자, 과학, 발명, 대변인, 필설직, 디자인, 종교인, 아나운서, 코디네이터, 역술, 유통업, 제조업, 변호사, 가수, 문필가, 수리업, 외판업 등.

컴퓨터 백신 개발 丙乙壬壬 戌未寅寅	상관격이다. 상관격에 인수가 갖춰져 있으니 두뇌가 비상하다. 의사이자 사업가이고 대학교수를 거쳐 정치활동을 하고 있는 안O수이다.
과학명리 선구자 丙癸甲戌 辰亥子戌	월에 상관이 투출하였다. 매우 창조적이고 새로운 방향성에 적극적으로 접근하는 면이 강하다. 과학명리학의 선구자 김기승 교수이다.
컴퓨터 회사 근무 辛甲丁戊 未子巳申	월간 丁火가 투출하여 상관격이다. 6년간 미국유학을 다녀왔으며 전공은 컴퓨터 공학이다.
방송국 기자 己辛癸癸 亥亥亥亥	辛擒 일간이 네 지지가 상관 亥水로 이루어졌다. 필설직의 적성으로 방송국 취재기자로 활동하고 있다.

4. 상관(傷官)의 통변성과 사례분석

1) 상관의 통변성

(1) 상관(傷官)이 정관을 극하고 인성을 무력화하는 경우

- 관성을 극하는 경우 명예손상, 불안정, 느긋하지 못하고 항상 분주하며 남편과 자식이 극을 당하는 의미이다.
- 상관(傷官)이 강해도 재성과 관성이 온전하여 유통되거나 인성이 상관(傷官)을 억압해주는 경우는 무난한 팔자가 된다.
- 계약과 신용의 문제가 발생하고 송사문제로 확대될 수 있다.

(2) 상관(傷官)이 없을 경우

- 사주 내 정관(正官)이 길신으로 귀(貴)한 경우에는 상관(傷官)이 없어야 고매한 인품이 되는 경우도 있다.
- 타인을 의식하지 않고 이해하지도 않으며, 배우자 및 주변 사람들로부터 소외되기 쉽고 고독한 경우가 많다.
- 눈치가 없고 센스가 부족하거나 감성의 샘이 얕다.
- 새로운 것을 받아들이는 데 갈등하게 된다.
- 직관능력이 약하고 전체를 보는 시야가 좁다.
- 상대방의 단점을 지적하지 않는 장점도 있다.

(3) 상관(傷官)은 '난세의 영웅'이라는 별이기 때문에
좋고 나쁜 진폭이 크다.

- 상관(傷官)이 기신운이 되면 관성을 극하게 되어 공무원으로 공직에서 물러나고, 폐업, 좌천, 강등, 실직 등의 일이 있다.
- 명예의 추락, 관송, 시비, 쟁투, 필화(筆禍), 설화(舌禍) 등의 일이 있다. 여자는 남편의 사별, 이별, 유고 등이 있게 된다.

(4) 식상(食傷)이 용신인데 식상 운이 올 때

- 신체가 건강하고 지혜가 총명하며 여러 사람에게 신용이 회복되고 개발 및 매사가 순조롭게 성취되고, 실직자는 직장을 얻게 되고 사업 활동이 활발해지거나 신규사업을 개척하는 등의 일이 있게 된다.
- 우수한 재능을 인정받고 음악, 웅변, 저술, 학술, 기예, 중개업 등으로 크게 성공한다.
- 여자들은 좋은 배우자를 만나게 되고, 출산하거나 자녀로 인하여 경사스러운 일이 있게 되며, 상관으로 인하여 재산에 크게 성공한다 하여도 남편에게는 해로운 일이 있을 수 있다.
- 아픈 사람은 건강이 회복되고, 장사하는 사람은 손님이 늘어난다.
- 유행을 받아들이고, 새로운 시야를 갖게 되며 오래된 것들을 새로운 것으로 바꾼다.

2) 상관의 사례분석

【사례 1】상관태과의 여성(음 상관)

```
時 日 月 年
乙 癸 甲 壬
卯 卯 辰 辰

乙 丙 丁 戊 己 庚 辛 壬 癸
未 申 酉 戌 亥 子 丑 寅 卯
```

　위 사주는 癸水 일간이 지지 木局이 되어서 뿌리가 없고, 연간의 壬水는 甲木을 生하니 전혀 겁재의 도움을 받을 수 없이 상관(傷官)으로만 구성되었다. 상관(傷官)의 강한 설기로 활동적이나 일신이 고달프며 바쁘게 살지만 항상 공허감과 허무감이 있다.
　자식에게 올인하는 경향이 있으며, 식상이 태과한 경우 남편의 덕이 없고 함께 살 경우 본인이 활동적이라 남편이 무능력하기 쉽고, 말이 현란하며 상대의 눈을 바로 보지 않고 남을 현혹시키는 사기성이 많은 편이다.
　상관이 일간보다 강할 때 반드시 인수가 있어야 발전하거나 귀하게 된다.

【사례 2】 광고회사 간부(음 상관)

```
時 日 月 年
甲 癸 甲 乙
寅 酉 申 酉

丙 丁 戊 己 庚 辛 壬 癸
子 丑 寅 卯 辰 巳 午 未
```

위 사주는 癸水 일간이 신강하여 甲木 상관을 용신한다. 모든 일에 부지런하고 적극적이며 활동적인 사람으로, 언변이 뛰어나 상대방을 말로 잘 설득하는 장점을 갖추었다. 사주의 주인공은 논리적이고 획기적인 아이디어 창출로 인정받는 광고회사의 간부이다. 상관(傷官)은 지적 자산으로 대중과의 사교적 교류에서만 그 효용가치가 발현되므로 친화적 욕구가 팽배되어 있다.

지지의 인성은 아이디어 창고이며, 천간의 상관은 번뜩이는 창조적 에너지로 아이디어를 방출하는 인비식 코스의 사주유형이다.

만일 이 사람이 조선시대에 태어났다면 상관으로 관을 극하여 인정받기 어려웠을 것이다. 현대를 상관의 시대라고 하는 이유다.

【사례 3】 이혼당한 여성(양 상관)

```
時 日 月 年
辛 丙 己 癸
卯 戌 未 巳

丁 丙 乙 甲 癸 壬 辛 庚
卯 寅 丑 子 亥 戌 酉 申
```

위 사주는 丙火 일간이 상관격(傷官格)으로, 조열(燥熱)한 환경의 사주이다. 사주의 주인공은 매사 거짓말을 잘하고 약속을 지킬 줄 모르며, 변덕스럽고, 허영심과 낭비벽으로 인해 재산을 탕진하고 유흥에 심취하여 가정을 등한시하다 결국 자식을 두고 남편에게 이혼 당한 여자다.

특히 연간으로 투출한 정관 癸水를 己土 상관이 극하는 상관견관의 전형적인 구조로서 변화무쌍하고 격정적인 삶의 형태가 나타난다. 즉, 주고자 하는 친화력의 과다 소용으로 안정의 욕구가 파괴되는 증후군으로 나타나며, 이는 곧 법과 도덕성 해이로 나타나 허황된 삶이 되는 것이다.

강한 상관이 약한 관성을 극파(剋破)하는 구조는 자기주장이 강하고 질서와 법(法)을 무시하게 되니 인격수양이 무엇보다 중요하고 자격증을 취득하고 특별한 기술을 습득해야 좋다.

【사례 4】 희극인 故 김O갑(양 상관)

```
時 日 月 年
丁 甲 庚 癸
卯 戌 申 亥

壬癸甲乙丙丁戊己
子丑寅卯辰巳午未
```

위 사주는 甲木 일간이 庚申월로 편관격이다. 칠살이 중(重)하므로 연주 癸亥 水를 用하여 살인상생해야 할 것 같으나 일간 甲木은 기온이 급격히 하강하는 중에 무정한 인성을 용신할 수 없다. 丁火 상관(傷官)을 용신하여 칠살(七殺)을 제하여야 한다. 즉, 상관제살격이 된다. 상관을 용신하므로 머리가 좋아 동경유학을 하였고 대운이 丁火 용신을 돕는 남동방으로 향하여 탁월한 유머감각과 재치 있는 입담으로 명성을 날렸던 희극인이다.

상관제살은 살을 제하여 관을 쓰는 경우와 살을 제하는 상관으로 직업을 쓰는 경우로 나타나는 것이 특징이다.

【참고】
살이 강하고 상관이 약하면 끊임없이 상관을 활용하여야 하니 상관의 직업을 선택하는 것이 좋다. 상관제살이 잘 되면 능히 살을 관으로 만들어 직업으로 활용할 수 있다.

【사례 5】 보험회사 매니저(양 상관)

```
時 日 月 年
壬 甲 壬 乙
申 寅 午 巳

丙 丁 戊 己 庚 辛
子 丑 寅 卯 辰 巳
```

위 사주는 甲木이 午月 생으로 월지상관격이다. 寅午火局을 이루어 상관이 강한 중 월·시간으로 壬水가 투간하여 다행이다. 그러나 인수의 뿌리가 되는 申金이 寅申冲되었고, 火기운을 설기하여 金을 도와줄 재성 土가 없으니 다소 불안한 구조라고 볼 수 있다.

이 사람은 대학에서 법학을 전공하고 선박회사에 근무하다 38 戊寅 대운에 퇴직하고 보험회사 영업사원을 하다가 매니저로 활동하고 있다.

상관이 局을 이루어 언변은 좋은 편이고 성격은 급하며, 정리정돈을 잘 하지 못한다고 한다. 이는 현실적인 성향인 재성의 부재현상이 될 수 있다.

Part 4

편재·정재의
기질과 사회성

1장 재성의 특징
2장 편재의 기질과 사회성
3장 정재의 기질과 사회성

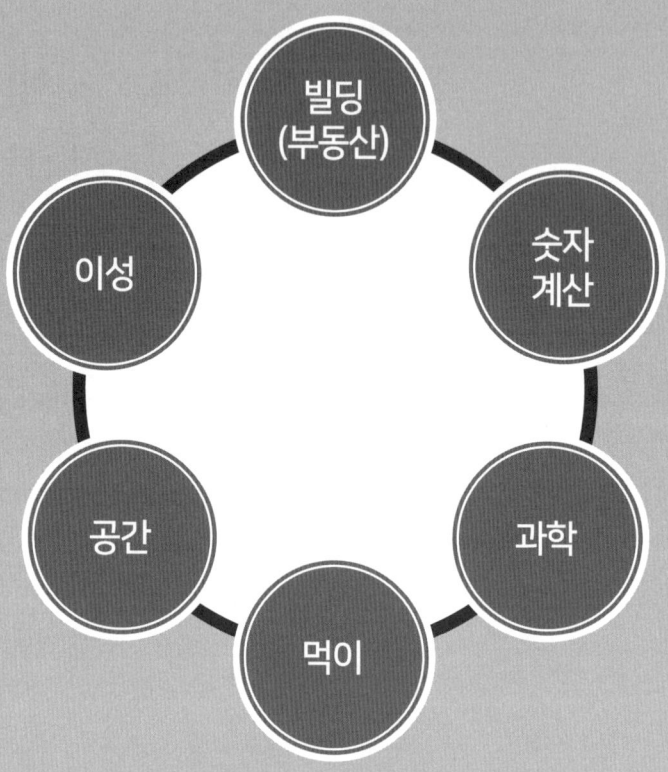

Part 4 편재·정재의 기질과 사회성

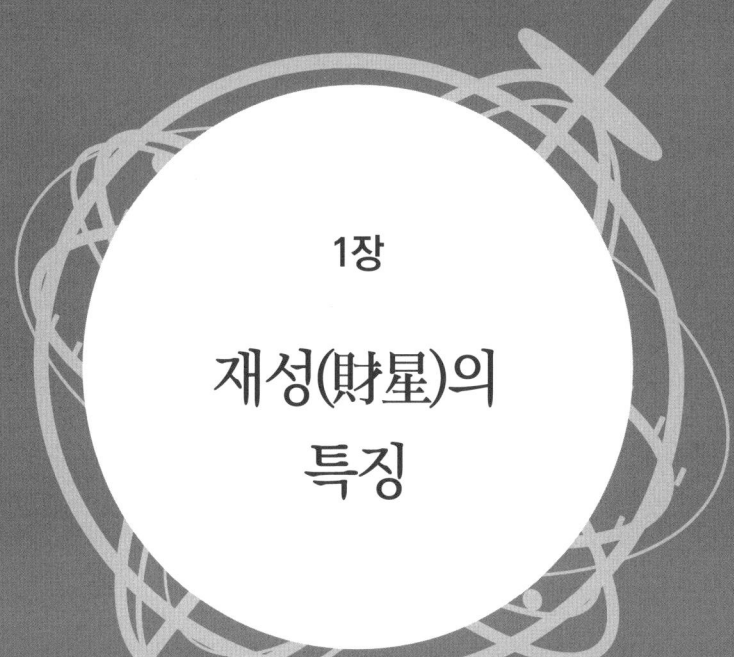

1장

재성(財星)의 특징

재성(財星)

공간과 생존게임을 즐기는

'개발본능'

1. 재성(財星)의 이해

1) 일간이 극(剋)하는 오행 - 재성(財星)
- 일간과 음양이 같은 편재
- 일간과 음양이 다른 정재

2) 에너지 만족으로 일간이 육체적 정신적 에너지 소모가 심함
- 일간이 적극적이고 의도적으로 힘을 빼며 노력하는 것
  ① 체(體)의 영역으로 남녀 공히 아버지, 남명(男命) 처, 여명(女命) 시어머니
  ② 용(用)의 영역으로는 경제활동에 쓰이는 자원, 물품, 교역을 의미하며 재물을 버는 일은 일간이 강하지 않으면 재성을 취할 수 없다.

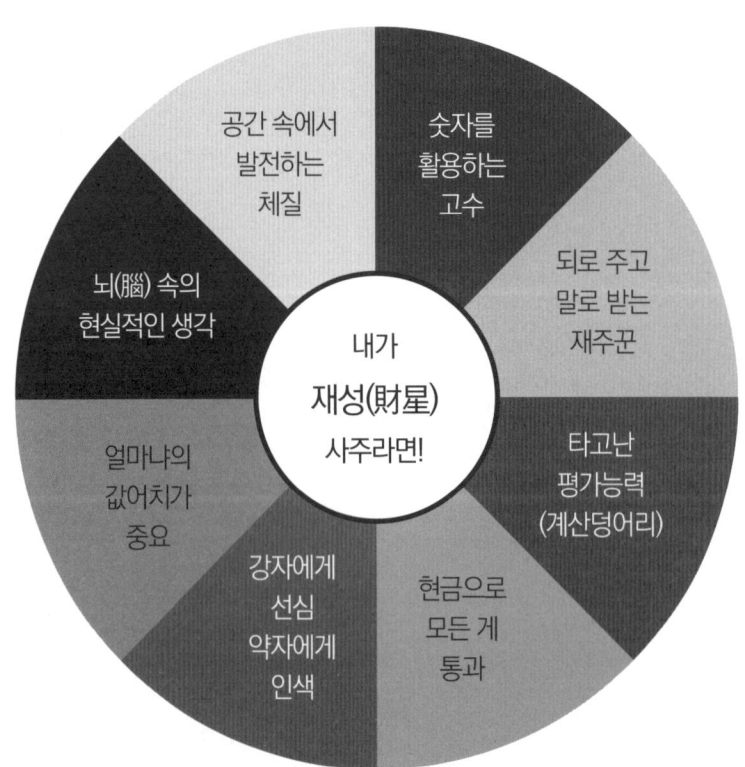

2. 재성(財星)의 본성과 심리

1) 재성의 진화심리 : 개발본능 / 소유본능

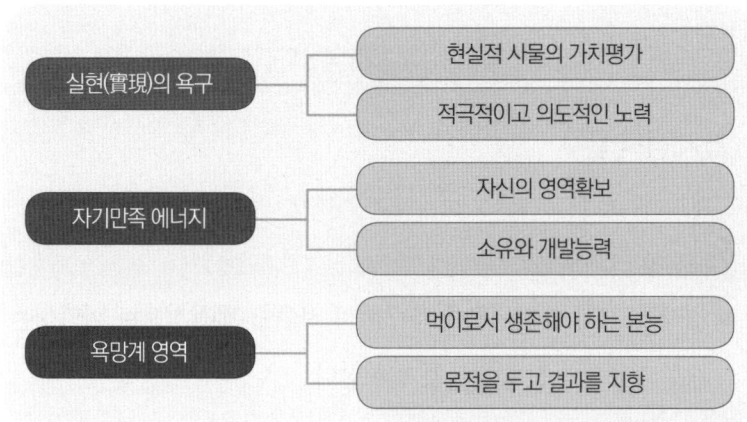

- 재성은 일간의 소유욕구를 발동시킨다.
- 자기취향에 따른 자기만의 소유본능이다.
- 가치 증대를 위한 개발본능으로 소유공간과 재물이 있어야 심리적 안정이 된다.

- 삶의 거주지와 공간을 확보하고자 노력한다.
- 자기 소유물에 대한 관리·보전이 뛰어나다.

① 동물 : 주거영역, 암컷, 먹이 등 생존의 수단
② 인간 : 부동산, 재물, 여자, 먹이, 물품

2) 재성의 욕구

재성(財星)은
- 경제적 가치 영리생활을 추구하며 사물을 직접적으로 파악하는 신속함과 즉각적인 통찰력을 발휘한다.
- 자아증진을 위한 개인의 갈망으로 도전정신, 보람을 느낄 수 있는 능력, 개발의 기회, 승진 등 관심을 필요로 한다. 그리고 수익창출을 위한 영업활동을 수행하며 이윤을 추구하고자 활동영역을 넓힌다.

> **실현의 욕구**
>
> 잠재된 자신의 가능성을 최대한 실현하여 결과로 만들어 낼 수 있다는 자신감으로 삶에서 자신의 영역확보가 가능할 때만이 실현의 욕구를 충족할 수 있다. 재성은 물질에 대한 소유의 실현 가능성을 의미하기도 하며, 목적이 있는 실현(實現)의 욕구(欲求)이다.

실현(實現)의 욕구(欲求)에서 관(官)의 명예를 얻고자 한다면 부(富)를 구축할 때 가능하다는 논리가 성립되듯 인간은 누구나 재물 부분에 철저한 관심과 분석을 하게 되어 있다. 수입에 맞춰 계획을 하거나 더 많이 확보하기 위해 계산을 하다 보니 결국 모든 것은 실현을 할 수 있는 가능성의 타진이다. 모든 욕망에서 비롯되는 욕구들은 실현이라는 최종 결과만을 목표로 삼을 때 가능하듯 재성(財星)은 남녀를 막론하고 목적이 있는 실현의 욕구이다.

재성(財星)은 일간이 극(剋)하는 오행으로 뭔가 얻어내려는 강력한 목표성을 부여하게 되며 음양이 다른 경우에는 더욱 치밀하고 현실적인 결과를 보고자 하는 성향이 나타난다.

재성(財星)은 경제 사회를 부활시켜 자산(資産)을 축적하며 사물의 구조관계에 따라 효율적인 공간 활용을 설계한다.

- 재성이 강(强)하면 무엇이든 이룰 수 있으며 이루어 내야 한다는 자기 확신과 강박적 관념의 대립으로 가치혼란과 정신적 가치 공황에 이를 수 있다. 이로 인해 물질만능주의, 과도한 이기성, 무위도식, 적극성 결여와 같은 심리 증후군이 나타난다.
- 재성이 약(弱)하면 자기 상실감으로 인한 위기 극복력이 약하며 이루지 못할 것이라는 미래에 대한 불확실성 때문에 현실과의 괴리 심리에 빠지게 된다. 이로 인해 비현실적인 곳에 에너지를 소모하게 되고, 불만족이 팽배하며, 환경 적응능력이 취약하고, 결과가 부진한 심리 증후군이 나타난다.

3) 재성의 본능과 상대적 심리

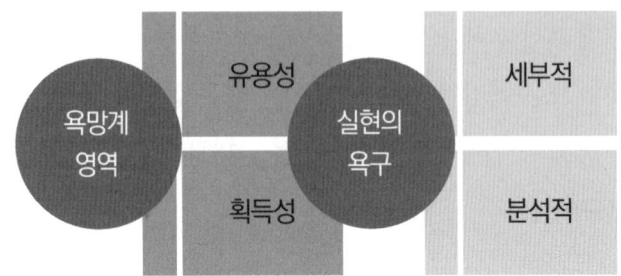

재성(財星)의 심리는 자신에게 채워져야 하는 물질적 욕망의 성향으로 나타난다. 황금에 대한 욕심과 활동할 수 있는 영역의 극대치를 구현하는 기질이다.

- 재성이 강(强)하면 욕심이 많아 이기적이 되며 물질 앞에서 타인을 믿지 못하는 신뢰감이 상실된다.

- 재성이 약(弱)하면 실현성이 약하여 불안하고 불만이 많으며 실의에 잘 빠지는 한편 매사 정확한 답을 내기 어렵다. 아울러 관성(官星)을 생하지 못하니 직장에서나 가정에서 인덕이 없다.

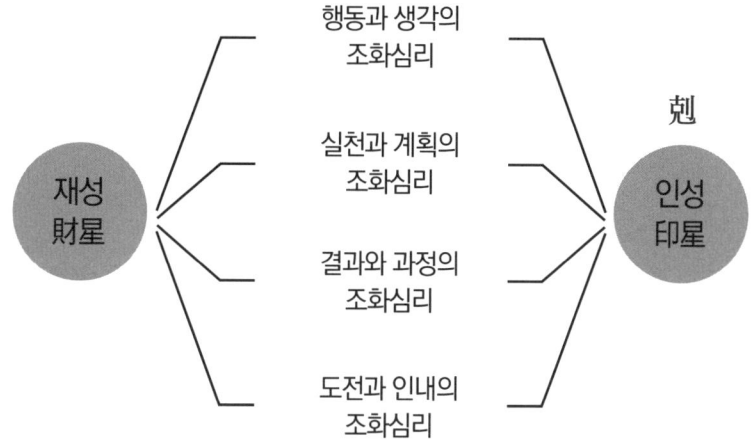

【재성의 상대적 심리 관계】

재성(財星)은 인간에게 양명지본(養命之本)으로 사람이 살아가기 위해 필요한 기본적인 것이다. 특히 십성의 통변성(通變星)처럼 정(正)·편(偏) 간에 크게 우열이 있는 것은 아니다. 즉 재물은 우열이 아닌 많고 적음이기 때문이다. 다만 육친을 논(論)하거나 성정(性情)을 논할 때는 반드시 정·편재를 구분하여야 한다. 재성은 일반적으로 재물을 의미하며 사회적 활동성을 지향하고 변화와 개혁에 따른 적응능력이 우수한 편이다.

- 재성(財星)이 강(强)하거나 편재(偏財)가 있으면 항상 자신의 욕구를 충족시킬 활동을 찾아 투기나 투자할 대상을 찾는다.
- 재극인(財剋印)의 예시
  돈[財]이 필요할 경우 발생할 수 있는 사안은 모친(母親)에게 돈을 달라고 하는 것과 같으며, 나중에 성인이 돼서 모친이 없는 경우는 문서에다 계약서를 써서 담보를 제공하거나 투기를 하게 된다.

3. 재성(財星)의 사회성

1) 재성의 작용

《활동성, 수리력, 현실성, 실용성, 조직력, 분석력》

- 재물이 불어나고 사업이 확장되며, 능력을 인정받고 승진한다.

- 투자성공, 유산상속, 큰집으로 이사가는 일이 생긴다.

- 남자는 현처와 결혼한다.

- 부도, 시험낙방, 위조서류, 식중독, 분실, 모친의 건강이 흉하다.

- 투기실패, 계약파기, 공부저하, 학교 가기 싫고, 돈으로 해결한다.

재성의 속성
- 욕구로 인한 의욕이 생긴다.
- 활동하고 싶은 마음이다.
- 물질로 해결하려 한다.
- 재운에는 돌아다닌다.
- 손익계산을 할 수 있다.
- 남자들은 부인에게 화풀이.
- 여자들은 돈 쓰며 화풀이.
- 느껴야 되는 욕망의 마음.

2) 재성의 재물욕과 검소성

재성의 주요 속성은 일간인 내가 극(剋)하는 것으로 통솔력, 타개력, 개척 정신, 정복력 등으로 투기나 금전, 이성, 과욕을 뜻하며 부동산, 금융, 은행업무, 회계, 세무의 의미를 갖는다.

- 사업가적 기질로 터전과 영역을 추구하며 변화를 모색한다.
- 현실적이며 마무리를 짓는 결과 중시형이다.
- 재물에 관심과 욕심이 많아서 재가 많은 사람은 과(過)하면 인성(印星)을 해친다.
- 유동적이며 부지런하고 행동으로 옮기는 실행력이 있다.

3) 재성 운의 행운작용

- 횡재수 있다. 이동 심리, 눈에 띄는 게 많다.
- 그동안의 생각이 변한다.
- 사업 확장, 집 평수 늘리고, 투자·투기, 가게 얻고, 땅 사는 일, 문서 조심, 모친 우환
- 심리 : 욕구발동, 과욕, 재물 만능주의, 목소리 커지고, 공간 확장.
- 변화 : 이동운, 투자, 투기, 현실적 문제, 공간 확장, 장소, 부친, 처, 애인.

① 재성이 강(强)해지면 : 부친, 처, 여자, 투기, 투자 등의 돈과 관련된 것이 주도한다. 공간 확장심리, 보여주기 위한 것, 겉치레.

② 재성이 약(弱)해지면 : 재물이 약해지고, 부친과 처, 활동 공간 등이 약해진다.

③ 흉(凶) 작용 : 부모 사이 불미, 모친 득병, 서류 계약 사고.
  - 충(沖) : 부친 사고, 처 사고, 재물 손실.

④ 길(吉) 작용 : 횡재하는 시기, 사업 길, 여자도움, 투자성공.
  - 합(合) : 상속받거나 부친을 모시고, 처와 합류.

⑤ 인수를 극(剋)하는 경우 : 문서 해약, 학업 중단, 모친 사고 및 중병, 정신 문제, 장인, 처가 문제.

⑥ 식상을 설기(洩氣)하는 경우 : 자식이 할 일이 생긴다, 연구 결과.

⑦ 관성을 생(生)하는 경우 : 권력 욕심, 자식을 밀어주거나 희생, 상납 문제, 표창, 승진.

⑧ 일간이 극(剋)하는 경우 : 처(妻)나 여자를 자극하면 반발하는 운으로 재물도 그러하다.

4. 재성(財星)의 재능활용

1) 편재의 재능구조

자기의식	사물의 가치나 수준 따위를 잘 판단하고 사람의 능력, 재능, 실적, 업적 등의 정도에 대한 가치판단이 빠름
선천지식	수리력, 통제력, 가치판단력, 결과에 초점, 유동적, 기회포착에 능함, 활동적, 외향적 에너지의 흐름
사회성향	평가능력, 방향감각, 통제력, 계산력, 응용력, 가치 환산능력이 우수한 소유자로 탐재와 유동적 성향이 강함
우수능력	사물의 가치평가에 대한 판단이 빠르고 수리계산 능력이 좋으며 활동적인 동시에 변화와 개혁 및 기회포착과 적응력이 우수
선천지능	공간 지각력과 신속한 가치판단력 : 평가지능(評價知能)
직업스타일	사업가 스타일
재능	사물의 가치를 평가하고 결과를 내는 지능으로 수리능력, 가치판단력, 유동적, 활동적, 공간지각으로 대표되며 선과 색채구분, 순간포착, 자율성, 결과중시 등이 주요 특징
진로직업	신왕하고 편재 왕성한 사람은 상업, 사업, 금융업에 적합하다. 편재는 투기성과 모험성, 활동성이 있고 도전적인 사업에 적합하다. 공장, 무역, 제조업, 판매업, 업무개발, 외근 등의 일에 종사하는 것이 좋다. 편재는 상인의 형으로, 재왕하고 신왕하면 큰 상인이 될 수 있다.

【사례】

가수 겸 화가 조O남	투자직업을 선택한 청년 사업가	사업성공 후 국회의원 당선
癸壬辛乙 卯午巳酉	戊戊乙甲 午申亥子	丙己丙己 寅亥子亥
월지 편재와 일지 정재가 있어서 가수나 그림을 그려 팔았다.	월지 편재가 강하다. 직장을 거부하고 개인투자직업을 선택하여 발전하고 있다.	지지에 재국을 놓아 사업을 성공 시킨 후 정치에 입문하였다.

2) 정재의 재능구조

자기의식	어떠한 목적을 세우고 그 목적에 따라 앞으로 할 일의 절차, 방법, 규모 등을 실제적이고 현실적으로 잘 명시함
선천지식	계산력, 논리적 가치판단력, 구성력, 치밀함, 섬세함, 현실적 가치판단, 실리적, 외적 에너지의 내향적 활용
사회성향	공간능력, 검소성, 계획성, 논리력, 구성력, 계산력, 섬세성 우수한 소유자로 노력과 실리적 성향이 강함
우수능력	실리적이고 논리적이며 장점과 작은 공간과 작은 수치까지 섬세하게 활용하는 능력을 갖추고 있는 동시에 계획성 및 설계능력이 우수
선천지능	치밀한 계산력과 분석력 : 설계지능(設計知能)

직업스타일	설계가 스타일
재능	치밀하게 계산된 업무를 설계하고 수행하는 지능으로 논리적, 계산력, 현실적, 치밀함, 설계능력, 실리적으로 대표되며 가치판단, 구성력, 에너지 축적, 장기적 결과중시 등이 주요 특징
진로직업	정재는 노력의 대가로 정당하게 취득한 이익의 재물이다. 견실하고 단조로운 일에 종사하거나 봉급생활자가 좋다. 신왕한 정재격에 정재가 역마와 동주하면 상업으로 이익을 얻는다. 꼼꼼하고 빈틈 없는 일처리와 정직한 성격으로서 금융계, 관리직 등이 좋다.

【사례】

회계학을 전공한 여성 공무원	방송인 강○동	영화감독이자 여성 교수
己乙戊丙 卯丑戌午	甲壬壬庚 辰戌午戌	庚庚乙癸 辰申卯亥
정재가 투출하여 수리계산력이 뛰어나며 언변도 우수하다.	비견이 투출하였으나 월지 재국을 이루어 사업 활동을 한다.	월주 정재로 치밀하며 연주 상관으로 예술성이 뛰어나다.

財를 論함

재성이 기뻐하는 것은 통근이 깊고 천간으로 노출되지 않는 것이다. 그러나 (재성이) 하나만 투출하면 맑게 사용하여 재성격에서 최고로 기뻐한다. 지나친 노출은 옳지 않다고 하는 것은 월령의 용신이 아닌 것이다. 예를 들어 寅木에서 乙木이 투출하거나 卯木에서 甲木이 투출한 것 등은 하나만 투출한 것이지 지나친 것은 아니며 지나치게 많다면 노출되었다 한다. 그러나 재성이 왕하여 관성을 생한다면 노출되어도 꺼리지 않는다. 대체로 (재성이) 노출되면 겁재를 방어하여야 하는데 관성을 생한즉 겁재는 물러나게 된다. 비유하자면 정부 곳간에 있는 돈이나 곡식은 관리가 있어 지킨다면 곧 밝게 노출되어도 누가 감히 겁탈할 수 있겠는가? 예를 들어 갈참정의 사주는

乙 戊 壬 壬
卯 午 子 申

인데 재성이 노출되었다고 어찌 나쁘다고 하겠는가? 오직 관성을 생하기 때문에 나쁘다 하지 않는 것이다.

〈『자평진전』「論財」 중에서〉

Part 4 편재·정재의 기질과 사회성

2장
편재(偏財)의 기질과 사회성

편재(偏財)

수단 좋은 숫자놀이의 고수

'평가지능'

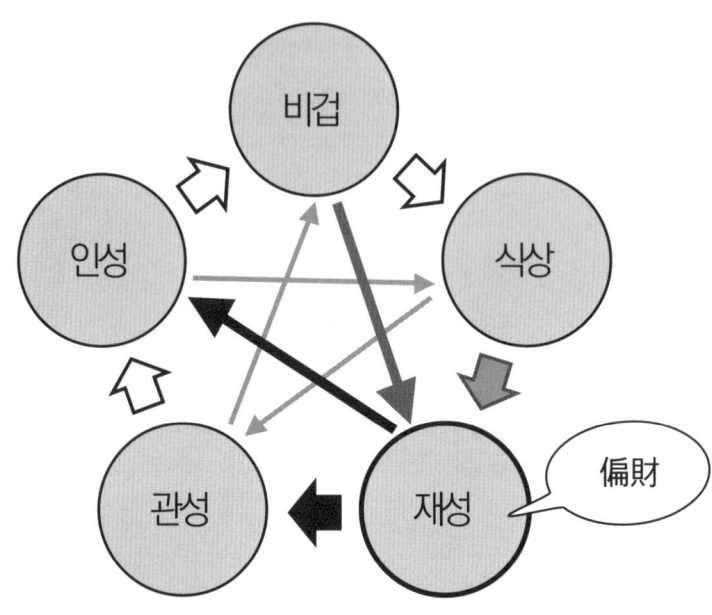

生	편재(偏財)는 관성(官星)을 생(生)한다.

剋	편재(偏財)는 인성(印星)을 극(剋)한다.

制	편재(偏財)는 비겁(比劫)에 대항(對抗)한다.

洩	편재(偏財)는 식상(食傷)을 설기(洩氣)한다.

1. 편재(偏財)의 구조

1) 편재의 성립과정

일간이 극(剋)하는 오행으로 일간과 음양이 같은 것을 편재(偏財)라 한다.

예) 甲木 일간이 사주 내 戊土와 辰戌土가 있거나, 己土 일간이 癸水, 子水가 있으면 편재가 된다.

日干	甲	乙	丙	丁	戊	己	庚	辛	壬	癸
天干	戊	己	庚	辛	壬	癸	甲	乙	丙	丁
地支	辰戌	丑未	申	酉	亥	子	寅	卯	巳	午

육신六神 — 편재[偏財]
▷ 일간인(내가) 극(剋)하는 오행
일간이 극하며 일간과 음양이 같은 – 편재(偏財)
[비교] 일간이 극하며 일간과 음양이 다른 – 정재(正財)
십성十星

2) 육친관계

남명 : 부친, 정부(情婦), 애인, 형수

여명 : 부친, 시어머니, 백부

	일간					일간			
편재	+木					-木			편재
	甲	丙	癸			丁	乙	庚	己
戊辰	戌	辰	巳			亥	未	午	丑
편재	편재	편재				편재			편재

2. 편재(偏財)의 본성과 기질

1) 편재의 심리

```
┌─────────────────┐                    ┌─────────────────┐
│  획득적 유용심리  │  ◄── 실현의 욕구 ──►  │  탐욕적 소유심리  │
│   [다변적 유용성]  │                    │                 │
└─────────────────┘                    └─────────────────┘
```

이재에 뛰어나 큰돈을 운용하는 재능을 가지고 있다.	즉흥적이며 일확천금을 노리는 기질이 강하고 허풍과 큰 소리도 잘 친다.
요령이 많은 재주꾼이며 개척정신이 탁월하고 타인의 도움받기를 싫어한다.	기분에 의해 좌우되는 경향이 많으며 과장되고 경솔한 면과 사기성도 있다.
가무와 풍류를 즐길 줄 알며 사교적이고 대인관계의 폭이 넓어 인기가 많다.	지나치게 자유롭고 개방적이며 지구력이 없다.

- 통이 크고 일확천금을 노리는 기질이 강하다.

- 편재가 용신(用神)이면 호운(好運)에 횡재한다.

- 요령이 많은 재주꾼이며 개척 정신이 뛰어나다.

- 투기심이 있어 투기업종에 관심이 많다.

- 시상(時上)편재나 시지(時支)에 편재가 있으면 거부의 명(命)이다.

- 신강사주에 재가 약하면 거지 근성이 있다(比劫爭財).

- 신강사주에 재가 강하면 성품이 곧고 인정이 많다.

- 신왕하고 재왕하면 낙천적인 기질로 풍류를 즐긴다.

- 신왕사주 편재격은 식신이나 상관운에 크게 발복한다.

- 운에서 편재와 합국되면 횡재하는 일이 생긴다.

- 편재와 도화살이 같이 있으면 호색하는 사람이다.

- 사주구성이 좋으면 인정이 많아 자선사업을 잘한다.

- 남자 사주에 일지 외에 편재가 왕하면 바람이 난다.

- 편재보다 정재가 왕하면 아내를 끔찍이 사랑한다.

- 정·편재가 혼잡되면 남자는 여자와 돈 문제로 고생한다.

- 여명(女命)에 관성이 없어도 재왕(財旺)하면 재생관으로 길하다.

- 여명(女命)이 재(財)가 너무 왕하면 남편에게 희생한다.

- 남명(男命)의 일지에 편재가 있으면 타주(他主) 정재를 첩으로 본다.

- 여명(女命)의 일지에 재성이 있으면 남편이 돈 많은 사람이다.

- 남명(男命)의 일지에 재성이 있으면 아내 덕이 많게 된다.

- 편재, 정재가 형충(刑沖)되어 있으면 도벽성이 있다.

- 재성이 중형(沖刑)되어 있고 운에서 중복되면 상처한다.

- 편재가 辰戌丑未로 형충(刑沖)이면 부친이 객사할 수 있다.

- 재성이 투합(鬪合)하면 재혼이나 첩(妾)을 두게 된다.

2) 편재의 긍정적·부정적 성향

긍정적 성향

- 이재에 뛰어나 큰돈을 유용하는 재능을 가지고 있다.
- 다른 사람에게 도움 받는 것을 싫어한다.
- 계산이 빠르며 돈버는 기술이 탁월하다.
- 요령이 많은 재주꾼이며 개척 정신이 뛰어나다.
- 성품이 곧고 인정이 많아 자선 사업을 잘한다.
- 작은 일에 신용을 잘 지켜 큰 일에 이용한다.
- 기회, 심리, 형세를 응용하여 돈을 번다.

부정적 성향

- 통이 크고 일확천금을 노리는 기질이 강하다.
- 재물에 대한 집착심이 강하나 때에 따라서는 재를 경시한다.
- 민첩한 성격과 재능이 있으나 지구력이 없다.
- 대체로 말주변이 좋고 허풍과 큰소리도 잘 친다.
- 남을 도와주기를 좋아하지만 그것은 기분에 의해 좌우된다.
- 언어가 낙천적이며 과장, 경솔한 면도 있으며 사기성도 있다.
- 타인의 아첨을 좋아하고 대범한 척 인색하지 않은 티를 낸다.

3) 편재의 기질적 특성

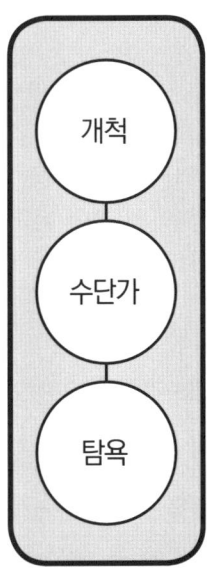

- 편재(偏財)는 음극음 양극양으로 음양배합을 이루지 못한 재(財)로 편중되다, 치우치다, 쏠리다, 기울다, 편향되다의 뜻을 지닌 치우칠 편(偏)자와 재물의 재(財)로 한쪽으로 '치우친 재물'을 의미한다.

- 땀 흘리며 일하기보다는 비교적 손쉽게 얻어지는 재물이므로 부당한 재물로 보며 재복이 많은 것 같으나 산재(散財) 역시 빠른 재물이라 금전(金錢)의 출입이 빈번하다. 편재도 왕(旺)하면 부귀(富貴)하지 않는 사람이 없으나 일주(日柱)가 약(弱)하고 편재만 왕(旺)하면 재물은 약(弱)하다. 각 사주명식의 재(財)의 그릇에 따라 나타내는 금전(金錢)이나 화폐(貨幣), 금화(金貨)를 뜻하며 상품교환의 매개물 역할을 한다.

- 보편적으로 담백한 성격으로 매사에 빈틈없고 기교가 뛰어나며 수완이 좋고 개척정신이 뛰어나다.

- 교묘한 수단을 잘 발휘하므로 문제해결을 잘 하는 편이고, 매사 요령이 좋으며 한곳에 오래 머무르지 못하고 잘 돌아다니는 편이다.

- 돈을 버는 것보다 쓰기를 좋아하며 특히 의로운 일과 풍류를 즐기는 데 쓰는 돈은 조금도 아까워 하지 않는다.

- 편재가 왕(旺)하고 신약(身弱)하면 우유부단하나, 편재가 왕(旺)하고 신강(身强)하면 활동가로, 인정이 많고 성격이 곧고 풍류가이다.

- 편재가 충파(沖破)되면 돈에 대한 집착이 과도해 주위로부터 손가락질을 받는다.

편재는 재물(財物)을 뜻하고 힘이 있고 능력이 있으면 누구든지 취(取) 할 수 있는 누구에게도 속하지 않은 큰 재물로, 힘이 없으면 가질 수 없는 돈을 뜻하며 여자를 의미하기도 한다. 또한 중인(衆人)의 재로 많은 재물을 의미하는데, 사주명식에서 일주(日柱)가 신왕하면 재물에 대하여 인색하지 않고 풍류가 기질이 많다.

편재(偏財)는 수리에 밝으며 이성문제가 있어 조금 편굴한 점은 있으나 자성이 담백하고 수식이 없는 기질을 나타낸다. 기회에 강하여 민첩성, 순발력, 진취적이며 두뇌회전이 뛰어나고 수단이 좋으며 비계산적이다.

편재(偏財)는 배짱이 있으며 큰 돈을 추구하고 모험성과 투기성이 강하다. 활동력이 좋고 행동이 민첩하며 대인관계와 외교능력이 뛰어난 귀재로 재물(財物)에 대한 집착성이 강하며, 수리계산과 공간지능이 탁월하고 결과를 중시하는 편이다.

안정적이고 계획성 있는 재물의 축적(蓄積)보다는 위험을 감수하고서라도 큰 돈을 목표에 두며, 일찍부터 경제활동을 통한 사회생활에 관심이 가게 되어 돈이나 연애에 치중하게 된다. 사주 명식에 따라 유산이나 횡재의 행운이 따르기도 한다.

편재(偏財)는 신왕재왕하면 거상(巨商)의 명(命)으로 역마와 같이 있으면 외교, 무역, 통신, 교통, 운수업에 좋고 많이 돌아다니면서 하는 판매업이 좋다. 일간과 음양이 같고 극(剋)하는 것으로 신속하게 사물을 포착하여 극(剋)하므로 사물의 가치 판단력과 평가력이 우수하다. 그러나, 때로는 늘 주변에 의해 변화가 심하므로 감정(感情)의 기복이 따르기 쉽고 변화가 많다.

- 기분이 좋을 때와 그렇지 않을 때의 상황에 따라 우울함을 느끼는 때도 많은 편이다.
- 규칙적인 생활이나 절제된 생활보다는 즉흥적이고 분위기에 따라 흔들리는 경향도 있어 유흥에 빠지기 쉽다.
- 편재는 편법적인 재물이므로 원성, 질투, 시기, 경쟁이 따르며 칠살을 생(生)하므로 정경유착으로 부패권력과 야합하기 쉽다. 사회적 유통의 재(財)이므로 너무 신왕하면 오히려 쟁재(爭財) 현상이 생기고 일주가 약하여 편재를 감당하지 못하면 가정불화, 건강악화 등으로 고통을 당할 수 있다.
- 편재는 관살(官殺)을 생해주는 역할과 식상을 설기(洩氣)하고 인성(印星)을 극한다. 편재는 비겁(比劫)을 두려워하고 충(沖)극(剋)을 싫어한다.
- 편재는 강한 편인(偏印)의 작용을 억제해서 실직(失職)이나 의식주에 어려움을 겪던 것들을 해소해주고, 더 나아가 직장을 얻게 되고, 생활의 어려움이 풀리게 된다.

3. 편재(偏財)의 재능과 사회성

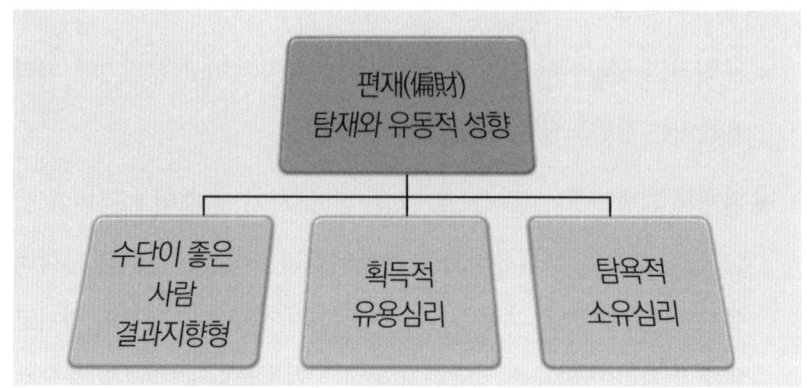

1) 편재의 지능과 재능

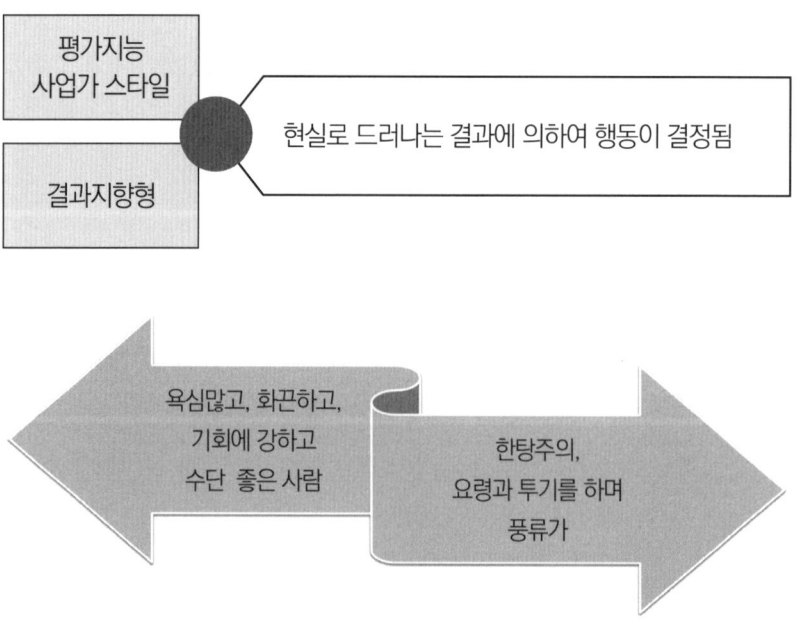

- 일에 확실한 결과가 있어야 효율적인 유형이며 기분파적인 경향이 있다.

- 단순히 좋은 결과만이 아니라 얼마나 자신이 돋보일지에도 관심이 많다.

- 수리력이 뛰어나고 신속한 가치판단력을 바탕으로 일의 진행 속도가 빠르다.

> 평가능력, 방향감각, 통제력, 계산력, 응용력, 가치 환산능력이 우수한 소유자로 탐재와 유동적 성향이 강하다.

획득적 유용심리(다변적 유용성) & 탐욕적 소유심리

- 영역을 확보하려는 심성이 강하고 수리 계산 능력이 빠르다.

- 편재는 물질(돈)이기에 현실적이며, 활동 범위가 넓고 활동성이 강하다.

- 어떤 일이든 현실과 물질을 바탕으로 한 직업을 원하며 이상적, 비현실적인 직업과는 거리가 먼 타입으로 기본적으로는 결과와 예측이 가능한 직업을 원하게 된다.

- 먹이를 구하러 먼 길을 마다 않고 다니는 것을 역마성이라고 하여 편재를 역마성이라고 한다.

- 편재는 유동성이 강하여 성격 또한 융통성 있고 기회에 적극적이다.

- 매사에 현실적인 면이 강하다

2) 편재의 궁위별 특성

時	日	月	年
동요에 의한 탐욕과 물질 투기심리	나(我)	성취과욕의 도전과 능동적 풍미심리	불안정을 감수한 재정적 확대심리
현실을 벗어난 새로운 공간 추구심리	기득권의 경제활동과 재물 소유심리	사업가적인 기질과 경제활동의 주도심리	안전한 보호망 속 경제영역 확보심리

① 연간의 편재

엔지니어

己甲壬戊
巳子戌午

- 심리 : 불안정을 감수한 재정적 확대심리.
- 사회성 : 선대의 유산상속 혜택을 입을 수 있고 일찍 사회생활에 진출하여 경제활동에 관심을 가지는데, 안정적이고 계획성 있는 재물의 축적보다는 위험을 무릅쓰고라도 큰 재물에 목표를 둔다.

② 월간의 편재

庚乙己癸
辰亥未丑

- 심리 : 성취과욕의 도전과 능동적 풍미심리.
- 사회성 : 결과보다는 과정을, 작은 것보다는 큰 것을 취하려는 마음이 강하여 다소 투기적이고 과욕적인 성향이다. 능동적이고 인생을 즐기려는 풍미의 자유적 기질과 사물의 가치 환산에 능하다.

③ 시간의 편재

중국 브로커

癸己丁甲
酉未卯寅

- 심리 : 동요에 의한 탐욕과 물질 투기심리.
- 사회성 : 편재가 생왕하면 남자는 이성에 편집 성향이 많다. 막연한 공간에 대한 호기심이 항상 새롭게 동요되는 욕구는 탐욕과 취욕으로서 과감한 투기성이 발현되어진다. 능동적인 관념이나 권위의식이 강하다.

④ 연지의 편재	● 심리 : 안전한 보호망 속 경제영역 확보심리.
경영학 박사 庚 庚 丙 戊 辰 午 辰 寅	● 사회성 : 천연자원으로 얻어지는 금은보석이나 유산, 부동산과 같은 투기사업이나 무역업과 같은 체인망을 가진 기득권을 선점하는 능력으로 고양된 경제활동의 기조를 추구한다.

⑤ 월지의 편재	● 심리 : 사업가적인 기질과 경제활동의 주도심리.
투자전문가 戊 戊 乙 甲 午 申 亥 子	● 사회성 : 금융 계통과 경영에 인연과 관심이 많은 사업가 기질을 소유하여 경제활동에 참여하는 것이 본성적이다. 일정한 수입에 안주하지 않고 모험을 체험하는 것에 스릴을 느끼므로 대범한 경제활동을 주도한다.

⑥ 일지의 편재	● 심리 : 기득권의 경제활동과 재물 소유심리.
丙 丁 乙 己 午 酉 亥 亥	● 사회성 : 부친과의 관계를 지속코자 하며 맏이의 역할에 순응하고 항상 재물과의 직접적이고 현실적인 교류관계가 많아 물질이 부족하여도 정신적인 풍요 속의 인생을 항해한다. 재물에 대한 기득권을 행사하고 활용성에 목적을 둔다.

⑦ 시지의 편재	● 심리 : 현실을 벗어난 새로운 공간 추구 심리.
김도준 癸 乙 辛 甲 未 巳 卯 申	● 사회성 : 개인적 용도가 되는 별장과 같은 나만의 장소를 추구하는경향이 강하고 미래의 안정을 목표로 하는 장기적인 분산투자를 확대해나가는 욕구가 강한 성향이다.

3) 편재의 직업과 사회성

사안(事案)	직업
부친, 시모, 재물, 신용, 파산, 이성, 투기, 투자 등의 길흉사	일반사업, 무역업, 유통, 도소매, 부동산, 증권 등 투기적 업종
편재(偏財)가 청(淸)한 경우	편재(偏財)가 탁(濁)한 경우
인정이 많고 사교성이 좋으며 활동적이고 결정을 빨리 하고 앞서간다. 수완과 요령이 좋아서 협상을 잘하며 임기응변에 능하다.	과대망상, 편법적 투기를 일삼으며 모사에 능하고 낭비벽이 있다. 또한 성급하여 즉흥적이고 주색을 좋아한다.

(가운데: 편재(偏財))

편재(偏財)는 탐재와 유동적 성향으로 영역을 확보하려는 심성이 강하여 자신이 관심이 있는 대상에 대해서는 물질적으로나 물리적으로 이해하려 한다. 수리 계산이 빠르고 실현을 목적으로 행동하기 때문에, 이상과 공상은 어울리지 않게 된다. 그러므로 편재는 설계하고 시공하는가 하면, 개척하며 물리적인 변화에 매력을 느끼는 학과가 좋다. 경제도 물리적 변화에서 오는 수치라고 볼 때 사업에 능하다.

지식체계

수학과, 경영학과, 건축과, 항공학과, 토목과, 물리학과, 무역학과, 외교학과, 철도학과, 정형외과, 설치미술, 조소학과, 산부인과 등.

▎직업적성

무역, 부동산, 금융업, 증권, 투자, 사업, 전당포, 음식점, 경영, 유흥업, 약물업, 생산업, 축산업, 여행사 등.

보험회사 매니저(남성) 乙甲甲己 丑戌戌酉	월지 편재격으로 비겁이 용신이다. 비겁 용신은 많은 사람들과 연계되는 보험회사의 매니저로 적합하다. 대학에서 수학을 전공하였고 수학과 교수가 꿈이었다고 한다.
영업사원(여성) 癸戊辛壬 亥申亥戌	월지에서 壬水가 투출하여 편재격이다. 상관생재를 이루어 시원시원한 성격으로 영업활동에 능률을 보인다. 다만 신약한 일간이 재가 왕하여 자기 실속이 없다.
운송사업가(남성) 丁戊己丙 巳辰亥申	월지 편재격이다. 신왕재왕한 사주로 택배회사를 초창기에 설립하여 많은 돈을 벌었다.
컴퓨터 전문가(남성) 丙壬戊庚 午午寅戌	庚金 편인을 용신하는 재다신약 사주다. 丙火가 시상으로 투출하여 편재격이다. 컴퓨터미래학을 전공하고 SS종합예술원에서 연구원으로 근무한다.

4. 편재(偏財)의 통변성과 사례분석

1) 편재의 통변성

(1) 편재(偏財)가 길운(吉運)일 때

- 새로운 사업의 시작이나 현 사업의 발전이 있다.

- 급여생활자는 월급 이외의 수입이 생기며 재산을 취득한다.

- 편재가 효신(梟神)을 제압하면 효신의 흉성을 제거하니 질병을 고친다.

- 좋은 일로 해외 출입할 일이 생긴다.(역마 편재)

- 재생관으로 승진의 기쁨이 있으며 횡재(橫財)를 얻는다.

- 관성이 약(弱)한 여자는 이때 결혼한다. 또 여자에게는 부친 및 시어머니께 경사가 따른다.

- 새로운 공간으로 이동한다.

- 매사 만족감이 높아지고 생각은 단순해진다.

- 여성은 배우자에게 내조와 배려심이 생긴다.

- 남자는 배우자에게 만족스러움을 느낀다.

(2) 편재(偏財)가 흉운(凶運)일 때

- 신규사업 부진으로 손해(損害), 재산 손실로 다툼이 생긴다.
- 부친의 신상에 액(厄)이 있거나 상문(喪門)수 있다.
- 돈으로 인한 관재구설(官災口舌)이 발생한다.
- 삼각관계로 불화가 생긴다.
- 학생은 학업이 부진하게 된다.
- 여자관계나 애인, 첩이 생기고 이로 인해 부부풍파 발생한다.
- 재(財)를 쫓다 더 큰 재산을 잃고 분쟁, 송사, 투옥, 벌금 등이 발생한다.
- 앉은 자리가 불편하게 생각된다.
- 원치 않는 공간으로 이동하는 일이 생긴다.
- 만족감이 떨어지고 불안한 심리가 된다.
- 인수를 극하면 문서, 계약 등의 수정 및 변질.
- 비현실적인 상황에 이를 수 있다.
- 공간에 적응하는 심리가 불안하다.

2) 편재의 사례분석

【사례 1】다단계 사업

```
時 日 月 年
乙 壬 辛 庚
巳 寅 巳 子

甲乙丙丁戊己庚
戌亥子丑寅卯辰
```

위 사주는 壬水 일간이 편재격(偏財格)으로 신약하나 활동적이고, 유동적 기질이 강해 통솔력이 탁월하고 투기를 좋아하며, 계산이 빠르고 사업수완이 비범하다.

흉운에 다소 어려움을 겪었으나 丁丑 길운에 이르자 편재의 탁월한 수완을 발휘하여 다단계 사업을 통해 번창하고 있는 사람이다. 재성(財星)은 물질적 충족과 원하는 욕심의 결과를 낳게 해주는 실현성으로, 용신(用神)이 뚜렷할 경우 신약의 명이라 할지라도 운에 따라 결과를 얻기에는 함정이 있다. 다만 관성이 없으므로 재성과 인성의 불협화음이 있으며 특히 무엇을 결정하는 순간에는 신속하지 못하고 고민하는 시간이 길어질 수 있다.

【사례 2】재가 극 당한 사주

```
時 日 月 年
丙 丙 己 庚
申 寅 卯 寅

乙甲癸壬辛庚
酉申未午巳辰
```

위 사주는 丙火 일간이 卯月에 득령하고 인성이 태과한 신강사주이다. 비겁이 많아서 형제도 많은데, 7남매 중 장남으로 태어났다. 또 슬하에 1남 3녀를 둔 사람으로 시지 申金에서 투출한 연간의 庚金 편재(偏財)를 용신으로 쓰나 욕심이 과다하고 성질이 별나서 사람을 못 믿으며, 한탕주의 투기를 하기 위해 전국을 혼자서 누비고 다니지만 크게 실속 없는 사람이다. 인비(印比)가 많으면 실현의 욕구불만이 팽배해지므로, 그 욕구를 채우기 위해 무모한 행동의 2차적 증후군이 표출되는 것이다.

특히 이 사주는 인수가 많으나 결과적으로는 丙火에게 氣가 몰리니 비겁강의 성정으로 나타나게 된다.

【사례 3】 재물관리가 안 되는 사람

```
時 日 月 年
庚 辛 庚 甲
寅 卯 午 寅

丁 丙 乙 甲 癸 壬 辛
丑 子 亥 戌 酉 申 未
```

위 사주는 辛金 일간이 午月에 태어나 실령하고 재성이 강한 신약사주이다. 火를 설기하여 일간을 도와줄 인성 土가 없으며 제살할 水도 없으니 어쩔 수 없이 庚金 겁재를 용신한다.

즉, 사주 내 火기가 강한 중 식상이 없으니 재물관리에 큰 문제가 생길 수 있다. 더구나 인성 土가 없으니 火를 설기하여 비겁을 보호할 수 없게 되어 일신의 고초가 따르는 안타까운 사주로 경제적인 문제에는 남달리 어려움이 많은 편이다. 오직 근검절약하고 인내하며 작은 행복에 기준을 두고 살아가야 할 것이다. 위 사주와 같이 신약한 일간이 인성이 없거나 약하면 고민하며 성찰하는 힘이 약하게 된다.

【사례 4】 부를 이룬 사람

```
時 日 月 年
癸 己 己 己
酉 酉 巳 丑

癸 甲 乙 丙 丁 戊
亥 子 丑 寅 卯 辰
```

위 사주는 己土 일간이 巳月에 득령하고 연월에 비견으로 신강한 사주 같으나 식신이 국을 이루고 시상의 癸가 편재를 생해주는 식신생재격을 이루어 사주가 좋아졌다.

비견이 중중한 사주에 투간된 편재가 탈재의 위험이 있으나 지지로 巳酉丑 식신국을 이루어 문제가 없다. 이 사주의 주인공은 사업과 투자에 성공하여 수십억 대의 재산을 소유하고 안정된 생활을 하고 있다.

편재는 식신생재를 받게 되면 정재와 달리 그 가치가 매우 확장되는 것이 특징이다. 그 확장성이 재물로 환산될 경우 부를 이룰 수 있는 것이다.

【사례 5】 중국어 통역사(여성)

```
時 日 月 年
壬 辛 乙 戊
辰 未 卯 辰

己 庚 辛 壬 癸 甲
酉 戌 亥 子 丑 寅
```

위 사주는 辛金 일간이 乙卯월에 생하여 편재격이다. 인수 또한 왕하여 신왕재왕한 구조이다. 시상의 壬水 상관이 투출하여 상관생재를 이루게 된 것이 아름답다. 편재격이 인수와 상관이 투출하여 언어능력이 뛰어나며 능동적이고 활동적인 행동파이다.

대학에서 중국어 통역을 전공하고 현재 통역사로 일하고 있으나 이에 만족하지 않고 성우가 되고자 노력한다. 한국방송아카데미에 진학하여 자신의 재능을 계발하는 열정을 보인다.

편재격으로 언젠가는 학원사업으로 진출할 것을 예측해 볼 수 있다.

Part 4 편재·정재의 기질과 사회성

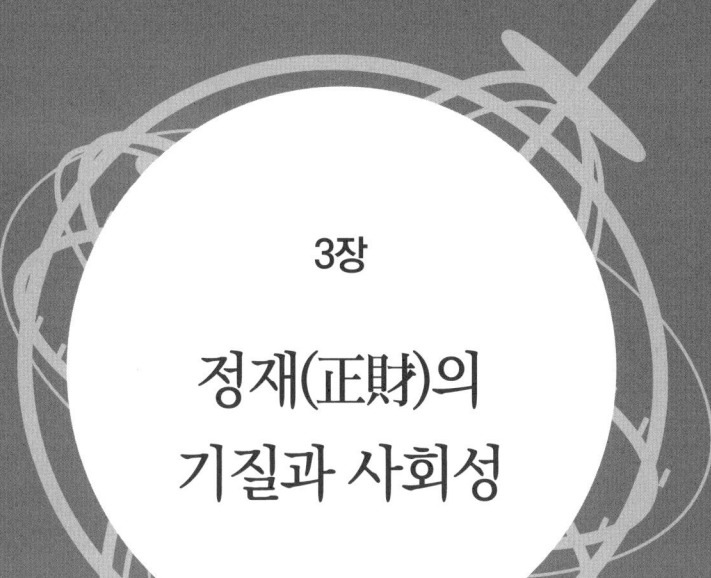

3장

정재(正財)의 기질과 사회성

정재(正財)

치밀하고 현실적인 잣대

'설계지능'

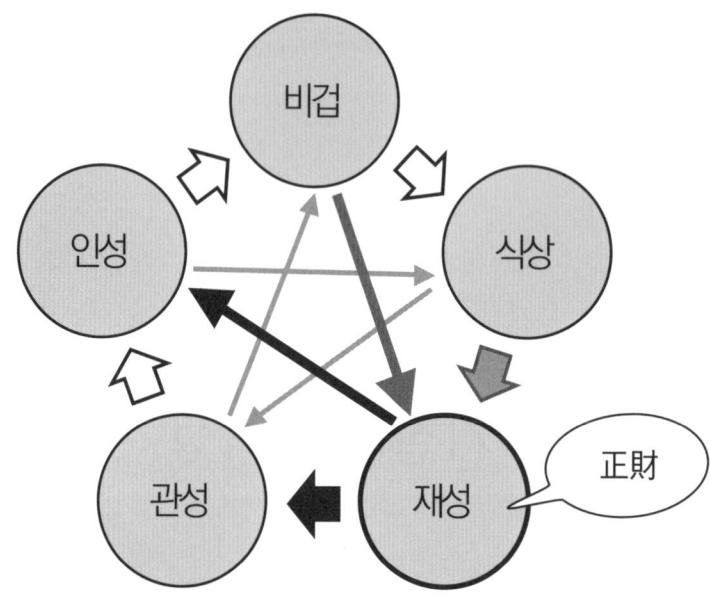

| 生 | 정재(正財)는 관성(官星)을 생(生)한다. |

| 剋 | 정재(正財)는 인성(印星)을 극(剋)한다. |

| 制 | 정재(正財)는 비겁(比劫)에 대항(對抗)한다. |

| 洩 | 정재(正財)는 식상(食傷)을 설기(洩氣)한다. |

1. 정재(正財)의 구조

1) 정재의 성립과정

일간이 극(剋)하는 오행으로 일간과 음양이 다른 것을 정재(正財)라 한다.
예) 甲木 일간이 사주 내에 己土나 丑未土가 있다면 정재가 된다.

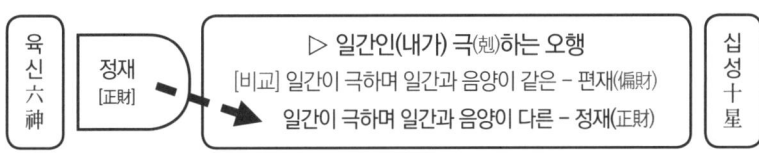

日干	甲	乙	丙	丁	戊	己	庚	辛	壬	癸
天干	己	戊	辛	庚	癸	壬	乙	甲	丁	丙
地支	丑未	辰戌	酉	申	子	亥	卯	寅	午	巳

육신六神 → 정재[正財]
▷ 일간인(내가) 극(剋)하는 오행
[비교] 일간이 극하며 일간과 음양이 같은 - 편재(偏財)
일간이 극하며 일간과 음양이 다른 - 정재(正財)
십성十星

2) 육친관계

남명 : 처, 백부, 백모, 부친
여명 : 시어머니, 백부

	일간		
	+木	정재	
辛	甲	己	癸
未	戌	未	巳
정재		정재	

	일간		
	-木	정재	
甲	乙	戊	己
戌	未	辰	丑
정재		정재	

2. 정재(正財)의 본성과 기질

1) 정재의 심리

```
┌─────────────────┐                    ┌─────────────────┐
│  세부적 분석심리  │ ◄── 실현의 욕구 ──► │  소극적 회의심리  │
│  [구조적 정밀성]  │                    │                 │
└─────────────────┘                    └─────────────────┘
```

성실하고 치밀하여 실언과 실수를 하지 않으며 숫자와 관련된 업무에 탁월하다.	고지식하고 잔재미가 없으며 망설이다가 기회를 놓치기도 한다.
검소한 생활을 하며 정당한 대가의 재물만을 취하고 유동적인 것을 싫어한다.	융통성이 없고 너무 정확한 계산으로 인심이 박하고 인색하며 실리에 집착한다.
기획력이 좋고 안정적인 경영으로 이익 창출을 하며 단정하고 신용이 있다.	신약이면 일을 벌이고 마무리를 못하며 뿌리 없는 정재는 부자가 못된다.

- 통솔력이 좋고 경영능력이 좋아 이익창출을 잘한다.
- 기획력이 있고 업무수행 능력이 안정적이다.
- 인품이 좋고 거짓과 투기를 하지 않는다.
- 현금 유통이 잘 되고 재산이 증식이 잘 된다.
- 정재격은 일간이 강해야 발복할 수 있다.
- 신약 사주에 재가 왕하면 비겁, 인수운에 발복한다.

- 남명(男命)의 일지가 정재이면 처덕이 있고 현모양처이다.
- 재성이 합국되면 아내로 인해 출세한다.
- 신약 사주에 재성이 태왕하면 단명한다.
- 정재와 관이 있으면 남자는 중년에 개운(開運)한다.
- 정재가 뿌리 없이 천간에만 있으면 부자가 못된다.
- 정재격이 신태약(身太弱)하면 가난하게 살아간다.
- 비겁이 많고 재성이 약하면 가난을 면치 못한다.
- 재성이 辰戌丑未 고(庫)에 있으면 돈 쓸 줄을 모른다.
- 남명에 재성이 고에 있으면 처덕이 없다.(妻星入墓)
- 정재가 희신이면 부부가 화목하게 지낸다.
- 정재가 冲, 刑에 있으면 처와의 관계가 흉하다.
- 정재가 태왕하면 결단성이 없다.
- 재다신약 사주는 처에게 실권을 주게 된다.
- 종재격은 식재운(食財運)에 발복한다.
- 정재가 파(破)되면 부모와의 인연이 미약하다.
- 정재격에 官, 印이 있으면 명문가 출신이다.
- 여명(女命)에 재성이 강하면 자식 덕이 없게 된다.
- 여명(女命)에 재성이 왕하면 돈을 벌어 가장 역할을 하게 된다.
- 남명(男命)의 재성이 흉살에 임하면 처로 인해 구설이 생긴다.
- 명(命)에 정재와 정관이 고르면 자식이 똑똑하다.

2) 정재의 긍정적·부정적 성향

긍정적 성향

- 정확하고 성실하며 실수를 용납하지 않는다.
- 거짓말을 싫어하고 고지식한 성품을 지녔다.
- 부당한 재물이나 노력한 대가 이상의 재물은 원하지 않는다.
- 기획력이 있고 업무수행 능력이 안정적이다.
- 천성이 꼼꼼하고 치밀하여 실언과 실수를 하지 않는다.
- 숫자에 정확성이 있어 경리, 기획, 회계업무 등에 능하다.
- 단정하고 신용이 있고, 검소하고 신중하다.

부정적 성향

- 정재가 뿌리 없이 천간에만 있으면 부자가 못된다.
- 비겁이 많고 재성이 약하면 가난하고 천할 수 있다.
- 정재가 태왕하면 주관과 결단성이 없다.
- 이해득실은 빠르나 최종 결론을 내리는 적기를 놓친다.
- 고지식하여 원리원칙을 고수하고 융통성이 없다.
- 너무 정확한 계산으로 인심이 박하고 인색하다.
- 양보심이 적고 자신의 실리에 집착하여 큰 것을 놓친다.

3) 정재의 기질적 특성

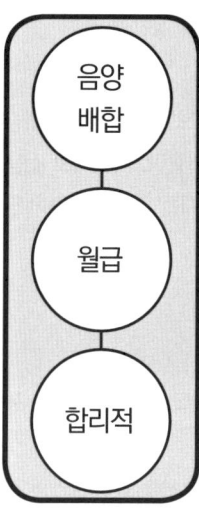

- 정재(正財)는 바를 정(正), 재물 재(財)
- 일간이 극하되 음양이 달라 유정하다고 하며 일간이 극(剋)해서 소유 할수 있고 정당한 대가(代價)로 허욕을 부리지 않고 취재(取財)하기 때문에 그 재산이 오래 지속되며, 정처(正妻)이고 월급 등에 해당한다. 그러나 정재(正財)도 과다(過多)하면 일주가 신약하여 편재(偏財)의 속성을 지니게 되는데 일주가 신약하여 재(財)를 다스릴 수 없기 때문이다.
- 정재(正財)는 합법적이고 합리적인 취득으로 정득(正得)이라고도 하며 생활을 위한 사물에 대해 애착심이 있다.

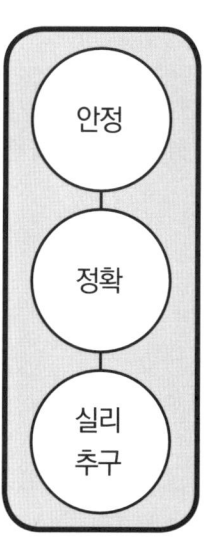

- 정재(正財)는 흔들리지 않는 재(財)로 부동산과 같은 재산으로 사주명식에 정재가 잘 자리 잡고 있으면 그 재력이 건실하게 되고 재산 관리능력이 좋아서 안정된 부를 이룬다.
- 정재(正財)는 경영능력이 좋고 기획한 일을 정확하게 수행하며 인품이 고귀하여 언쟁과 투쟁을 싫어하는 편이다.
- 정재(正財)는 소유하는 재물로 남명에게는 처(妻)가 되며, 고지식하고 융통성이 없으며 근검절약형으로 너무 정확한 계산으로 인심이 박하고 인색하며 실리에 집착하는 편이다. 또한 정교하고 섬세한 유형으로 뜻대로 안되면 조바심을 낸다.

정재(正財)는 안정을 추구하므로 미래보다는 현재가 중요하며 안정과 실리를 꾀하는 동시에 지나친 현실성과 민감성으로 때론 더 큰 발전 앞에서 자칫 소극적인 오류를 범하기도 한다

매사 기초와 근본에 충실하고 방법이 나오면 상대적으로 과감히 구조를 개혁하여 확실한 안정을 구축한다. 자상하고 신용 있는 정재는 개인과 국가의 생활을 책임지는 역할에 적합한 편이다.

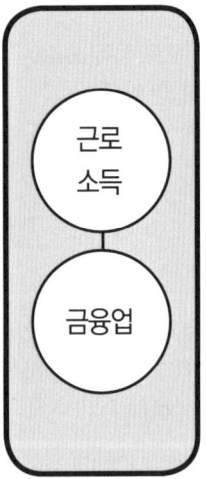

- 정재(正財)는 이미 정해진 월급, 이자 소득, 임대 소득 등의 편재(偏財) 이외의 모든 재물을 말한다.
- 도덕적이며 저축심이 강하고 긍정적이며 낙천적 성품으로 명예 지향적이며 꼼꼼하고 빈틈없는 일처리와 정직한 성격으로서 직접 돈과 직결되는 업무에도 용이하니 금융업에 종사하는 것은 좋다.
- 정재(正財)는 식신(食神)으로 생재가 되면 부(富)를 이루고, 명예와 권력을 찾아 관으로 향하고자 하니 결국 관성(官星)을 중심으로 움직이는 경향이 강하다.

재다신약(財多身弱)

사주 내에 일간을 돕는 비겁(比劫)이나 인수(印綬)보다 재성(財星)이 무리를 지어 태강(太强)한 것을 말하며, 재성(財星)은 왕성하고 일간은 신약(身弱)하여 일간의 세력이 약(弱)해져 소유할 능력이 없는 것을 말한다. 또 재성이 인수를 극하는 현상이 일어나 일간을 생(生)해주는 인수가 파괴되는 경우가 있을 수 있으며, 오행생극의 비정상적인 관계인 상외(相畏: 두려워할 외)현상이 일어나 극(剋)을 하는 비겁이 극을 당하는 재성으로부터 공격을 당하는 경우도 있을 수 있다.

재다신약(財多身弱)에서 재다(財多)는 재물과 처성(妻星)이 많다는 의미로 재성의 운에 불균형이 가중되므로 관살의 운은 약한 일간의 힘을 더 부추기기 때문에 흉(凶)하며 재산을 탕진하거나 여자로 인해 흉액(凶厄)을 당하게 된다.

재가 많고 일주가 약할 때는 비겁(比劫)과 힘을 합하여 많은 재를 극제(剋制)하고 관리할 수가 있기 때문에 형제나 친구의 조력이 있으며 일간과 재성의 불균형을 해결하는 인수나 비겁이 용·희신이 되면 발전하게 된다.

[재다신약 사주 유형]

壬戊庚丙
子辰子申

3. 정재(正財)의 재능과 사회성

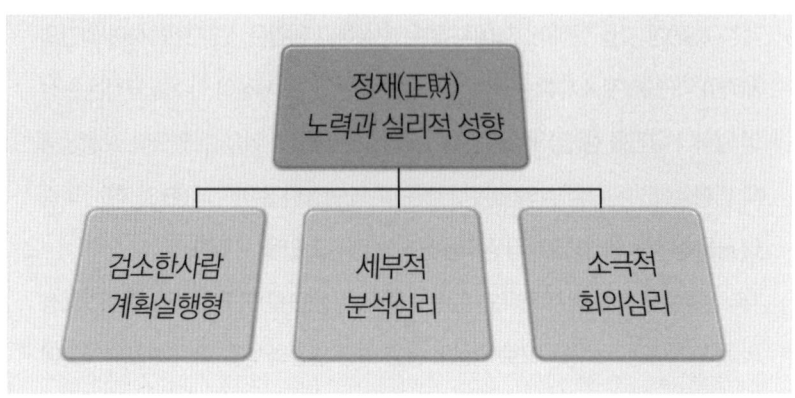

1) 정재의 지능과 재능

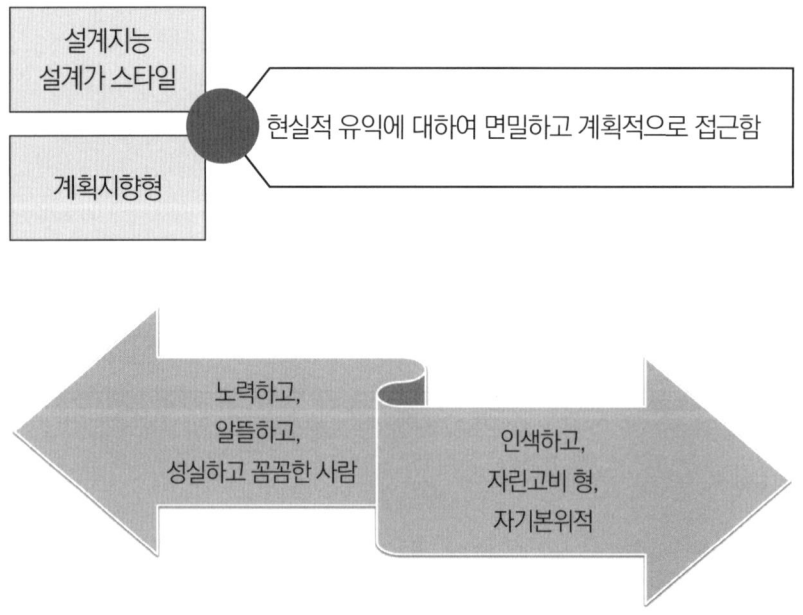

- 스스로 할 일을 계획하고 실행해 나가는 유형이며 논리에 강하고 계산력이 우수하다.

- 구체적이고 실제적인 계획을 잘 세우고 실행해 나가며 현실적이고 실천력이 강하다.

- 매우 정교해서 꼼꼼한 편이며 수리력이 우수하여 계획적으로 실행한다.

> 공간능력, 검소성, 계획성, 논리력, 구성력, 계산력, 섬세함이 우수한 소유자로 노력과 실리적 성향이 강하다.

세부적 분석심리(구조적 정밀성) & 소극적 회의심리

- 성실, 정직하지만 계산적이고, 변화를 싫어하고 치밀한 관리력이 강점이며 신용을 바탕으로 실수가 적다.

- 행정직이나 급여 생활에 적합하여, 직업과 재물에 큰 변화가 없으며 안정된 직업, 노력한 만큼의 보상이 따르는 직업을 원한다.

- 영역을 확보하려는 심성이 강하고 수리 계산 능력이 빠르다.

- 매사를 꼼꼼하게 계산하고 따지는 습성이 있다.

- 작은 것에 집착하여 소탐대실(小貪大失)한다.

- 집착하는 것에 비하여 소극적이다.

- 검소하고 자상한 신념의 소유자다.

2) 정재의 궁위별 특성

時	日	月	年
절도 있는 경제생활과 재물계승 희망심리	나(我)	현실적 경제활동을 통한 안정추구심리	안정과 풍요의 실리적인 경제활동 추구심리
지속적이고 현실적인 안정추구심리	물질과의 대면활동과 정직성의 고착심리	정확성과 신용의 사회적 기반 수행심리	경제적 기반으로 인한 안정감 영위심리

① 연간의 정재

丙庚辛乙
戌申卯亥

- 심리 : 안정과 풍요의 실리적인 경제활동 추구심리.
- 사회성 : 선대로부터 유산상속이나 경제적인 배경에서 풍요와 안정을 유입하며 성실 근면하고 정당한 노력의 대가로 능동적이고 실리적인 생활과 자기 관리에 치밀한 성향이다.

② 월간의 정재

영화감독

丙庚乙癸
戌申卯亥

- 심리 : 현실적 경제활동 통한 안정추구심리.
- 사회성 : 현실적 유지능력이 탁월하고 집착적 인내심과 지구력이 강하며 노력을 수반시킨 경제활동으로 일정한 고정수입을 구축하여 안정되고 정당한 삶의 품질을 유도하는 근면절약을 솔선하는 기상을 바탕으로 한다.

③ 시간의 정재

금융컨설팅

丙癸甲丙
辰卯午辰

- 심리 : 절도 있는 경제생활과 재물계승 희망심리.
- 사회성 : 노력하여 득한 재물이 가치 있고 보람 있게 활용되기를 원하므로 사회와 후손에게 공헌하려 한다. 재물의 적절한 분배에 합리적이므로 자식의 학자금이나 가족의 부대비용에도 세심하며 정리정돈이 정확한 형이다.

④ 연지의 정재	● 심리 : 경제적 기반으로 인한 안정감 영위심리.
乙丁壬丙 巳酉辰申	● 사회성 : 자연에서 얻어지는 공기나 음료수처럼 나의 노력과는 무관한 사회적 기반이나 선대의 유산, 묵혀진 재산과 같이 잘 정리되어진 것들이 안정된 기반으로 작용하여 사회의 활동에는 소심하고 정직하고자 하는 성향이다.

⑤ 월지의 정재	● 심리 : 정확성과 신용의 사회적 기반 수행심리.
파일럿 乙甲乙癸 亥子丑丑	● 사회성 : 부모의 경제적 안정을 의미하니 유산으로 받는 재물이나 상속되어진 사회적 공간을 의미한다. 사회적 기반이 은행이나 금융업체 등의 업무에 정확과 신용을 기반으로 맡겨진 임무에 능동적이고 책임성이 강하다.

⑥ 일지의 정재	● 심리 : 물질과의 대면활동과 정직성의 고착심리.
국정재무조정감사 壬壬癸丙 寅午巳午	● 사회성 : 직접적으로 현금을 다루고 출납업무 등 총무성향의 활동이 많이 주어지며 치밀한 자기관리와 정확성으로 인한 소심한 이면이 있다. 정직성이 돋보여 대의적인 신뢰를 구축하여 나가는 것으로 인한 사회적 역할이 고무적이며 현실적인 관념과 실행능력이 우수한 성향이다.

⑦ 시지의 정재	● 심리 : 지속적이고 현실적인 안정추구심리.
병원관리자 壬戊戊乙 子申寅巳	● 사회성 : 미래를 위한 현실안정에 충실하고자 하며 유산과 비자금, 저축 등에 능동적인 관리를 수행한다. 경제적인 안정성이 지속되기를 원하는 현실적인 마인드로 매우 계획적이고 정확한 설계와 준비성이 우수한 성향이다.

3) 정재의 직업과 사회성

사안(事案)	직업
처, 부친, 시모, 재물, 신용, 적금, 현금,결혼 등의 길흉사	금융업, 신용사업, 안정적 사업, 월급생활, 회사원

정재(正財)

정재(正財)가 청(淸)한 경우	정재(正財)가 탁(濁)한 경우
검소하고 치밀하며 신용과 책임감이 강하다. 정확하고 성실하며 규칙적인 생활을 유지한다. 허례허식을 싫어하고 부당한 재물은 거들떠보지 않는다.	소심하고 고지식하다. 이성욕이 생겨 애정관계로 발전하면 가정파탄으로 쾌락주의로 빠진다.

정재(正財)는 노력과 실리적 성향으로 치밀한 관리력이 있으며 물질적인 면에서 편재보다는 가공한 완제품이나 차려진 밥상의 음식을 다루는 일에 민감하다. 신용을 바탕으로 하기 때문에 실수가 적어 미래를 약속하는 장기적 관리나 행정에도 잘 어울린다. 편인이 함께한다면 실리적인 이익창출에 탁월한 능력이 있다. 현금이나 재무를 담당·관리하는 학과나 직업에 종사할 경우 발전 할 수 있다.

지식체계

식품영양학과, 경제학과, 경영학과, 금융학과, 원예과, 분석심리학과, 내과, 성형외과, 재료분석학과, 회계학과, 건축공학과, 토목과, 무역학과, 통계학과, 가정관리학과 등.

직업적성

금융업, 상업, 무역, 세무사, 회계사, 생산제조업, 부동산, 경리, 관리, 운수업, 건축업, 도매업, 학원, 신용사업, 특허 인증 대행사업 등.

금융회사원 丙乙戊辛 子卯戌亥	정재격이다. 경제학을 전공하고 금융사에 취직하여 모범적인 금융인으로 활동하고 있는 여성이다.
세무공무원 乙庚乙癸 酉辰卯巳	정재격으로 신왕재왕하다. 상고를 졸업하고 세무공무원 시험에 합격하여 정년까지 승승장구한 사람이다.
특수학교 교사(여성) 癸甲己戊 酉申未午	己未月로 정재격이다. 시간의 癸水 인수를 용신으로 쓴다. 초등 특수교육학과를 졸업하고 특수학교 교사로 재직하고 있는 여성이다.
간호사 癸辛戊庚 巳酉寅戌	정재격으로 癸水 식신을 용신한다. 성격이 섬세하고 치밀하며 밝고 명랑하여 간호서비스에 충실한 여성이다.

4. 정재(正財)의 통변성과 사례분석

1) 정재의 통변성

(1) 정재(正財)가 많고 강한 경우

- 정재가 많으면 일간은 편재 성향을 나타내며 성정이 우유부단하고 매사를 합리화해서 정당화시키는 습관이 많으며 의타적이다.

- 여성은 남편보다 재물을 중시한다. 이때 식상이 재를 너무 생하면 음란하고 일부종사가 어렵다.

- 정재는 인성을 극하고 비겁을 무력화한다. 인성을 극한 경우 학문에 심취하기 어렵고 부모보다 아내 및 재물을 우선시한다.

- 비겁이 무력한 경우 자신의 소신, 주관보다는 주변과 타협하고 현실적, 안정적 성품이다.

(2) 정재(正財)가 없을 경우

- 정재의 성품인 계산적이고 안정적, 합리적, 성실함이 나타나지 않는다. 사주 원국에 따라 아내와 재물과는 인연이 없으며 한 여자에게 안주하기 어려울 수도 있다.

(3) 정재가 식신과 함께 있을 경우

- 가정이 행복하고 복록을 누리게 된다. 그러나 재(財)가 득위하여 너무 왕하면 처가 억세고 사납다.

- 재성이 왕(旺)하고 관성이 득위한 여명의 사주는 남편이 이름을 날리고 귀부인으로 득명하게 된다.

- 일주가 태약(太弱)한 여명의 사주에 재성이 태왕하여 살(殺)을 생하거나 주(柱) 중에 관살이 많으면 일 나가서 돈 벌어다주고 남편한테 매 맞고 사는 것과 같다.

- 정재는 현실적이며 섬세하다. 식신은 일간의 주관적 생각을 밖으로 내보내어 세상에 드러나게 한다.

- 결과적으로 일간의 생각이나 지식이 밖으로 드러나며 현실적이고 정확한 결과를 얻고자 하는 것이다.

- 소심하고 안정적인 것을 좋아한다.

- 식신은 명랑하나 내면의 전통성으로 자기분수를 잘 지키는 편이다.

- 무엇을 하건 자기 재능을 활용할 수 있어야 능률적이고 행복감이 높다.

2) 정재의 사례분석

【사례 1】부를 이룬 사업가

```
時 日 月 年
己 己 壬 己
巳 卯 申 亥

乙 丙 丁 戊 己 庚 辛
丑 寅 卯 辰 巳 午 未
```

위 사주는 己土 일간이 상관생재(傷官生財)를 이룬 격(格)이다. 신약의 명(命)이나 대운이 용신 火運으로 향하자 탁월한 경영능력을 보이며 안정적 이익창출을 꾀한 사람으로 섬유사업으로 수십억의 재산을 축적했다.

평소 거짓과 투쟁을 싫어하는 성격으로 대인관계가 아주 원만하다. 상관생재(傷官生財)로 안정적인 친화적 욕구와 실현의 욕구가 충족된 예이다.

재성은 식신이나 상관으로부터 생을 받을 때 그 효과가 크게 나타나는 것이다. 그리고 생재의 자연스러움은 성격적으로나 대인관계로도 원만함을 나타낸다.

【사례 2】 직업변화가 잦은 사람

```
時 日 月 年
甲 甲 丁 己
子 午 丑 亥

庚 辛 壬 癸 甲 乙 丙
午 未 申 酉 戌 亥 子
```

위 사주는 甲木 일간이 丑月에 연간으로 己土가 투간하여 정재격이다. 평소 마음은 어질고 착한 모습이나 실상은 매우 고지식하고 소심한 성격으로, 늘 이해득실만 생각하다가 모든 일에 결과를 못 내고 포기하는 습성으로 자주 직업을 변경한 사람이다.

丁火 상관(傷官)이 투출하여 총명할 것 같으나 子午 冲으로 뿌리를 잃어 단점이 드러나는 예이다. 친화적 욕구의 결함은 이렇게 활동의 제약을 초래한다는 것을 알 수 있다.

겨울생이 지지로 水局을 이루었으니 일간 甲木은 丙火를 만나 유통시켜야 오행의 중화가 이루어져 활력을 얻을 것이다.

【사례 3】 소탐대실(小貪大失)

```
時 日 月 年
戊 乙 丙 庚
寅 丑 戌 戌

癸 壬 辛 庚 己 戊 丁
巳 辰 卯 寅 丑 子 亥
```

위 사주는 乙木 일간이 戌月생으로 시간에 戊土가 투출하여 정재격(正財格)의 신약사주이다. 즉 재다신약(財多身弱)으로 시지 寅木을 용신하고 용신을 생해주는 水를 희신한다. 乙木 일간은 신약하고 조열하므로 水의 도움이 절실하다. 그러므로 일지 丑土의 지장간 癸水에 어렵게 의존하게 되었다.

일찍 모친을 여의고 가난한 부친의 도움은 기대하기 어려웠다. 아르바이트로 학비를 겨우 마련하여 신학과 외국어를 공부하던 중 己丑 대운에 더 많은 학비를 벌기 위해 전쟁터인 이라크에 위험이 도사리고 있는 줄도 모르고 물품을 납품하기 위해 들어갔다가 괴한들에게 인질로 잡혀 죄(罪)도 없이 참형을 당하고 말았다.

상관견관으로 정관(正官)이 파괴되어 자신을 지켜줄 법과 국가의 보호가 미치지 못한 것이다.

【사례 4】 중장비 기술자

```
時 日 月 年
壬 己 己 壬
申 未 酉 寅

戊 丁 丙 乙 甲 癸 壬 辛 庚
午 巳 辰 卯 寅 丑 子 亥 戌
```

　己土 일간이 酉月생 식신격으로 사주가 신약해 보이나 일간이 득지했다. 시간의 정재가 있어 치밀한 계산력과 함께 지지로 식상이 포진하고 일간의 근을 두어 자기에너지를 활용하는 설계사 및 기술직이 적합하다.

　실제 이 사주는 인성이 없어 고급 기술직은 어려우나 중장비나 기타 기능직이 직업체질에 알맞은 직업으로 중장비 기술 자격을 취득하여 활동하는 사람이다.

　시상의 壬水 정재는 정확하고 섬세한 공간지능이 되어 중장비로 정확한 공간작업을 잘 할 수 있는 재능이 된다. 그러므로 자신의 선천적성에 맞는 직업을 선택하게 된 사람이다. 다만 중년 이후 동남방 운을 만나야 발전할 것이다.

【사례 5】 병원장

```
時 日 月 年
壬 庚 己 庚
午 辰 卯 午

丙 乙 甲 癸 壬 辛 庚
戌 酉 申 未 午 巳 辰
```

위 사주는 庚金 일간이 卯月생으로 정재격이다. 시상으로 壬水 식신이 투출되어 월령 정재를 생하는 식신생재를 이루어 사주 내 오행의 기류가 매우 좋게 되었다.

그러나 일간이 실령(失令)하고 실세하여 신약하다. 그러므로 일지 辰土 편인이 火氣를 설기하여 일간 庚金을 생해주는 용신이다. 즉 월령 정재격이 관인생상의 쓰임 또한 좋은 구조를 이룬 명조다.

사주의 주인공은 총명하여 명문대 의과대학을 졸업하였고, 용신 대운을 만나자 재격 사주가 빛을 발하게 되자 서울 시내 중심가에 큰 병원을 짓고 운영해온 병원장이다.

Part 5

편관·정관의 기질과 사회성

1장 관성의 특징
2장 편관의 기질과 사회성
3장 정관의 기질과 사회성

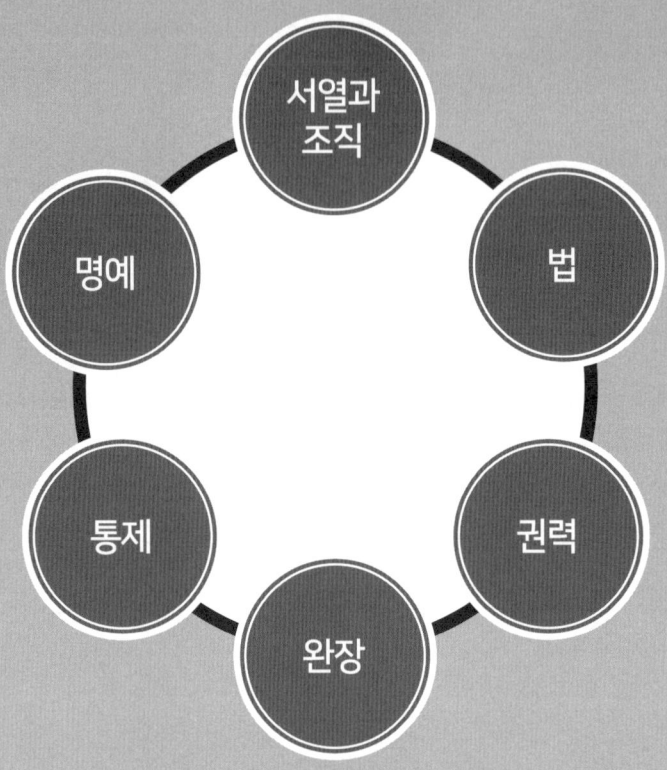

Part 5 편관·정관의 기질과 사회성

1장
관성(官星)의 특징

관성(官星)

완장 차기를 즐기는

'서열본능'

1. 관성(官星)의 이해

1) 일간을 극(剋)하는 오행 – 관성(官星)
- 일간과 음양이 같은 편관
- 일간과 음양이 다른 정관

2) 에너지 제어로 일간을 제재하는 관성(官星)
- 외부의 힘이 '나'를 지배하고 통제 하는 것
    ① 체(體)의 영역으로는 남명(男命)은 자식, 여명(女命)은 남편
    ② 용(用)의 영역으로는 서열(位), 체재, 직장, 관재(官災) 등으로 모두 나를 통제하는 것들이다.

2. 관성(官星)의 본성과 심리

1) 관성의 진화심리 : 서열본능 / 결정본능

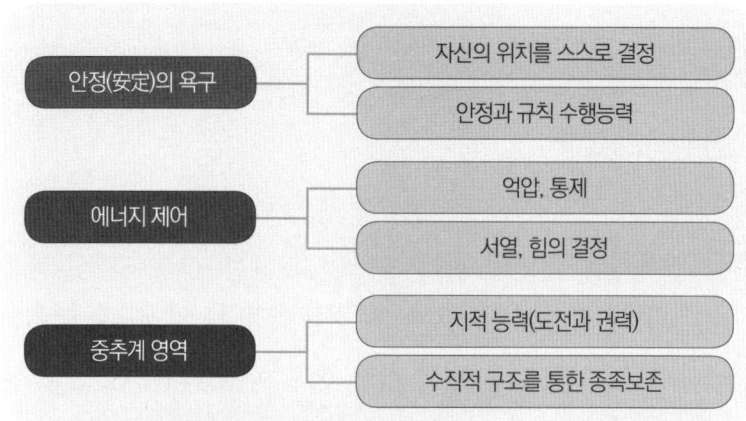

- 관성은 힘에 따라 자신의 위치를 스스로 결정한다.

- 순서를 정하여 행동하려는 본능이다.

- 서열이 정해지는 환경에서 능률이 오른다.

- 서열이 분명한 환경에서 심리적 안정이 된다.

● 상하를 구분하여 행동하고 배분한다.

● 수직적 구조를 통하여 종족보전을 유지한다.

① 동물 : 출생서열, 직계서열, 힘의 서열
② 인간 : 출생, 가족, 사회구조, 직장, 직책, 지적능력

2) 관성의 욕구

관성(官星)은
여러 위험에서 자신을 보호하고자 하는 안정(安定)의 욕구로 맹수(猛獸), 극히 춥거나 더운 기온, 범죄, 폭행, 살해, 학대 등의 위협, 전쟁, 질병, 자연재해, 직업의 안전성 등으로 일상적인 일에 인내력이 강하다. 또한 자신에 대한 지나친 결백과 권위를 추구하는 귀(貴)를 통한 안정을 지향하는 욕구이다.

> **안정의 욕구**
>
> 관성(官星)은 질서(秩序)를 바로 잡고 규범(規範)을 준수하여, 불안하고 고통스런 일들을 정리하며 안정(安定)을 얻고 싶은 욕구로 생명에 대한 위기, 사고, 질병, 위협, 협박, 박탈 등으로부터 자신을 보호하고, 불안을 회피하고자 한다.

안정(安定)의 욕구(欲求)는 인간이 누리고 싶은 귀(貴)를 통한 욕구이다. 사회적 신분인 관성(官星)을 자신의 권위(權威)와 권력(權力)을 행사하는 척도라고 볼 때, 관성은 이를 통해 불안정한 질서와 비윤리적 행태를 구속하여 공존(共存)을 유지하려는 목적이 있다. 역설적으로 약자(弱子)가 강자(强者)에게 보호받고 싶어 하며, 강자는 약자를 보면 보호본능이 발동하게 된다. 인륜(人倫)이 존재하는 본질적인 것은 알고 보면 강, 약에서 질서가 함께 공존하고 있다는 것이며, 각계각층별로 제도권이 형성된 사회구조는 그 속에서 강자와 약자가 모두 안정(安定)을 원하기 때문이다.

관성(官星)은 나를 통제한다. 일방적으로 지배하며 복종하며 시키는 일을 해야 하는 것과 같다. 강력한 권위를 상징하며 정관(正官)을 행정관료인 문관에 비유한다면 편관(偏官)은 무관(武官)을 뜻한다.

- 관성이 강(强)하면 외부 강제성과 내면적 수용거부의 불균형 상태에 의해 심리적 괴리감이 조성된다. 따라서 비현실적 성향의 심리가 드러나며, 불확실성에 시달리는 다른 사물에 의한 편혹성 때문에 일종의 마니아 증후군을 나타낸다. 이로 인해 분별력이 결여되고, 불평불만이 팽배하며 성급하고 반항적이며 피해의식과 불신이 드러나는 심리 증후군이 나타난다.

- 관성이 약(弱)하면 자율성 실조(失調)로 오는 감정의 방만 또는 주관적 감정에 몰입하게 되는 증후로 나타난다. 이로 인해 결단성이 부족하고, 준법성이 결여되며, 절제력이 부족하고 자만심이 팽배한 심리 증후군이 나타난다.

관성(官星)은 서열본능이다. 분별력, 순응, 질서, 상하관계, 정제 등과 극기(克己)라는 고통을 통해 서서히 체득하게 된다.

3) 관성의 본능과 상대적 심리

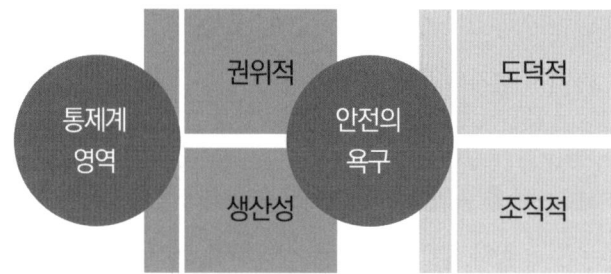

관성의 심리는 중추적 통제계로 권위적인 성향이며 명예와 타인을 다스리는 직위를 존재하게 하는 자원이다. 중심을 지키는 인내심과 분별력을 스스로 자양하는 기질이다.

- 관성(官星)이 태과하면 자신을 억제하는 강박심이 팽배하여 타인에 대한 반발이 심하고 분별력을 잃어 법과 도덕을 지키지 못하며 의심이 많다.

- 관성(官星)이 약(弱)하면 인내심이 없어 참을성이 없고 무모한 일에 손대면 절제를 못하는 단점이 드러난다.

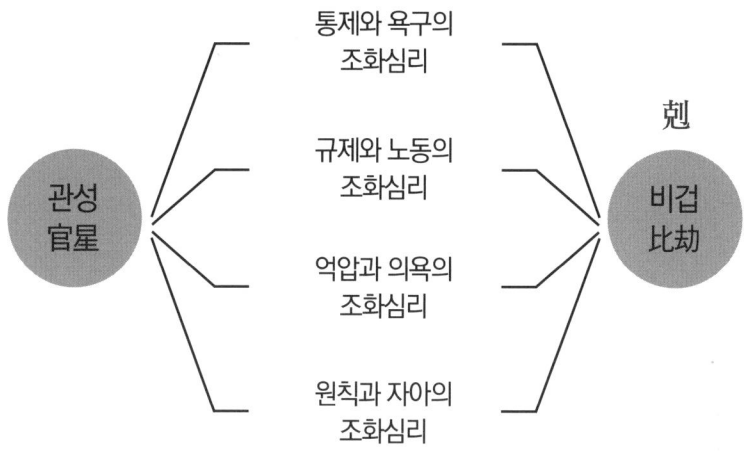

【관성의 상대적 심리 관계】

관성(官星)은 직업(職業)으로 직무(職務), 직책(職責) 등이 되며 법(法)을 뜻한다. 따라서 원칙을 중시하고 윤리와 도덕심이 강하며 명예, 인품, 판단력, 준법 정신, 책임감, 직무 충실 등이 주요 속성이지만 일간이 신약(身弱)하게 되면 기(氣)가 위축되어 강박심이 있고 소심해지며 매사에 용두사미가 되기 쉽다.

- 관성(官星)은 항상 자신의 권위적(權威的) 활동과 대상을 찾는다.
- 관성이 강한 사람에게 완장(職位)을 채워주면 목에 힘이 들어가고 권위를 부려야 하므로 대상을 찾는다.
- 기본적인 심리 패턴은 법(法)을 잘 모르는 대상을 찾아서 도와주기도 하지만 법(法)을 이용해 불법을 저지를 수도 있는 양면성이 나타날 수 있다.

3. 관성(官星)의 사회성

1) 관성의 작용

《조직력, 분별력, 관리력, 통제력, 인내력, 도덕성》

- 승진, 당선, 취직이 되며 직책이나 권위가 높아지고 표창 받는 일이다.
- 계약 성사, 명예상승, 감투 및 상급 직위 스카웃 등 자리가 생긴다.
- 재물지출, 형제나 친구들이 흉사를 겪으며 비관적이며 난폭하고 강압적이다.
- 폭행, 구속, 감금, 사고, 수술, 형액, 이혼 등의 흉사가 발생한다.

관성의 속성

성찰력이 발현된다.
완장 차는 것을 좋아한다.
생산성의 에너지를 발현한다.
뻐기고 우쭐대는 마음.
자기위치나 분별력이 뚜렷하다.
권위의식이 강하게 있다.
인내심이 강하게 된다.
대장 노릇을 하려고 한다.

2) 관성의 결단력과 정직성

원칙을 중시하고 윤리와 도덕심이 강하며 명예, 인품, 판단력, 준법 정신, 책임감, 직무 충실 등이 주요 속성이지만 일간이 신약하게 되면 기(氣)가 위축되어 강박심이 있고 소심해지며 매사에 용두사미가 된다.

- 종속적이고 복종적이며 시키는 대로 일을 하려고 하는 성분.
- 자신의 의견보다 명령을 받아서 하는 일을 잘한다.
- 남에게 이타심이 강하고 봉사정신이 많다.
- 관성이 많은 사람은 외부로부터 스트레스를 많이 받는다.
- 관성이 없는 사람은 남으로부터 간섭 받기를 싫어하고 남을 생각하는 이타심이 없다.

3) 관성 운의 행운작용

- 편관 : 직장문제의 길흉사, 형제 우환 반목, 건강문제, 수술, 교통사고 조심, 벌금, 사기, 취직은 된다, 승진한다.
- 정관 : 승진, 취직, 집안 경사, 득자, 조상음덕, 결혼한다.
- 심리 : 책임감 발동, 권위적 심리, 직책과 직위, 명예중시.
- 변화 : 직장, 직책, 법적 문제, 취직, 승진, 일자리, 자식, 상사, 관리자, 형

제, 친구, 동업문제

① 관성이 강(强)해지면 : 직장과 관리자, 상사, 법과 제도, 명예, 명령이 주도한다. 과민성, 스트레스, 반항심리, 객기.

② 관성이 약(弱)해지면 : 직장, 직책, 권리가 약해진다. 자식, 남편.

③ 흉(凶) 작용 : 관재구설, 중상모략, 교통사고, 안전사고, 식상 없으면 득병.
  - 충(冲) : 경찰서 출입, 벌금고지서, 자식가출, 직장, 실직.

④ 길(吉) 작용 : 표창, 승진, 취직, 송사해결, 당선, 결혼.
  - 합(合) : 결혼 및 득자, 승진, 관청과 일 성사, 천거, 추천.

⑤ 일간을 극(剋)하는 경우 : 승진, 취직, 책임질 일, 형제문제.

⑥ 인성을 생(生)하는 경우 : 계약성사, 자식이 할 일이 생김, 모친회복.

⑦ 재성을 설기(洩氣)하는 경우 : 상납, 권력이 주어짐, 자식.

⑧ 식상이 극(剋)하는 경우 : 체면손상, 망신.

4. 관성(官星)의 재능활용

1) 편관의 재능구조

자기의식	현대 심리학의 연구대상인 인간생활의 육체적·정신적·사회적 영역에서의 명시적 또는 잠재적 활동능력
선천지식	행동력, 개혁적, 신속한 결정력, 이상에 관점, 내적 에너지의 외향적 활용, 결과중시
사회성향	기억력, 도전력, 행동력, 결단력, 수행력, 분별력, 신속성, 인내력이 우수한 소유자로 결단과 행동적 성향이 강함
우수능력	충성심과 책임감이 강하며 빠른 판단력과 화끈한 결정력을 갖추었으며 이론보다는 행동적이고 개혁과 도전정신이 우수
선천지능	결단하고 판단하는 카리스마 : 행동지능(行動知能)
직업스타일	정치가 스타일
재능	과감하게 판단하고 결정하여 실행하는 지능으로 신속한 결정, 기억력, 판단력, 결과중시, 관리능력으로 대표되며 이상에 관점, 조직구성, 에너지의 현실적 활용 등이 주요 특징
진로직업	편관은 경쟁과 억제, 강압, 파괴의 속성을 갖고 있는 神이다. 경쟁하거나 통솔하는 업무, 군인, 경찰, 경호 등에 적합하다. 살인상생이 되면 법관이나 국회의원 등의 고위직도 가능하다. 편관격이 吉星의 겁재를 두면 부장검사, 군인은 장성까지 등용한다.

【사례】

국가공무원 정년퇴직	대검찰청 검사	육군 참모총장 민O식
癸丁壬丁 卯酉寅亥	丙庚辛戊 戌戌酉午	丙庚甲辛 戌申午酉
丁壬합으로 癸 편관이 맑게 되자 공직자로 정년까지 하였다.	비겁이 강하나 시상으로 편관이 투출하여 쓰임이 좋다.	편관격으로 신왕 살왕하게 된 구조가 좋아서 육군 대장까지 되었다.

2) 정관의 재능구조

자기의식	관습이나 관행에 의해 육성된 개인의 도덕의식, 도덕적 심정, 태도, 성격 또는 도덕성 그 자체를 의미
선천지식	규범적, 도덕적, 공정성, 공익에 관점, 내향적, 보수적, 내면적 결과중시, 정교성
사회성향	지각력, 도덕성, 합리성, 정교성, 의무성, 책임감이 우수한 소유자로 논리적이고 섬세하며 규범과 모범적 성향이 강함
우수능력	신사적인 처사와 공정한 판단력을 갖추고 있으며 정교하고 세심한 업무파악과 합리적으로 수행하는 능력이 우수
선천지능	명예와 신념의 정직과 원칙 : 도덕지능(道德知能)

직업스타일	공직자 스타일
재능	원칙과 기준을 세우고 모범적인 사회성 지능으로 공정성, 판단능력, 기억력, 규범적, 도덕적, 보수적으로 대표되며 정교성, 설계능력, 명분, 내면적, 가능성 중시 등이 주요 특징
진로직업	공무원, 회사원, 정치, 법률, 행정업무 등에 적합하다. 정관격에 인수가 있거나 재성이 있으면 문관에 적합하다. 관인상생이 되면 공무원, 정치가 또는 문학가에 좋다. 정관격에 식신, 정인 등이 길한 작용을 하면 학계에서 이름을 떨칠 수도 있다.

【사례】

온고한 성격의 행정 공무원	군인 출신 대통령 전O환	경찰행정 여성 공무원
甲己丙己 子亥寅酉	戊癸辛辛 午酉丑丑	丁丙庚丙 酉辰子午
시상으로 정관이 투출하고 월간으로 정인이 투출하여 관인상생을 이루었다.	정관이 투출하였으나 연월지로 편관 또한 왕성하다.	월지에 정관이 임하여 정직하고 국가관이 투철한 공무원이다.

서열본능(序列本能)

지구상의 모든 동물은 서열본능(序列本能)이 있다. 기러기 떼가 선두를 중심으로 나란히 서열을 지키며 하늘을 나는 모습을 볼 수 있고, 바다에서는 고래는 물론 상어나 참치가 떼를 지어 일사분란하게 대열을 맞춰 다니는 것을 볼 수 있다. 아프리카에 수만 마리의 누 떼들이 질서와 대열을 유지하고 이동하고 개미도 서열을 지키며 열심히 일을 한다.

인간도 국가 간에 강대국 순으로 서열이 있고 대통령이 선출되면 모두가 그 서열을 따르게 된다. 한 국가의 대통령부터 말단 공무원까지 서열이 있고, 대기업은 물론 작은 중소기업조차 직책을 통한 서열이 조직을 움직이는 시스템이 된다. 서열본능이란 어쩌면 조물주(造物主)가 만들어낸 것 중 가장 위대한 것일지도 모른다. 서열이 있음으로서 인류는 종족(宗族)이 유지되어 왔고 국가의 존재와 사회의 기강이 유지되기 때문이다.

우리는 사주라는 구조를 단순하게 분석하지만 서열에 입각하여 적용하는 방법이 현명할 수 있다. 왜냐하면 회사의 사장이 가진 관성(官星)의 힘과 말단 사원이 가진 관성의 힘은 같을 수가 없기 때문이다. 그리고 사장이 가진 인수(印綬)의 결재 도장의 힘과 과장이 가진 결재의 힘은 다르다. 비록 현재의 과장이 추후 사장이 될 수 있고 사장도 과거 과장시절이 있었을 것이다. 그러므로 생애 주기별 십성의 적용과 함께 서열에 따른 십성의 적용이 병행되어 판단되어야 한다. 즉 경륜과 서열이 주는 힘의 차이는 대단히 다르다. 그와 같이 모든 동물의 세계는 대자연의 질서를 유지시키는 본성적인 서열본능이 작용한다.

관성이 강하고 일간도 강하면 서열 중에서 높은 서열이 되는 조건이다. 그리고 관성이 지나치게 강하면 일간은 관에 일방적으로 복종해야 하니 낮은 서열로서 관의 무게를 힘들게 감당해야 한다.

〈김기승 저 『과학명리』, '진화심리와 심성의 본능' 중에서〉

Part 5 편관·정관의 기질과 사회성

2장
편관(偏官)의 기질과 사회성

편관(偏官)

행동하는 카리스마의 결정력

'행동지능'

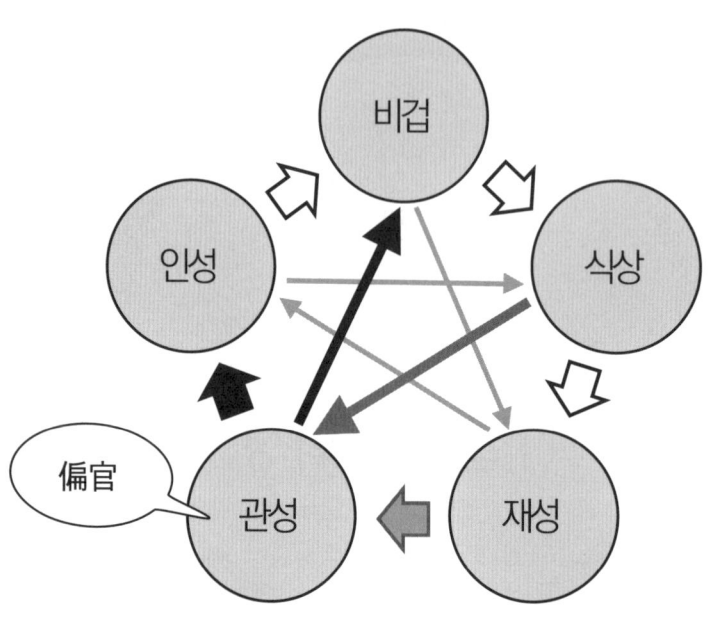

| 生 | 편관(偏官)은 인성(印星)을 생(生)한다. |

| 剋 | 편관(偏官)은 비겁(比劫)을 극(剋)한다. |

| 制 | 편관(偏官)은 식상(食傷)에 대항(對抗)한다. |

| 洩 | 편관(偏官)은 재성(財星)을 설기(洩氣)한다. |

1. 편관(偏官)의 구조

1) 편관의 성립과정

일간을 극(剋)하는 오행으로 일간과 음양이 같은 것을 편관(偏官)이라 한다.
예) 甲木 일간이 사주 庚金, 申金이 있거나 己土 일간이 乙木, 卯木이 있으면 편관(偏官)이 된다.

日干	甲	乙	丙	丁	戊	己	庚	辛	壬	癸
天干	庚	辛	壬	癸	甲	乙	丙	丁	戊	己
地支	申	酉	亥	子	寅	卯	巳	午	辰戌	丑未

육신六神 | 편관[偏官] → ▷ 일간을 극(剋)하는 오행
일간을 극하며 일간과 음양이 같은 - 편관(偏官)
[비교] 일간을 극하며 일간과 음양이 다른 - 정관(正官) | 십성十星

2) 육친관계

남명 : 아들, 고조부, 매부

여명 : 남편, 시숙, 정부

	일간		
편관	+木		
庚	甲	戊	丁
午	戌	申	酉
		편관	

	일간		
편관	-木	편관	
辛	乙	辛	戊
巳	未	酉	戌
		편관	

2. 편관(偏官)의 본성과 기질

1) 편관의 심리

```
┌─────────────┐                    ┌─────────────┐
│ 관리적 명예심리 │ ◄── 안정의 욕구 ──► │ 공격적 경쟁심리 │
│ [기획적 생산성] │                    │             │
└─────────────┘                    └─────────────┘
```

강한 의협심으로 약자를 보호하며 책임감과 결단성이 뛰어나다.	타협을 싫어하고 먼저 행동으로 해결하려 하며 투쟁적이며 난폭하다.
편관에 겁재가 있으면 위엄있고 당당한 면모를 갖추며 무관으로 성공한다.	상대방을 무시하고 멸시하며 권모술수에 능하다.
조직 생활에 강하며 희생적인 리더쉽이 있고 상황에 따른 대처 능력이 뛰어나다.	조급하고 편굴하여 시비가 잦으며 타인의 사건에 끼어들어 구설을 자처한다.

- 이론과 타협보다는 행동으로 해결하며, 권위적이고 총명하며 결단성이 뛰어나다.

- 편관은 개척 정신과 모험심과 의협심이 있고, 편관에 양인이 있으면 위엄있고 당당한 면모가 있다.

- 무관으로 성공하거나 명성을 얻는 자가 많으나, 조급하고 편굴하여 시비가 잦아 형액을 당한다.

- 편관의 속성은 난폭하고 깡패의 기질이 있어, 고집이 세고 타협을 모르고 반항을 잘한다.

- 타인의 사건에 끼어들어 구설을 자처하거나, 권모술수에 능하고 위선과 허풍이 강해 나서기를 좋아하고 거드름을 잘 피운다. 편관이 태왕하면 형제의 덕이 없게 된다.

- 남명(男命)에 관살이 태과하면 처의 성질이 못되었거나, 여명(女命)에 편관이 태과하면 독신으로 사는 것이 좋다.

- 여명(女命)에 정·편관이 혼잡되면 남자관계가 문란하고, 년에 편관이 있으면 빈천한 가문에서 출생한다.

- 편관격을 다스리자면 일주가 신강해야 하며, 편관이 용신이면 승진의 행운이 따른다.

- 편관이 약하고 식신이 많으면 흉폭하고 신약 사주에 편관이 강하면 도둑의 근성이 있다.

- 시상 일위편관격(時上 一位偏官格)은 귀격(貴格)으로 남자사주에 편관이 희신이면 총명한 자식을 두며, 여자사주에 편관이 희신이면 남편덕이 좋은 편이다.

- 신강 사주에 편관이 약하면 무능하고 게으르며, 일지 편관이면 고집이 세고 똑똑하며 성격이 급하다.

- 여명(女命)의 사주에 편관이 많으면 남편복이 없으나 時에 편관이 있고 희신이면 현출한 자식을 두게 된다.

2) 편관의 긍정적·부정적 성향

긍정적 성향

- 책임감이 강하며 조직생활에 적합하다.
- 강한 의협심으로 강자에게서 약자를 보호하는 기질이 있다.
- 권위적이고 총명하며 결단성이 뛰어나다.
- 자신의 감정 표현을 분명히 하고, 담백한 면이 있다.
- 편관은 개척정신과 모험심, 의협심이 있다.
- 무관으로 성공하거나 명성을 얻는 자가 많다.
- 당당한 면모와 성격이 곧으며 의지를 관철하는 성격이다.

부정적 성향

- 타협을 싫어하고 투쟁심과 야당성의 기질이 강하다.
- 상대방을 은근히 무시하고 멸시하는 기질이 있다.
- 다른 사람에게 부탁하는 것을 싫어하며 성질이 급하다.
- 권모술수에 능하고 목적 달성을 위해 수단과 방법을 안 가린다.
- 이론과 타협보다는 먼저 행동으로 해결하려 한다.
- 조급하고 편굴하며 난폭하고 깡패의 기질이 있다.
- 고집이 세고 타협을 모르고 반항을 잘한다.

3) 편관의 기질적 특성

극아자 (尅我者)
칠살 (七殺)
살신 성인

- 편관은 일간(日干)을 극하는 오행으로 음양이 같은 자를 편관(偏官) 또는 칠살(七殺)이라고 하며, 편관과 칠살의 그 쓰임이 각각 다르다. 편관은 일간(日干)이 강왕(强旺)하여 능히 감당하는 경우이고,
- 칠살(七殺)은 살(殺, 煞)의 힘이 강하여 일간(日干)이 신약하여 감당하기 어려울 때 쓰는 것이며, 음양배합을 이루지 못했을 뿐만 아니라 일주를 정면으로 살신(殺神)한다는 뜻이 된다.
- 편관이 흉신(凶神)이 되면 권력을 믿고 행패를 부려 비난을 사는 경우도 있으나 용신(用神)이면 여러 사람을 이끄는 리더가 될 가능성이 많다.

인내심
칠살의 제화(制化)
무관 (武官)

- 편관은 일간을 향해 통제와 억압, 의무와 책임, 긴장과 고통의 의미를 가지며, 위기에 침착하고, 인내력이 강하며 조직적인 일처리로 충성심이 강하다.
- 남자는 벼슬과 같으며 여명(女命)은 애인, 남자친구(남편), 무관, 깡패, 흉악범, 죄수, 자객, 환자, 시체를 표상한다.
- 사주원국이 신왕(身旺)하고 칠살(七殺)이 제화(制化)되면 대군을 호령하는 장군과 같으며, 여명(女命)이 편관격이면 활력이 있어 직업을 갖는 것이 좋다.
- 편관은 절제력, 강압성, 군(軍), 검(劍), 경찰 등 특수조직에 어울리는 직업성분으로 자신이나 남의 경우에 벗어난 실수를 용납하지 않는다.

- 무정(無情)의 극(剋) 성분인 편관은 용맹, 과감성의 발현으로 일간의 권위와 직책을 급부상시킬 수 있는 반면 반역하게 되면 일간의 명맥을 끊을 수도 있는 강렬한 성분이기 때문에 권력을 지향하는 속성이 있으며 운을 잘 만나면 크게 발전한다.
- 상대를 압박하는 기운으로 타고난 리더십을 발휘하나 사주 원국에 편관(偏官)이 많고 강하면 칠살의 작용으로 일간은 병약하거나 운에 따라서 단명(短命)하게 된다.
- 사주 원국에 칠살의 작용이 가중되면 예민하고 신경질적이며 사고 방식이나 행동에 있어 상식을 벗어난 행동이 나타나기도 한다.

- 편관(偏官)은 말보다 행동이 앞서며, 어디에서나 명령체계를 따른다. 또한 의리가 있어 끝까지 책임지고 충성하는 모습을 보인다.
- 상황에 따라서는 소신과 원칙을 중시하고 결단성이 강한 사람이지만 사주원국이 흉(凶)하면 포악하고 극단적 행동으로 이성을 잃은 행동도 불사한다.
- 편관(偏官)이 강해지면 느긋하고 여유롭게 사고하거나 행동하기가 어렵고 자극에 대한 즉각적인 반응이 나타난다. 치밀하고 예민하며 보증수표, 안전투자, 비판에 강한 편이며 내실을 존중하고 멸사봉공, 조직에 충성한다.

편관은 인내심을 발휘하게 하여 무차별적으로 극(剋)하는 습성이 있다. 상대방보다 우월하여 나를 빛나게 하는 성분으로 남들에게 보여지는 자존심, 카리스마로 윗사람의 조언과 같은 역할을 하게 되므로 직장의 상사나 윗 사람 등이 나를 규제 관리하는 역할을 하기도 한다. 그러나 다소 조금은 무리한 행동이 가미되어 상대적으로 열등감이 생기게 되면 스스로 자학에 빠지거나 모사, 지략, 자신에게 불리하면 비굴해지기도 한다.

- 편관(偏官)이 강하면 일간이 신약해져 칠살(七殺)로 변화하여 흉(凶)하게 되니, 이때 인수(印綬)가 있어 살인상생(殺印相生)이 되면 오히려 좋은 작용으로 나타난다.

- 편관이 왕(旺)하면 살인상생하거나 식신이나 상관으로 제살(制殺)해 주어 일주(日柱)를 보존(保存)할 수 있으며, 또한 사주 원국에 식신(食神)이 있어 관살의 기운을 극해주면 흉폭함이 억제되어 길하다. 그러나 편재가 있을 경우에는 흉폭함을 더 가중시켜 편관의 특성이 더욱 흉(凶)할 수 있으니 주의해야 한다.

제살태과(制殺太過)

관살(官殺)이 약한데 식상(食傷)이 과다하여 살을 극함이 무거운 구조

사주가 관살(官殺)을 꺼리지 않으며 식상(食傷)이 왕(旺)하여 관살(官殺)의 극함이 과중한 사주를 제살태과격이라 한다. 제살태과 사주는 식상(食傷)이 병(病)이고 인수(印綬)가 약(藥)이니 약한 인성(印星)을 생조(生助)하는 관살(官殺) 입장에서 식상(食傷) 운을 만나면 살(殺)이 제거되기 때문에 큰 재앙이 따르게 되는 것이다. 인수(印綬) 운이 최고 길운이며, 관성(官星)은 직위와 직책이므로 식상(食傷)에게 극(剋)당하면 자리가 없어지고 법(法)이 지켜지지 않는 것처럼 고초가 따르게 된다. 주중에 살(殺)이 있으나 그것을 지나치게 억제시키는 구조로 일주가 약한데 살이 왕하다든지 관살이 혼잡되어 있는 것은 좋지가 않지만, 일주가 유근 유기한 때에 식상이 많아 약살을 지나치게 억제하는 것 또한 좋지가 않다. 일주가 건왕한 사주에서는 살(殺)이야말로 일주를 귀(貴)하게 만들어 주는 근본이 되며, 비겁의 난동을 억제시켜주는 길신이기 때문이다.

3. 편관(偏官)의 재능과 사회성

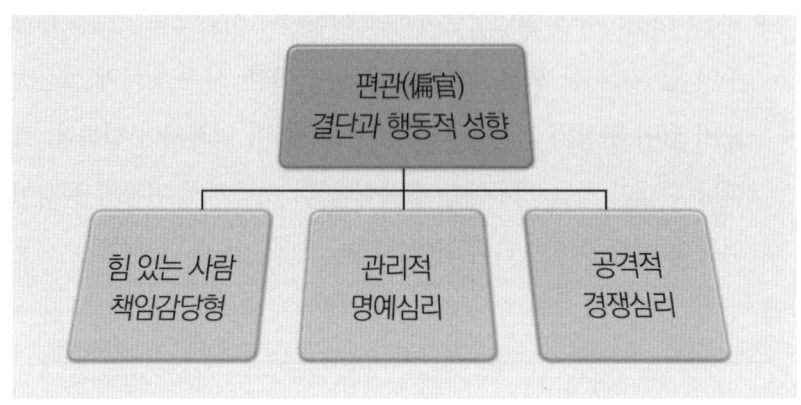

1) 편관의 지능과 재능

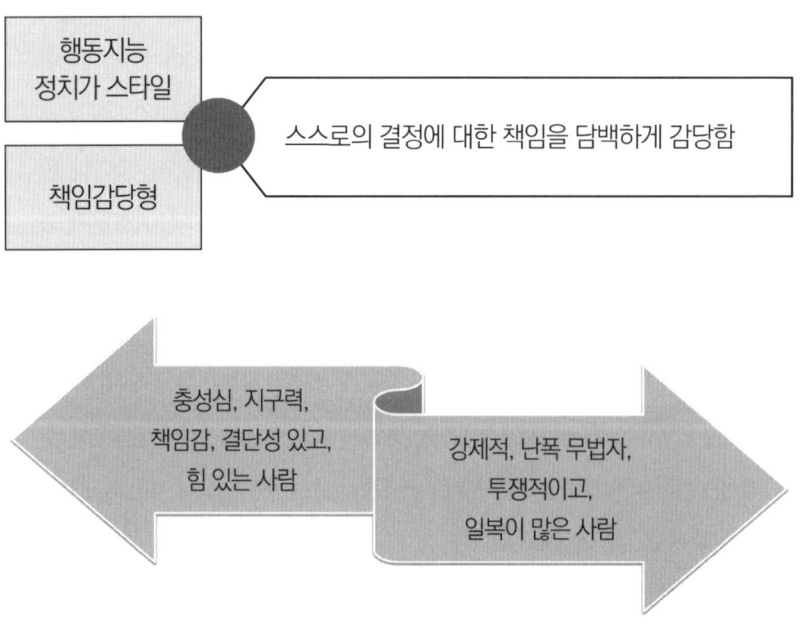

- 책임감이 강한 유형이므로 일에 있어서도 책임있게 완수해 나가는 유형이다.

- 암기력이 우수하고 탁월한 실천력과 결단력으로 놀라운 성취도를 보인다.

- 사회에서 인정받고 남들의 이목이 집중되는 방향으로의 목표설정이 더욱 성취도를 높인다.

> 기억력, 도전력, 행동력, 결단력, 수행력, 분별력, 신속성, 인내력이 우수한 소유자로 결단과 행동적 성향이 강하다.

관리적 명예심리(기획적 생산성) & 공격적 경쟁심리

- 도전하는 기분을 즐기며 새로운 것에 대한 모험을 원한다.

- 담백, 화끈한 성격이고 행동이 바르며 군중의 리더가 되기를 원한다.

- 편관은 일간을 간섭하고 억압하는 오행으로 일간 자신의 소신이 뚜렷하고 원칙과 명예를 중시하며 결단성과 승부욕이 대단하다.

- 용의 꼬리보다는 뱀의 머리가 되고 싶어 한다.
- 감투 쓰는 것과 완장 차는 것을 좋아한다.
- 행동이 스피드하고 결정이 빠르다.
- 세상을 구하고자 종교지도자가 되기도 한다.

2) 편관의 궁위별 특성

時	日	月	年
사회구조의 종적 추구와 강박관념 이탈심리	나(我)	책임과 사명감을 동반한 권력 추구심리	권위의식과 살신성인 정신의 기반심리
외적인 압박을 수용하는 인내심 응집심리	담백한 책임감과 시련을 극복하는 도발심리	독행자의 고뇌와 지배구조의 군중심리	절제와 통제 속의 내면적 사회구조 추구

① 연간의 편관

공무원

丙乙丙辛
戌未申卯

- 심리 : 권위의식과 살신성인 정신의 기반심리.
- 사회성 : 용감한 선발대와 같이 본인의 희생으로 국가사회에 투신코자 하는 경향을 갖는다. 임시적이고 혼란한 속에서도 권위와 체면을 중시하며 성장시기부터 리더로서의 역할에 많은 경험이 관여되므로 판단력과 결단성이 확연하다.

② 월간의 편관

辛癸己庚
酉丑卯子

- 심리 : 책임과 사명감을 동반한 권력추구심리.
- 사회성 : 군인이나 법관 같은 권위직이 적성이나 사주에 편관을 감당할 수 없을 때에는 노동력을 활용하는 일을 하게 된다. 명예와 권위 그리고 책임과 사명감으로 공을 세워가는 사명감으로 명분 있는 직책을 중요시한다.

③ 시간의 편관

己癸丁甲
未酉丑子

- 심리 : 사회구조의 종적 추구와 강박관념의 이탈심리.
- 사회성 : 시상일위귀격이 되면 남자는 귀한 자식을 두며 노후의 명예가 보장되는 반면 여자는 만혼하는 경우가 많다. 타인에게는 관대하나 자신에게는 엄격하며 강박관념에 사로잡히기 쉬워 마음의 동요가 많은 성향이다.

④ 연지의 편관 甲丙癸己 午戌酉亥	● 심리 : 절제와 통제 속의 내면적 사회구조 추구심리. ● 사회성 : 선대에 특수직이나 별정직 군관 등의 영향을 받아 선천적으로 명예와 권리업무를 내적으로 원하게 된다. 절제와 통제력으로 목표는 조직을 구성하고 관리하는 리더로서 개인보다는 소속된 단체의 명예를 앞세우고 중시한다.
⑤ 월지의 편관 丙甲甲乙 寅辰申丑	● 심리 : 독행자의 고뇌와 지배구조의 군중심리. ● 사회성 : 선천적으로 권력형의 성향이므로 방대한 조직이나 간담을 필요로 하는 업무의 스타일이고 담백한 판단과 신속한 결정력으로 소속된 곳에서 중요한 직책을 맡아 분주한 업무를 수행하는 능력이 우수하다.
⑥ 일지의 편관 항공사 근무 甲己癸丁 戌卯卯巳	● 심리 : 담백한 책임감과 시련을 극복하는 도발심리. ● 사회성 : 책임이나 중책을 맡은 실권자로서 활동하는 것을 원하며 묵묵히 솔선수범하고 주변의 소중한 것들에 대한 권리를 주관해 나간다. 인성과의 협조가 없어 질병이나 재난을 직접적으로 감당하게 되면 남자는 자녀를, 여자는 남편을 소중히 생각한다.
⑦ 시지의 편관 직장인 기획관리 甲戊壬丙 寅子辰申	● 심리 : 외적인 압박을 수용하는 인내심 응집심리. ● 사회성 : 결과를 얻기에 노력과 수고가 많이 따르고 미래를 보장받고자 하는 사상으로 직업의 귀천보다는 직업과 명예를 갖고자 하는 자세가 정직하다. 불리한 상황을 헤쳐나가 긍정적으로 발전시키고 어려움을 극복하는 능력이 우수한 성향이다.

3) 편관의 직업과 사회성

사안(事案)	직업
아들, 며느리, 이성, 관재구설, 사고, 이별, 수술, 명예, 직위 등의 길흉사	구조구난 직업(119), 소방대원, 교도관, 경찰, 별정직 공무원

편관(偏官)

편관(偏官)이 청(淸)한 경우	편관(偏官)이 탁(濁)한 경우
권위의식, 명예욕, 엄숙하고 과묵하며 신중, 봉사, 희생정신, 의협심(의리)이 있어 인정이 있다. 통솔력이 있어 조직 관리를 잘한다. 두뇌가 총명하고 수완이 있어서 일에 있어서 상황판단이 빠르다.	일간이 신약하면 칠살(편관)은 질병, 재난, 형액, 기아, 단명. 파산을 가져온다. 신약하여 칠살이 흉폭하면 질병, 가난 속에 고통 받는 노동자. 관살혼잡은 매사 복잡하고 가닥이 잡히지 않으므로 혼란스럽다. 건강도 약하고 구설이 많다.

편관(偏官)은 결단과 행동적 성향으로 도전하는 기분을 즐기며, 새로운 것에 대한 모험을 원한다. 이론보다는 행동으로 표현하고 결과를 얻는 편으로 스피드하고 수단이 좋다. 상당히 담백하고 화끈한 성정이다. 이 때문에 군인이나 경찰 등의 힘을 사용하여 자신의 명예를 얻고, 많은 사람들을 지키는 것에 스스로 만족감을 느낀다. 무기를 다루는 일에 적합하며, 군중의 리더가 되는 학과나 직업이라면 무난할 것이다.

지식체계

요리학과, 국방대학, 경찰대학, 경호학과, 사관학교, 정치학과, 체육학과, 신학대학 등.

직업적성

군인, 경찰, 경비원, 경호원, 교도관, 군무원, 형무관, 별정직, 정치가, 하사관, 장성, 종교지도자, 기술직 등.

공수부대 출신 丁 癸 己 戊 巳 亥 未 子	癸水가 편관격이다. 金 대운으로 향하자 관인상생을 이루어 공수부대 직업군인으로 근무하다 甲子 상관 대운에 제대하였다.
무명가수 辛 己 丁 己 未 亥 卯 亥	己土 일간이 卯월생으로 亥卯未木局을 이룬 편관격이다. 丁火가 辛金 식신을 극하여 도식되었으니 무명가수로 어려운 생활을 하고 있다.
대학교수(여성) 甲 丁 癸 丁 辰 未 丑 亥	丑月에 癸水가 출간하여 편관격이다. 甲木 정인을 용신하여 살인상생시키는 용신이다. 명문대 심리학과를 나오고 대학교수를 역임하였다.
경찰간부 戊 甲 甲 乙 辰 午 申 丑	甲木 일간이 申金 편관 월에 출생하였다. 경찰대학을 졸업하고 경찰간부로 근무한다.

4. 편관(偏官)의 통변성과 사례분석

1) 편관의 통변성

(1) 편관(偏官)이 많고 강한 경우

① 편관이 많아 비겁(比劫)을 극하는 경우

- 비겁의 자존심, 의지, 소신, 주관, 추진력 등이 편관(偏官)의 극을 당하여 비겁의 마음과 행동을 할 수 없게 되며 부모, 형제와의 인연이 일찍 끊어질 수 있다.

② 편관이 많아 식상(食傷)이 무력한 경우

- 배우자나 타인을 이해하고 배려하거나 자유분방한 사고와 행동을 할 수 없으며, 자식과 인연이 없어서 여명(女命)은 남편과 자식 복이 없게 된다.
- 명분과 완장이 중요하고 가정사는 희생을 강요한다.
- 자신의 의지가 관철되지 않게 되고 조직에 이끌려 살아가는 삶이 될 수 있다.
- 불필요한 공명심에 사로잡히거나 헛된 충성심으로 가정사를 돌보지 않는다.

(2) 편관(偏官)의 운에 따른 길흉

① 관성이 용신(用神)인데 운에서 관성이 오면

- 관운이 좋아서 명예를 얻어 직장인은 승진하고, 관청을 상대하는 사업들은 협조가 생기고 발달이 되어 큰 성공을 기약하나, 용신이라 하더라도 일간을 극하는 정도가 지나치면 혜택을 받은 만큼 일간인 내가 감당해야 하는 심리적 부담감이 가중된다. 또한 매매는 성사되고 무직자는 취직이 되고 학생은 성적이 향상되고 시험합격, 취직운에 오른다.

② 관성이 기신(忌神)이면

- 금전적으로 부족이 있고 건강은 나빠지고, 형제간에 충돌이 있거나 관재구설(官災口舌), 시비(是非), 송사(訟事)에 휘말린다.
- 결정장애가 나타나고 참고 인내하여 얻어지는 가치를 외면하게 된다.
- 사회적이고 공익적인 부분에 회의적일 수 있다. 도덕성 훼손에 불감증이 나타날 수 있다.
- 조직에 몸담을 경우 조직에서 빛을 보기 어렵다.
- 상하관계의 적절성이 부족하게 된다.
- 불필요한 명예에 집착한다.

2) 편관의 사례분석

【사례 1】 한중 합작회사 간부

```
時 日 月 年
丙 庚 戊 辛
子 辰 戌 丑

壬 癸 甲 乙 丙 丁
辰 巳 午 未 申 酉
```

위 사주는 庚金 일간이 신강하여 時上 편관(偏官)을 용신한다. 신강한 양간(陽干)에 편관이 용신이어서 권위적이며, 불의를 보고 참지 못하는 성품으로 말보다 행동으로 보여주는 카리스마를 지닌다.

이 사주의 주인공은 공학을 전공한 장교 출신으로 컨테이너를 제작하는 한중 합작회사 간부이며, 현재 해외 파견근무를 하고 있는 사람이다. 官星은 사주가 신강할 경우 나타나는 자아 과욕을 억제하는 안정적 요소를 부여하여, 결과에 승복하고 사리판단을 명료하게 해주는 담백한 결단성을 제공한다.

편관은 부단한 자기노력으로 성공하여 세상을 구하고자 하는 공명심이 강하다.

【사례 2】 관재구설의 위험

```
時 日 月 年
甲 癸 己 癸
寅 丑 未 丑

乙 甲 癸 壬 辛 庚
丑 子 亥 戌 酉 申
```

위 사주는 癸水 일간이 편관격(偏官格)으로 신약하여, 時上 甲木 상관을 용신하여 제살(制殺)하고 비견으로 甲木을 생조(生助)하는 상관제살격(傷官制殺格)이다. 그러나 안타깝게도 壬戌 대운은 관살이 더욱 가중되고 용신 甲, 寅木이 무력하게 되므로 제살을 할 수 없게 되자, 이성문제와 카드연체로 관재구설의 위기에 처하게 되었다.

지나치게 관성(官星)이 강할 경우 자신감과 정직성을 주관하는 자아욕구를 파괴하므로, 일간은 오히려 법과 도리를 지키는 중용을 잃게 된다. 곧 자존심을 지킬 수 없는 강박심의 탈피라는 증후군으로 나타나 반항적으로 되는 것이다.

편관과 상관의 만남은 불법과 모사를 꾸미는 일에 결탁한 것으로 잘 쓰면 요령이 되나 잘못 쓰면 불법을 저지르게 된다.

【사례 3】 여성 공무원(교육학 박사)

```
時 日 月 年
甲 丁 癸 壬
辰 巳 丑 子

乙 丙 丁 戊 己 庚 辛 壬
巳 午 未 申 酉 戌 亥 子
```

위 사주는 丁火 일간이 丑月에 癸水가 투출하여 편관격이다. 또한 연간으로 壬水가 투출하여 관살이 혼잡을 이루었다고 볼 수 있다. 그러나 時上의 甲木이 壬癸 水 관성의 기운을 설기하여 오직 일간을 도우니 (살인상생) 사주가 맑아졌다. 살인상생의 구조는 국가기관이나 커다란 단체에 소속되어 능력을 발휘하는 직업체질이다. 사주의 주인공은 교육학을 전공하여 박사학위를 취득하였으며 정부기관에 채용되어 근무하고 있다.

성격이 서글서글하고 겸손한 것은 편관의 날카로움을 예의 바른 정인으로 化하는 구조에서 나오는 장점이다. 또한 스피드한 결정과 꾸준한 노력의 학문연구 스타일 역시 마찬가지이다.

【사례 4】 길운에 입신양명한 사람

```
時 日 月 年
甲 戊 甲 戊
寅 午 寅 子

辛庚己戊丁丙乙
酉申未午巳辰卯
```

위 사주는 戊土 일간이 甲寅월 甲寅시에 출생하여 살(殺)이 중(重)한 신약사주이다. 다행히 일지에 午火가 살(殺)의 기세를 유출시켜 살인상생으로 戊土 일간을 돕게 되었으니 유정(有情)하게 되었다. 연지 子水는 寅木을 생하고 午火를 충(沖)하지는 않으며 午火는 寅午삼합 火국을 이루어 일간을 이롭게 하니 일찍이 운이 남방 火土운으로 향하여 출세하고 입신양명(立身揚名)한 사람이다.

관살이 강하면 책일질 일이 많고 업무과중이나 일복이 많게 된다. 한편, 직책이 주어지는 것을 기뻐하니 스스로 힘들고 책임이 있는 업무를 수행하는 것에 잘 적응한다.

【사례 5】 은행 명예퇴직 후 동사무소 비정규직

```
時 日 月 年
辛 丙 辛 丁
卯 午 亥 酉

癸 甲 乙 丙 丁 戊 己 庚
卯 辰 巳 午 未 申 酉 戌
```

丙火 일간이 亥月생으로 월령 편관격이다. 시지 卯木 정인을 용신으로 하여 살인상생하는 구조다. 月과 時의 천간으로 辛金 정재가 나란히 하니 丙火의 본질인 치솟는 기질이 잦아들어 소심하고 잔정이 많게 되었다. 머리는 좋은 편이나 유년 대운이 학업 성분의 인수를 극하는 재운으로 행하자 고등학교를 졸업하고 은행에 취업하였다. 직무적성을 평가하자면 정재의 꼼꼼하고 섬세한 성향이 수리계산을 직무로 하는 은행원이 된 것은 매우 진로를 잘 선택한 케이스이다.

대체로 일주가 양간일 때 첩신한 음간을 합하면 양간의 기상이 뻗쳐가지 못하고 음간에 집착하여 소심하고 편협해지는 경우가 있다. 특히 丙火 일간은 陽 중의 陽이니 만큼 음간인 辛과 합하여 나오는 水오행의 陰 기질로 바뀌게 되는 것이다.

【사례 6】 그래픽 디자인을 하는 준공무원 여성

```
時 日 月 年
丁 乙 己 丁
亥 酉 酉 巳

丁丙乙甲癸壬辛庚
巳辰卯寅丑子亥戌
```

乙木 일간이 酉月에 태어나 편관격이며 지지로 巳酉酉 金局을 이루어 칠살이 강하다. 천간에 투출한 丁火식신으로 제살하는 용신이다(식신제살). 식신으로 제살하는 사주구조는 살을 제하여 관을 쓰는 유형이 있고, 제살하는 식상을 자신이 활용하는 경우로 나누어진다. 만약 제살하여 살을 관으로 쓴다면 국가기관이나 서열이 체계화된 구성원으로 활동하게 되지만, 제살하는 식상을 쓰는 사람은 식상의 적성인 문화예술이나 강의, 창작 분야로 활동하는 경우가 많다.

두 케이스 모두 식상으로 관을 극하는 구조이니 공통적으로 설득력이 좋고 비범한 면이 있다. 그러나 관(官)과 식상이라는 두 트랙으로 변덕스럽고 질투심이 강하거나 감정기복이 많게 된다.

이 사람은 명문대 응용미술과를 졸업하고 국가기관에서 계약직 디자이너로 근무하고 있다.

편관의 거울

편관(偏官)은 냉철한 판단과 즉각적인 행동을 실행하는 행동파이다. 어떠한 고난과 어려움이 닥쳐도 스스로 감당해내어 공을 세운 업적으로 자신을 발전시키고 세상과 가족을 지킨다.

생사(生死)를 관장하는 십성으로 독립적인 사상과 철학을 가지고 있다. 또한 스스로 옳다고 생각하는 규칙을 만들어 시행하고 남에게 따르라고 한다. 그러므로 종교지도자들은 편관이 유력한 경우가 많다.

편관(偏官)은 야성(野性)과 이지(理智)를 겸비한 성질이며, 사악한 경향도 있어 살(殺)의 힘이 강할 때 일명 칠살(七殺)이라고도 한다. 편관이 흉신(凶神)이면 권력을 믿고 행패를 부려 비난을 사는 경우도 있으나 좋은 작용을 하게 되면 매우 협객정신이 강하다. 즉 세상의 힘든 과정을 스스로 체험하고 극복하여 공을 세우고 그 공과를 바탕으로 출세한 다음 민중을 구제하고자 하는 사람이다. 그러므로 간호사, 군인, 협객, 119긴급출동, 사고처리 반, 법관, 경찰, 의사, 소방관, 종교인, 정치인 등의 구난 및 구조자가 될 가능성이 많다.

Part 5 편관·정관의 기질과 사회성

3장

정관(正官)의 기질과 사회성

정관(正官)

콩 심은 데 콩나는 모범생

'도덕지능'

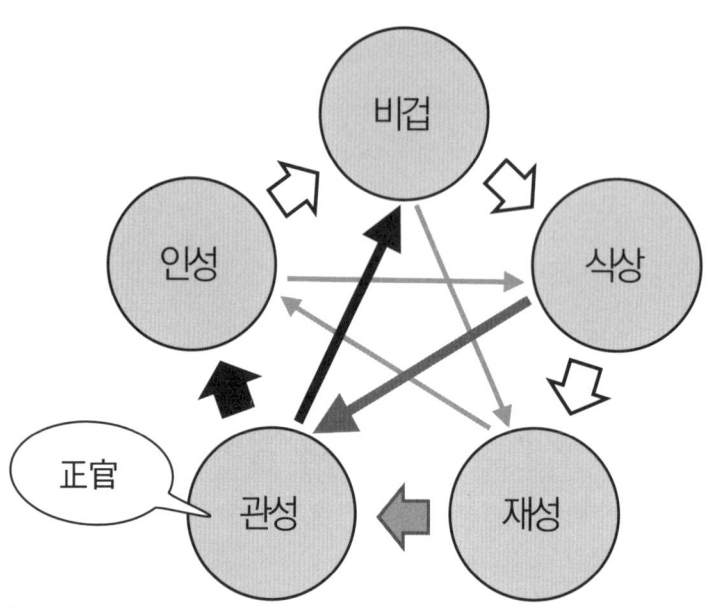

| 生 | 정관(正官)은 인성(印星)을 생(生)한다. |

| 剋 | 정관(正官)은 비겁(比劫)을 극(剋)한다. |

| 制 | 정관(正官)은 식상(食傷)에 대항(對抗)한다. |

| 洩 | 정관(正官)은 재성(財星)을 설기(洩氣)한다. |

1. 정관(正官)의 구조

1) 정관의 성립과정

일간을 극(剋)하는 오행으로 일간과 음양이 다른 것을 정관(正官)이라 한다.
예) 甲木 일간이 사주 내 辛金, 酉金이 있거나 己土 일간이 甲木, 寅木이 있으면 정관(正官)이 된다.

日干	甲	乙	丙	丁	戊	己	庚	辛	壬	癸
天干	辛	庚	癸	壬	乙	甲	丁	丙	己	戊
地支	酉	申	子	亥	卯	寅	午	巳	丑未	辰戌

육신六神 | 정관[正官] → ▷ 일간을 극(剋)하는 오행
[비교] 일간을 극하며 일간과 음양이 같은 – 편관(偏官)
일간을 극하며 일간과 음양이 다른 – 정관(正官) | 십성十星

2) 육친관계

남명 : 자식, 조카, 매부

여명 : 남편, 조모, 시누이

	일간		
	+木	정관	
庚	甲	辛	丁
午	戌	亥	酉
			정관

	일간		
정관	-木	정관	
庚	乙	庚	戊
辰	未	申	戌
		정관	

2. 정관(正官)의 본성과 기질

1) 정관의 심리

```
┌─────────────────┐                    ┌─────────────────┐
│  조직적 도덕심리  │   ⇐ 안정의 욕구 ⇒   │   자학적 수축심리  │
│   [조직적 자율성] │                    │                 │
└─────────────────┘                    └─────────────────┘
```

명예와 질서를 존중하고 공정한 일처리로 타인의 모범이 된다.	원리원칙주의자이므로 융통성이 없어서 환경적응 능력이 부족하기 쉽다.
책임감이 강하고 조직 내에서 상사를 잘 모시고 준법정신을 중요시 여긴다.	정확한 자기관리로 주변을 피곤하게 할 수 있으며 소심하여 변화에 취약하다.
외모가 준수하고 반듯한 군자의 상이며 중간 조정을 잘하는 중용의 정신이 있다.	수단이 없어서 한 가지 일에만 집중하며 인정받지 못하면 심한 고민에 빠진다.

- 인품이 수려하고 귀한 용모를 갖추었다.
- 취직, 승진, 표창 등 명예를 얻게 하는 길신이다.
- 경영인은 사업을 확장하고 귀인을 만난다.
- 상관에게 능력을 인정받고 성공하게 된다.
- 공무원, 학자, 국회의원, 법관 등이 많다.
- 정관은 자존심이 강하고 원리원칙대로 한다.

- 木이 정관인 자는 자상하며 덕망이 높다.

- 火가 정관인 자는 과감하고 불의를 용납지 않는다.

- 土가 정관인 자는 성품이 중후하고 고결하다.

- 金이 정관인 자는 결단성 있고 정직하다.

- 水가 정관인 자는 총명하며 대인 관계가 원만하다.

- 정관이 태과하면 성정이 졸렬하며 무능하다.

- 정관, 인수, 식신이 길성이면 학자로 명성을 날린다.

- 여명(女命)에 정관이 태과하면 화류계로 진출한다.

- 여명(女命)에 정관운은 연분을 만나 결혼을 한다.

- 남명(男命)에 정·편관이 없으면 자식 두기가 어렵다.

- 정관이 약하고 상관이 왕하면 자녀가 무능하다.

- 여명(女命)의 일지가 정관이면 훌륭한 남편을 만난다.

- 신강사주에 재관이 왕하고 희신이면 부귀하게 된다.

- 정관격에 식신이 태과하면 무능하게 된다.

- 정관격에 신약하면 성공이 따르지 않게 된다.

- 여명(女命)에 관성이 태과하면 정조가 없다.

- 희신 정관이 월주에 있으면 빠르게 출세한다.

2) 정관의 긍정적·부정적 성향

긍정적 성향

- 품위와 인격이 잘 갖추어져 있고, 자비와 도덕심이 강하다.
- 명예와 질서를 존중하고 공정한 일처리로 타인의 모범이 된다.
- 책임감이 강하고 비리를 척결하는 청렴결백한 성격이다.
- 도덕과 윤리 의식이 투철하고 준법정신을 중요시 여긴다.
- 명예, 충성, 공익정신, 공명심을 추구하니 군자의 상이다.
- 교만하지 않고 중간에서 조정을 잘하는 중용의 정신이 있다.
- 인품이 수려하고 귀한 용모와 중후한 성품의 소유자다.

부정적 성향

- 정관은 자존심이 강하고 지나치게 원리원칙대로 한다.
- 자존심이 강하여 관용과 이해가 부족하다.
- 정확한 자기 관리로 주변사람들이 피곤할 수 있다.
- 수단이 없어서 한 가지 일에만 집중한다.
- 소심하고 옹졸하며 변화에 취약한 성격이다.
- 환경에 적응능력이 부족하여 갈등을 많이 겪는다.
- 자신이 하는 일을 인정받지 못하면 심히 고민에 빠진다.

3) 정관의 기질적 특성

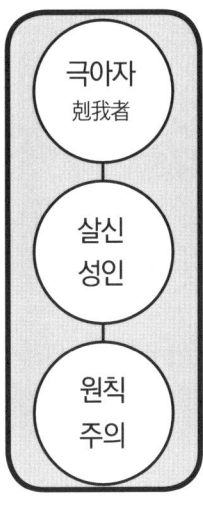

- 정관(正官)은 바를 정(正), 벼슬 관(官)
- 일간인 나를 극(剋)하는 정관은 편관(偏官)보다는 비교적 합리적인 정당성을 추구한다.
- 편관을 무관, 법관 등에 가깝다고 보면, 잘 짜여진 행정관을 정관으로 본다.
- 사회생활에 규율과 규칙, 질서 유지, 체계 등으로 문관(文官)·품격·지위·명예 등을 나타내고 어려운 일을 사전에 막을 수 있는 역할이 중요하다.
- 신용을 중요시하기 때문에 경우가 바르고 남에게 폐를 끼치지 않으며, 책임감이 강해 책임회피를 하지 않는다.

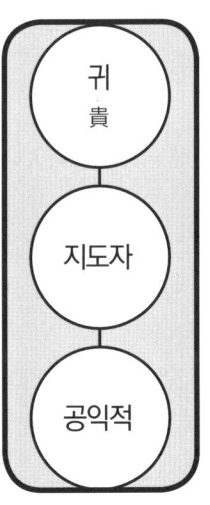

- 자신을 다스리고 명예를 주관하는 정관(正官)은 인성의 명예를 생(生)하는 성분으로 귀(貴)한 神으로 '귀인(貴人)' 또는 '귀명(貴命)'이라 하여 중시되었던 성분이다.
- 지략적이며 매우 유능한 지도자 격으로 업무의 효율성과 절약을 중시하는 편이며, 때로는 인색하다는 비난을 사기도 한다.
- 정관은 공의와 공론을 중시하며 정도를 가고자 하는 속성을 함유하나 겁재(양인)를 보게 되면 귀(貴)한 정관의 기능이 상실되어 신의와 정도를 잃고 권모술수를 사용하며 때로는 법을 위반하는 등 청렴함을 기대하기 어려운 경우로 전락하는 수가 있다.

정관은 어려움을 이겨내며 목표를 달성해내는 성격으로 외골수이며 성격적으로 단순하고 순수한 마음을 지니고 있다.

자신의 감정을 배제하고 합리적, 이성적, 객관적으로 공명정대하며, 한 가지 일에만 매진하는 타입으로 솔선수범하고 관료적 의식을 가지고 있다.

- 신약한 사주에 정관(正官)과 칠살(七殺)이 혼잡돼 있으면 관살혼잡(官殺混雜)으로 일간이 상(傷)하게 된다.
- 관살혼잡이 되면 요절하고 여명(女命)의 경우 부부관계가 나쁘다고 해석하기도 하나, 이 흉함은 일간의 힘이 관살보다 약할 때 나타난다.
- 일간과 관살이 왕성하다면 인화(引化)가 필요하며, 일간의 왕성함이 관살보다 훨씬 강하다면 관살은 힘을 합쳐 일간을 규제할 필요가 있다.
- 정관(正官)이 태과하면 칠살(七殺)로 변한다. 이때는 일간이 강하고 상관, 식신의 제(制)함을 필요로 한다.

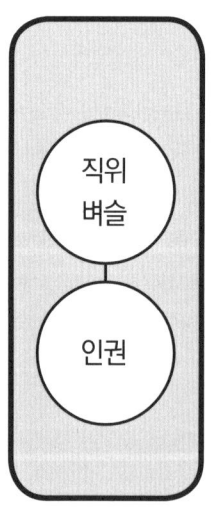

정관(正官)은 일간의 경쟁자인 겁재(劫財)를 극제(剋制)하여 나의 기본 재산과 처(妻)를 보호해 준다.

- 또한 정관(正官)은 약(弱)한 사람을 보호해 주고 의리(義理)를 지키며 명예(名譽)를 중요시하는 귀인(貴人)이다.
- 합리적, 인간적 상하관계가 존재하는 직장(벼슬)을 의미하며 부부간에 서로 존경하며 사랑하는 관계로 명예로운 삶을 살아가게 된다.
- 법을 지키려 하고 서두르지 않으며 침착하고 정교하며 여유 있고 안정, 명예, 체면을 중시하여 인간다운 삶을 추구한다.

관(官)이 있고 인성(印星)이 없으면 명을 얻기 어렵고 인성이 있고 관이 없으면 발전이 없으며, 관인(官印)이 함께 있는 명(命)이 좋다.

- 관인상생(官印相生) 살인상생(殺印相生)의 경우 남자는 신사적이며 여자는 요조숙녀로 언행일치한다.
- 관인상생(官印相生)은 조직적이고 치밀하며 인격을 갖춘 덕행의 명조라면,
- 살인상생(殺印相生)은 과단성 있고 조급한 편이지만 호탕한 편이다.

국가공무원 丙甲癸己 寅寅酉卯	이 사주는 甲木 일간이 酉月에 태어나 정관격이다. 관인상생을 이루었고, 식신 丙火의 설기가 아름답다. 국가공무원으로 근무하였다.

대학강사 壬丁戊丁 寅丑申未	이 사주는 丁火 일간이 申月의 지장간 壬水가 시상으로 투출하여 정관격이 되었다. 신약사주를 시지 寅木 정인을 용신한다. 박사학위를 취득하고 대학강사가 되었다.

3. 정관(正官)의 재능과 사회성

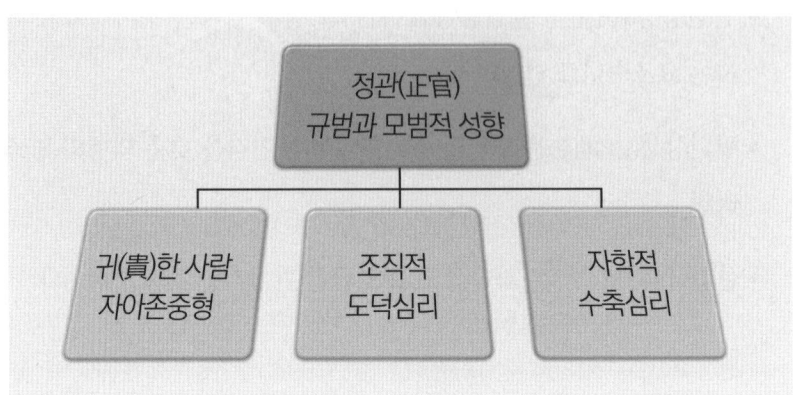

1) 정관의 지능과 재능

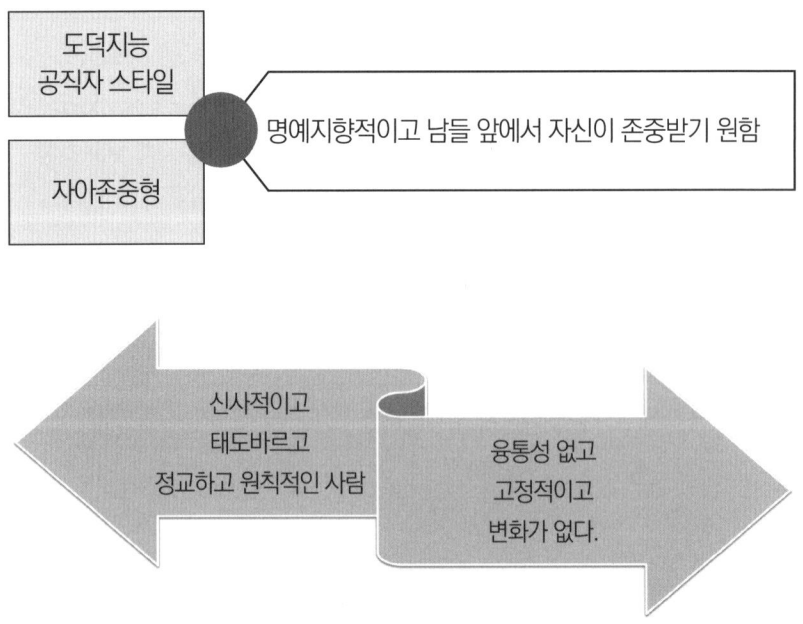

- 스스로 할 일을 계획하고 실행해 나가는 유형이며 논리에 강하고 계산력도 우수하다.

- 구체적이고 실제적인 계획을 잘 세우고 실행해 나가며 현실적이고 실천력 강하다.

- 수리력이 우수하고 매우 꼼꼼한 내용의 일에도 장점을 보이며 계획적으로 일을 진행한다.

> 지각력, 도덕성, 합리성, 정교성, 의무성, 책임감이 우수한 소유자로 논리적이고 섬세하며 규범과 모범적 성향이 강함

조직적 도덕심리(조직적 자율성) & 자학적 수축심리

- 합리적이며 안정과 명예를 중시하고 느긋하다.

- 모험과 변화를 싫어하고 모질지 못하여 약자를 보호하는 보호 정신이 강하다.

- 어떤 조직(직장)에 안주하고 큰 변화없는 일반 직장이나 안정적이며 위험성이 없는 자영업을 원하는 편이다.

- 규칙적이고 법치적인 사고방식의 소유자다.

- 밝고 예의 바르며 신사적이다.

- 위험을 감수하는 면에는 소극적이다.

2) 정관의 궁위별 특성

時	日	月	年
명예의 지속성을 요하는 권리 추구심리	我	권한의 정당성에 의한 사회적 안정심리	정통성을 기조로 하는 사회활동 추구심리
안정을 기조로 하며 현실 유지의 기대심리	신임과 책임을 선용하는 도덕적 가치심리	공공의 이익을 중시하는 안정지향 구조심리	사회배경에서 자긍심과 자부심의 선정심리

① 연간의 정관

관리자

壬甲己辛
申寅亥酉

● 심리 : 정통성을 기조로 하는 사회활동 추구심리.
● 사회성 : 조상의 업을 계승하는 정통파로 정직한 사회적 관념의 발현으로 도덕적인 업무에 자부심이 강하다. 일찍 유망한 직종으로 사회활동에 진출하여 촉망받고 주목받으며 개인보다는 대의적인 것에 목적을 두는 성향이다.

② 월간의 정관

공무원

丁戊乙己
巳戌亥酉

● 심리 : 권한의 정당성에 의한 사회적 안정심리.
● 사회성 : 관료주의 성격과 실력을 바탕으로 입신양명하여 부정과 부패를 척결하고 청렴결백한 삶으로 꾸준히 노력하여 뜻을 이루려 한다. 주어진 법규와 원칙을 고수하여 행동하는 것을 최선으로 여기는 성향이다.

③ 시간의 정관

己壬辛乙
酉午卯未

● 심리 : 명예의 지속성을 요하는 권리 추구심리.
● 사회성 : 명예나 권리 지위가 꾸준한 것을 원하며, 승진욕구도 강하므로 현실감각에 근거한 지속적인 사회 활동을 추구한다. 자녀의 발전과 노후의 명예가 보장됨과 동시에 가문과 국가 공공단체의 번영을 염원하고 그런 길로 처세하는 성향이다.

④ 연지의 정관	● 심리 : 사회배경에서 오는 자긍심과 자부심의 선정심리.
庚癸乙甲 申巳亥辰	● 사회성 : 여자는 조혼하는 편이며 명식에서의 위치상 가깝고도 먼 작용으로 출장이나 외출이 잦은 배우자를 두게 된다. 국적이나 여권, 주민등록증, 영주권에 비유되는 일정한 자격이 갖춰진 것을 의미하고 명문가 출신의 성향이다.

⑤ 월지의 정관	● 심리 : 공공의 이익을 중시하는 안정지향 구조심리.
공기업 근무 乙乙甲庚 酉卯申申	● 사회성 : 정직성과 도덕적인 가치가 기본이며, 부모나 남편이 공직생활로 명예나 공공의 이익을 중요시한다. 자영업이면 관공서나 브랜드가 큰 회사와 공식적인 유대관계로 특혜를 받아 이익을 도모하는 능력이 우수하다. 자격증, 공문, 임명장, 발령장, 선거권, 책임 있는 수행능력과 관련 깊은 성향이다.

⑥ 일지의 정관	● 심리 : 신임과 책임을 선용하는 도덕적 가치심리.
변호사 丙辛乙甲 申巳亥申	● 사회성 : 책임과 명예를 중하게 여겨 매사에 신중을 기여하므로 신임을 받는 관리로서의 책임을 수행한다. 마음이 잘 맞고 상호간 존중하는 부부생활을 영위하는 경우가 많고 도덕적 타당성에 근거하여 판단한 후에 행동하는 성향이다.

⑦ 시지의 정관	● 심리 : 안정을 기조로 하며 현실 유지의 기대심리.
乙戊丙戊 卯午卯子	● 사회성 : 완성되고 안정적인 속에서 원칙대로 그 현실이 영원히 지속되기를 바라고 결재를 기다리는 보류서류나 현실을 유지하고 보존하려는 관계기관에 비유할 수 있는 심리구조를 가진 성향이다.

3) 정관의 직업과 사회성

사안(事案)	직업
딸, 남편, 며느리, 명예, 공직자, 신용, 승진, 취직, 결혼 등의 길흉사	공무원, 정치가, 법조인, 기업체 임원, 사회운동가

정관(正官)

정관(正官)이 청(淸)한 경우	정관(正官)이 탁(濁)한 경우
예의 바르고 국법질서를 준수하며 윗사람을 존중하고 학자를 존경한다. 명예를 중시하고 권위의식이 있으며 원리원칙을 중시한다.	상관(傷官)에 의해 정관(正官)이 파괴되면 체면이 손상되고 건강이 악화되며 언사와 행동이 불손해지며 직장을 잃게 된다.

정관(正官)은 규범과 모범적 성향으로 명예와 권위를 중시하고 원리원칙을 고수하며, 행정상 올바른 이론을 추구한다. 약자를 보호하고 봉사정신도 강하다. 또 시시비비를 잘 가려 옳고 그름에 대한 답을 내는 군자의 성향이다. 그러므로 교육이나 행정학, 법학과 등에 관심이 많고, 약자를 보호하는 봉사정신도 강하다. 이런 성격에 부합되는 학과나 직업을 선택할 경우 역량을 발휘할 수 있다.

지식체계

법학과, 행정학과, 사회과학과, 정치학과, 독서지도학과, 교육학과, 비서학과 등.

직업적성

학자, 행정관, 관공계통, 사법관, 군인, 경찰, 공무원, 회사원, 통계업, 비서, 총무, 위탁관리, 지배인, 의류제조업 등.

고위 공직자 壬乙庚癸 午卯申巳	정관격으로 관인상생을 이루었다. 법학을 전공하였고 행정고시에 합격하여 고위 공직을 역임하였다.
공무원 庚癸戊甲 申巳辰辰	정관격이며 관인상생을 이루었다. 공동체가 곧 자신이라는 전체주의를 실천하는 공직자로서 틀에 박힌 듯 생활하는 사람이다.
경찰청 행정요원 丁丙庚丙 酉辰子午	丙火가 子월생으로 정관격이다. 서울경찰청 행정요원으로 근무한다.
학원강사 乙辛辛乙 未未巳未	辛金 일간이 巳월생으로 월지정관이다. 지지로 未土 편인이 많아서인지 프랑스어를 전공하고 학원강사를 하고 있다.

4. 정관(正官)의 통변성과 사례분석

1) 정관의 통변성

정관(正官)이 많고 강한 경우

정관이 사주 원국에 많고 강하면 일간(日干)의 성품은 편관(偏官)의 성향을 나타내고, 정관은 하나만 있는 것이 좋다. 사주원국이 흉(凶)하면 올바른 가정이나 직장을 갖는 데 어려움이 많고 일생동안 곤궁한 삶이 되기가 쉽다.

① 정관이 많고 비겁(比劫)을 극할 경우

- 일간과 합을 이룬 정관은 극(剋)의 의미가 강하지 못하지만 비겁의 마음이 손상을 입게 된다. 겁재(劫財)가 정관을 능멸하면 명예와 이익이 손상되며 아랫사람에게 피해를 본다.

② 정관이 많고 식상(食傷)이 무력한 경우

- 식상(食傷)의 활동력, 배려하는 마음, 호기심, 다재다능한 마음보다 정관에 안주해 버리는 성향이 나타난다.
- 정관(正官)이 사주에 없으면 정관의 기본 성품(안정, 명예, 합리성, 정도 등)을 갖고 있지 못하며 정관을 의식하지 않는다는 의미로 주변의 충언을 무시하거나 인간다움이 결여되어 있다.

2) 정관의 사례분석

【사례 1】판사

```
時 日 月 年
壬 丁 庚 辛
寅 亥 寅 丑

甲乙丙丁戊己
申酉戌亥子丑
```

丁火 일간이 寅月 인수에 득령하여 時上의 壬水 정관(正官)을 용신(用神)한다. 정직하고 고귀한 성품에 준법정신과 자존심이 강하며, 원리원칙을 중시하는 한편 대인관계가 원만하다. 이 사주의 주인공은 일찍 모친과 인연이 끊기고 계모 슬하에서 성장했으나 丁亥 대운의 26세 되는 해에 사법시험에 합격하여 판사가 되었다. 일간(日干)에게 壬水 정관은 올바른 통제와 통솔력을 고취시키므로 안정의 욕구를 배양하게 된다.

인수격이 왜 계모 슬하에서 성장했을까? 사주는 인생의 그 모든 것을 낱낱이 밝혀낼 수 있는 학문이 아니다. 다만 이 사람은 인수를 활용하여 판사가 되었음을 기억해야 한다.

【사례 2】 직장형의 사주가 사업을 한 예

```
時 日 月 年
庚 癸 戊 己
申 未 辰 亥

壬 癸 甲 乙 丙 丁
戌 亥 子 丑 寅 卯
```

　위 사주는 正官格이 신약하여 時上의 庚金 인성을 용신한다. 장교 출신으로 자동차 판매사업을 하였으나 성정이 곧고 정직하며, 너무 고지식하여 융통성 없는 자기 스타일로 사업을 하다가 재산을 모두 탕진하였다. 식상(食傷)과 재성(財星)이 투간되지 않았으니 대인관계에 친화력이 없고, 결과를 내는 실현성이 결여되는 증후군이 나타난 것이다.
　이런 사주는 정관정인으로 관인상생을 이루었고 식상이 나타나지 않았으므로 오직 조직구성원이 되어 인내하고 노력해야만 능률적이게 된다. 즉, 진로를 선택할 때 인수를 발달시켜 관을 얻는 방향으로 되었다면 사업실패를 겪지 않고 보다 적극적이고 진취적인 사회인이 되었겠다는 아쉬움이 남는다.

【사례 3】 전화위복의 직업적성

```
時 日 月 年
癸 甲 乙 壬
酉 寅 酉 子

壬 辛 庚 己 戊 丁 丙
辰 卯 寅 丑 子 亥 戌
```

위 사주는 甲木 일간이 酉月생으로 정관격이다. 金生水 水生木으로 관인상생을 이루어 순수하나 격이 투출하지 않고 인수가 투간하였다. 이 사주는 대학에서 산업공학을 전공했으나 전공을 살리지 못하고 회사에서 행정업무를 담당하고 있다.

비록 산업공학을 전공했으나 사주에 재성이 없어서 타고난 적성이 될 수 없으니 전공을 살리기엔 역부족이다. 관성을 바탕으로 인수가 왕성하니 행정업무가 오히려 잘 할 수 있는 일이어서 전화위복이 되었다고 볼 수 있다. 처음부터 행정학이나 법학, 교육학 등을 전공하여 진로를 정하였으면 좋았을 것이다.

【사례 4】 국가공무원

```
時 日 月 年
庚 癸 戊 甲
申 巳 辰 辰

乙 甲 癸 壬 辛 庚 己
亥 戌 酉 申 未 午 巳
```

위 사주는 癸水 일간이 戊辰월에 출생하여 정관격이며 신약사주다. 시상으로 투출한 庚金 인수를 용신한다(官印相生). 이 사주는 공부를 잘했으나 신약한데 火 대운이 오니 집안형편이 어려워 대학진학을 못하였다. 간신히 고등학교를 졸업한 후 공무원시험을 준비하였고 결국 자신의 꿈대로 국가공무원이 되었다.

이후 대운이 용신 金水운으로 향하자 야간으로 대학과 대학원까지 졸업하였으며 안정된 가정생활과 승진도 불만 없이 잘 유지해 나가고 있다. 정관격으로 예의 바르고 상하관계에서 유연하며 정인을 사용하니 학구열 또한 높다. 정인은 특히 기록본능을 소유하여 행정업무에 능률을 보이게 되자 칭찬과 표창을 많이 받게 된 것이다.

* 【사례 4】와 【사례 5】의 사주는 같으며, 두 사람 다 공무원으로 생활하고 있다. 다만 같은 사주라도 유전과 환경(대학/대학원 진학 시기 등)에 따라 조금 다른 인생을 살아가고 있다.

【사례 5】 전체주의의 공무원

```
時 日 月 年
庚 癸 戊 甲
申 巳 辰 辰

乙甲癸壬辛庚己
亥戌酉申未午巳
```

위 사주는 癸水 일간이 辰月에 출생하였으며 戊土가 월령에서 투간하여 정관격을 이루었다. 또한 정인 庚金이 시상으로 투출하여 관인상생이 아름다운 성격을 이루었다. 대학에서 사회학을 전공하고 공무원 시험에 합격하여 현재까지 능률적으로 근무하는 사람이다.

성격은 항상 틀에 박힌 대로 언행(言行)하는 등 매너리즘이 강한 편이며, 변화보다는 항상 현 체제를 유지하려고 하는 보수주의 성향이 강하다. 즉 공동체가 곧 자신이라는 전체주의 사고를 가진 사람이다.

이와 같이 정관격이 정인과 관인상생격을 확실하게 이루었다면 서열본능이 발달하여 선천적으로 조직사회에서 자신의 능력을 발휘하고 능률적으로 일할 수 있는 적성을 소유하게 된다. 그러므로 위 사람은 자신의 선천적성에 부합되는 진로를 매우 잘 선택한 경우다.

【사례 6】 직업 갈등하는 남성

```
時 日 月 年
丙 辛 壬 庚
申 酉 午 申

丁丙乙甲癸壬辛
丑子亥戌酉申未
```

辛金 일간이 午月에 丙火가 시상으로 투출하여 정관격이다. 그러나 정관 丙火를 생해주는 木 재성이 없고, 인성 土가 없으니 관인상생 또한 이루지 못하여 선천적인 직업체질의 구조를 구성하지 못하였다. 월간의 상관 壬水가 연과 시지의 申金에서 투출하여 丙火 정관을 극하니 이를 두고 상관견관이라고 한다.

사주의 주인공은 고등학교까지 미술을 좋아했고 그림을 잘 그렸으며 대학에 들어가서도 계속 미술을 전공하고 싶었으나, 결국 건축공학을 전공하였고 국내 대기업 건설회사에 입사하였다. 그러나 건설회사의 업무가 자신과 잘 맞지 않는다는 것을 느끼게 되었고 직업문제에 갈등이 쌓여가고 있다.

왜 그럴까? 그것은 정관을 보필해주는 인상과 재성의 부재로 일간은 정관이 부자연스럽고 壬水 상관을 쓰고 싶기 때문에 나타나는 현상이다.

Part 6

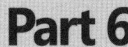

편인·정인의 기질과 사회성

1장 인성의 특징

2장 편인의 기질과 사회성

3장 정인의 기질과 사회성

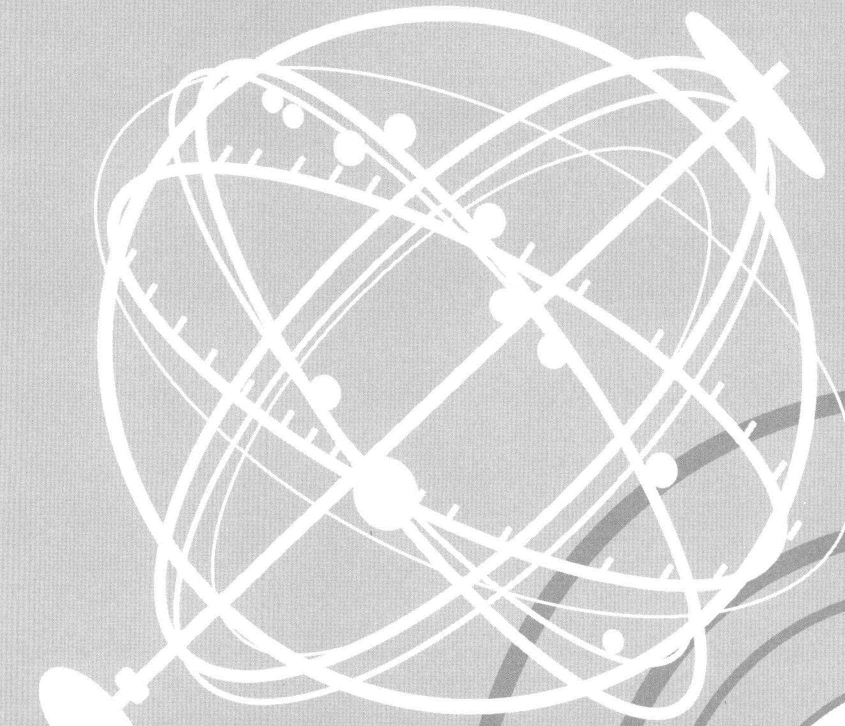

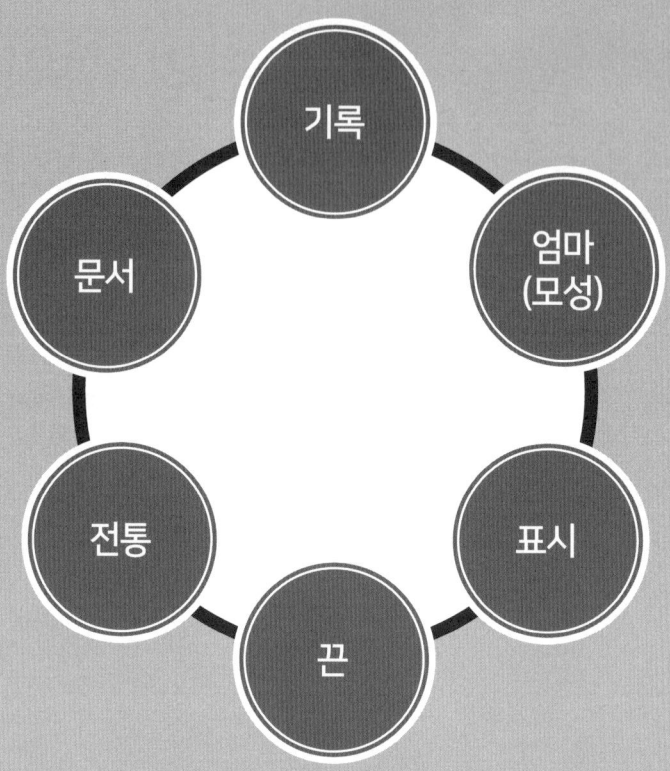

Part 6 편인·정인의 기질과 사회성

1장

인성(印星)의 특징

인성(印星)

역사와 전통을 즐기는 학구파

'기록본능'

1. 인성(印星)의 이해

1) 일간을 생(生)해 주는 오행 – 인성(印星)
- 일간과 음양이 같은 편인
- 일간과 음양이 다른 정인

2) 에너지 유입으로 나에게 힘을 실어주는 인성(印星)
- 문서, 학위, 후원자, 도움의 손길, 명예처럼 나의 든든한 힘이 된다.
  ① 체(體)의 영역으로는 어머니(母親), 손윗 사람, 조부, 장인
  ② 용(用)의 영역으로는 학문, 학위, 문서, 자격증, 지식, 인격 등이다.

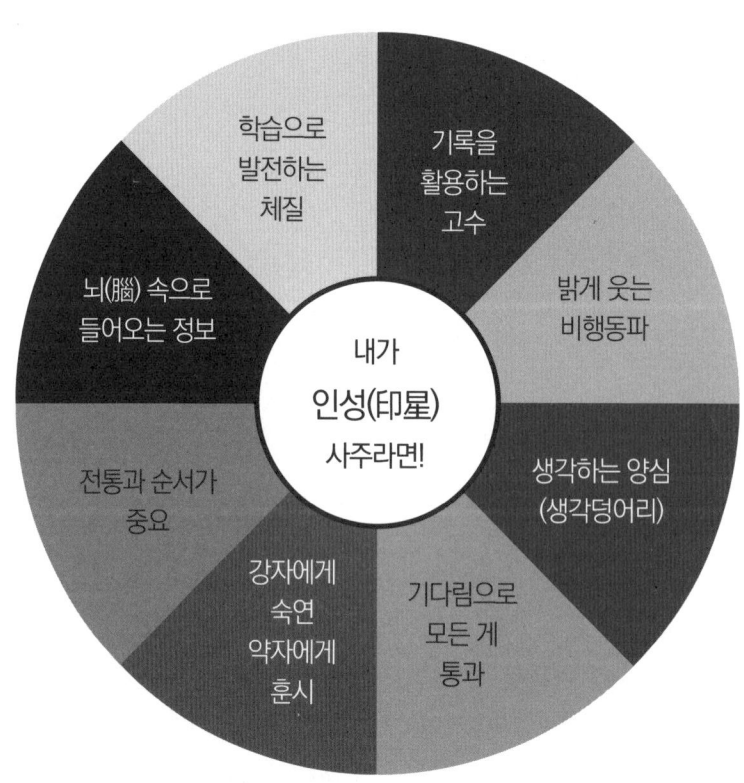

2. 인성(印星)의 본성과 심리

1) 인성의 진화심리 : 기록본능 / 모성본능

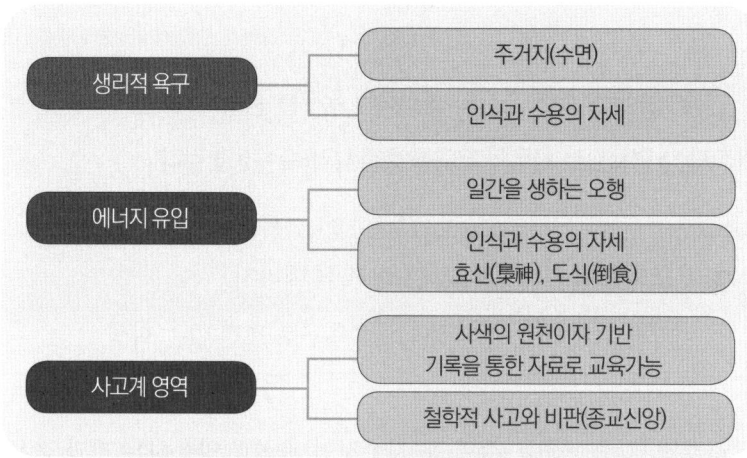

- 현재를 정리하고 기록하는 본능이다.
- 인성은 기록을 통해서 역사를 만든다.
- 기록한 자료와 수집한 자료를 많이 보관한다.
- 매사가 순서대로 되어야 심리적 안정이 된다.
- 표시, 문자, 기록을 통한 의사소통을 좋아한다.
- 기록과 교육, 새로운 사고와 발전이 가능하다.

① 동물 : 냄새, 체취, 기억, 표시
② 인간 : 표시, 기억, 문자로 표기

2) 인성의 욕구

인성(印星)은 부족한 자신의 생리적인 욕구를 충족시키려는 안식처(安息處), 거주지, 수면욕으로 식욕의 욕구를 충족시키려는 것과 같다.

① 부모의 지속적인 관심과 양육, 지식 에너지
② 내가 받고자 하는 생리적(生理的) 욕구로 조건 없는 희생

굶주림, 갈증, 성(性), 수면 등 지속적인 관심과 양육하는 것과 같은 역할로서 수용성을 의미한다. 지식의 수용, 사랑의 수용과 같이 받고자 하는 생리적 욕구이면서 새로운 이익 창출을 위한 사전 작업과도 같은 인풋(input)의 작용을 한다.

> **생리적 욕구**
>
> 인성(印星)은 부모가 지속적인 관심과 사랑으로 아이를 양육(養育)하는 것에 비유할 수 있다. 일간은 인성을 통해 부족한 자신의 생리적 욕구를 충족시키려 한다. 아기가 배고플 때 어머니의 젖을 먹음으로써 식욕(食慾)의 욕구를 충족시키려는 것과 같다.

인성(印星)은 빈 곳을 채우려는 가장 기본적인 욕구로, 알고 싶은 것을 배우고 익혀 자신의 두뇌(頭腦) 공간에 채워서 실행으로 옮길 때 이것을 에너지로 사용한다. 즉, 말을 익혀 대화에 활용하고 다양한 기술을 습득하여 생활에 이용하며, 현 사회의 문명(文明)과 문화적(文化的) 발전에 합당한 지식과 방법론을 구(求)하여 삶에 활용하게 된다. 새로운 아이디어를 머릿속에 채우는 것도 결국은 자신이 필요한 새로운 이익을 생산하고자 하는 목적이 있는 것이다.

인성(印星)은 나를 키운다 : 아이를 키우는 모성애와 자애로움을 뜻하는 별(星)로 일간인 '나'를 키우는 것이다. 인수(印綬)의 입장에서 아이는 일간인 내(我)가 되며, 내(我) 입장에서는, 식상(食傷)이 자식(子息)이고, 인성(印星)은 어머니가 된다.

인성(印星)은 기록본능이다 : 기억력, 분석력, 기획력, 창조력, 수집력, 논리성을 근거로 정보수집능력이 좋으며 끈기와 꾸준한 인내력을 요구한다.

- 인성이 강(强)하면 관점의 주관적 성향과 사고의 경직성으로 스스로 갈등과 정신적 권태에 빠진다. 이로 인해 자기 중심적이고 양보심이 없으며 매사에 타협을 하지 않으며 이기주의 성향을 보이고, 과도한 신중성으로 방어하는 심리 증후군을 보인다.
- 인성이 약하면 관찰력과 기억력 둔화로 주어진 일에 대한 권태와 무계획적 일상의 태도를 가진다. 이로 인해 기억력 둔화, 자신감 결여, 정서 해리 현상, 인화력 결여, 대인 기피증, 자기 은둔, 의무감 결여, 조직력 함몰, 생산성 결핍과 같은 심리 증후군이 나타난다.

3) 인성의 본능과 상대적 심리

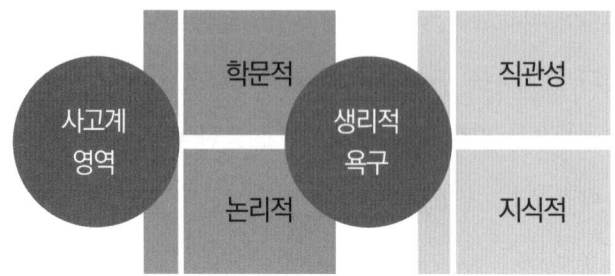

모든 일에 대한 논리적 성향으로 정확한 데이터에 의한 행동을 지표로 삼아 생각과 일치하는 것만을 실행에 옮기려 하며 명예와 자격을 갖추는 인품에 주안점을 둔다.

- 인성이 강(强)하면 이기적인 성품이 앞서고 자기위주의 행동을 합리화시키는 보수적인 면이 두드러진다. 이에 따라 양보와 선의적 선심에는 인색하고 자신을 억압하거나 무시하는 상대에게 매우 반발하게 된다.

- 인성이 약(弱)하면 논리적이지 못하며 매사 대충 처리하거나 시작은 잘하나 끝이 부실하고 모든 일을 기분에 따라 즉흥적으로 처리한다.

> 문자 표시 역사 전통
> 기록 계약 문서 학문

【인성의 상대적 심리 관계】

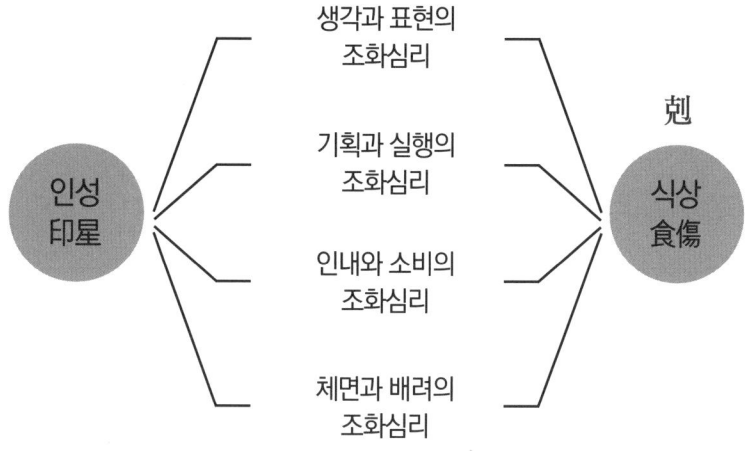

인성(印星)의 기본적인 활동과 대상

- 인성(印星)이 강하면 항상 자신의 논리적 활동과 대상을 찾아야 하기 때문에 그 대상을 찾아 어지간히 간섭하거나 잔소리가 많다.

- 인수가 강(强)하면 식상(食傷)을 극해서, 생각이 많은 모친으로 인해 자식이 힘들어 질 수 있다.

인성(印星)은 편인(偏印)과 정인(正印)을 합쳐 부르는 말로 교육의 힘, 지식의 힘으로 아는 게 힘이 된다. 편(偏)은 자유분방하고 융통성이 있으며, 정(正)은 정직하고 원리대로 해야 하며 원칙을 고수한다.

3. 인성(印星)의 사회성

1) 인성의 작용

《암기력, 분석력, 기획력, 창조력, 수집력, 논리성》

- 활동이 왕성해지며, 계약이 성사되고, 시험합격, 자격증 취득, 학위 취득, 건강을 회복한다.
- 성적 상승, 여행이나 유학을 가고 능력을 인정받으며 승진이나 표창 받는다.
- 자식이 불효하고 부하나 후배의 배신수, 생산중단, 배달사고가 발생한다.
- 공상과 상상이 많고 불면증, 무기력, 명예훼손, 망신이 따른다.

인성의 속성

교훈에 따르며 받아들인다.
고지식하여 답답할 수 있다.
사고(思考)력이 확연하다.
융통성이 부족하여 진행이 늦다.
교양과 양식을 소유한다.
원리원칙을 고수한다.
전통을 지키고 계승한다.
반발심이 내재되어 있다.

2) 인성의 순발력과 명예심

고결하고 높은 품위의 상징과 수양이 잘 되어 있는 학문으로 통한다. 아울러 깨끗하고 청백하며 시작에 해당하고 기획, 창조력, 조직력, 정신력, 지구력, 인내력, 화려함, 명예, 고지식, 표현력 부족, 과거 집착 등의 성질을 지니고 있다.

- 직관력이 뛰어나다.
- 인성이 많아 신강하면 설기하는 방향인 식상(食傷)과 재성(財星)으로 흘러야 좋다.
- 인성이 많으면 나태하고 게으르다.
- 인성이 약하면 남에게 의지해서 살아가는 것이 현명하다.

3) 인성 운의 행운작용

- 편인 : 건강조심, 수술, 문서운, 구도정신, 자손근심, 역학, 무속, 종교심 취
- 정인 : 귀인 상봉, 집안경사, 시험합격, 취직, 모친상봉, 천거
- 심리 : 이성적이 됨, 생각하는 시기, 학문, 자격증, 문서화
- 변화 : 문서, 계약, 학업, 계획, 어른, 부모, 스승, 학교, 자식의 활동

① 인성이 강(强)해지면 : 모친과 어른이 주도, 자격증, 학업운이 주도한다. 편집증, 자가당착, 반항, 모멸심리.

② 인성이 약(弱)해지면 : 모친과 처가인연 약해진다. 문서자격, 학업인연이 멀어진다.

③ 흉(凶) 작용 : 이중계약, 건강악화, 매출하락, 부하·자식 사고, 정신문제.

- 충(沖) : 경찰서 출입, 벌금고지서, 자식 가출, 직장 실직.

④ 길(吉) 작용 : 표창, 승진, 취직, 송사해결, 당선, 결혼.

- 합(合) : 결혼 및 득자, 승진, 관청과 일 성사, 천거, 추천.

⑤ 일간을 생(生)하는 경우 : 학업, 자격증, 문서계약.

⑥ 식상을 극(剋)하는 경우 : 자식문제, 생산문제, 연구문제, 배달 유통, 활동장애.

⑦ 관성을 설기(洩氣)하는 경우 : 남편의 활동, 명분허약.

⑧ 재성이 극(剋)하는 경우 : 사고의 전환, 생각이 변하거나 감춰지는 것이다.

4. 인성(印星)의 재능활용

1) 편인의 재능구조

자기의식	인식과정의 결과로서, 넓은 의미로는 인간 지식의 총체를 말하며, 좁은 의미로는 일정 범위의 대상에 대한 지식
선천지식	직관적, 순발력, 개인적 과정중시, 공상, 추리력, 종교적, 초현실적 예술성, 선별적 수용성
사회성향	추리력, 순발력, 상상력, 종교성, 자율성, 심리성, 예술성이 우수한 소유자로 자신의 기분 위주이며 개인적이고 재치와 추구적 성향이 강함
우수능력	재치 있고 순간발상이 뛰어나며 풍부한 공상 및 상상력을 갖추고 있다. 대상과 사건에 대한 추리능력과 가설능력이 우수
선천지능	예술과 철학적 수용능력 : 인식지능(認識知能)
직업스타일	문학가 스타일
재능	추리와 직관력으로 여러 정보를 인식하는 지능으로 이해력, 암기력, 직관능력, 순발력, 창조적, 주관적으로 대표되며 추리력, 영성적, 초현실적 예술성, 현실성 중시 등이 주요 특징
진로직업	편인은 변화가 많고 다양성을 지닌 대중적인 직업에 적합하다. 편인격은 특이하고 전문적인 재능을 발휘하는 직업에서 발전한다. 종교가, 학자, 의사, 기술자, 예술가, 역술가 등에 적합하다. 편인은 지식의 별이다. 편인격이 되면 두 가지 직업을 갖는다.

【사례】

상대성이론 아인슈타인	무소유 법정스님	산은 산이요, 물은 물이다 성철스님
甲丙丁己 午申卯卯	庚壬甲壬 戌寅辰申	庚壬甲壬 子子辰子
시상으로 편인이 투출하였으며 연월지에 정인 또한 강하다.	시상으로 편인이 투출하였으며 동시에 식신이 투출하였다.	법정스님과 천간이 같다. 다만 비겁이 강한 것이 차이가 있다.

2) 정인의 재능구조

자기의식	목표, 계획, 소망에 따라 다루고 생각하며 마음에 느끼고자 하는 상태
선천지식	인지, 상상력, 관념, 의식, 수용적, 쓰기를 통한 기록, 정리를 통한 안정성 추구, 과정중시, 보수적, 내향적
사회성향	해독능력, 역사성, 수용력, 정직성, 시간성, 아이디어, 기록능력이 우수하다. 정리정돈을 잘하며 순서와 절차를 고려하고 명예와 의무적 성향이 강함
우수능력	모든 일을 순서와 순리로 행하는 안정감을 갖추고 어떠한 교훈이나 이론적 지침을 장기적인 안목과 함께 수행하는 능력이 우수
선천지능	전통을 숭상. 기록력이 우수 : 사고지능(思考知能)

직업스타일	교육가(敎育家) 스타일
재능	학습의 수용과 생각을 기록 정리하는 지능으로 기록능력, 암기력, 수용적, 학습적, 보수적, 내면성으로 대표되며 안정성 추구, 정리정돈, 항상성, 전통성 중시 등이 주요 특징
진로직업	정인과 편인은 모두 명예, 평판, 미적 가치, 정신적 가치를 추구하는 별이다. 정인은 지적 직업인 교육자, 교수, 작가, 문학가, 종교인 등에 적합하다. 정인은 어떤 분야든 학문을 탐구하는 직업을 갖게 되면 크게 성공할 수 있다. 정인격이 정관의 뿌리가 있으면 학구파 정치인, 학원장 등이 적합하다.

【사례】

온고한 성격의 행정 공무원	신문사 수석기자	경제학을 전공한 대학교수
丁己辛乙 卯丑巳巳	庚癸壬乙 申卯午卯	甲丁辛己 辰酉未亥
시상으로 편인이 투출하였으며 연월지에 정인 또한 강하다.	시상으로 정인이 투출하여 글을 쓰는 기자로 활동하고 있다.	시상으로 정인이 투출하였고 편재가 투출하여 경제학자가 되었다.

인수(印綬)와 이즘(ism)

▶ 正印을 대변하는 이즘 : 이타주의(Altruism)
〈정인격(正印格) 정관(正官)의 식신(食神) 동주(同住)〉
다른 사람의 행복과 이익을 목적으로 하는 생각이나 행위를 애타주의 또는 이타주의(altruism)라고 한다. 즉, 타인을 위한 선(이익)을 행동의 정칙, 의무의 기준으로 생각하는 입장으로서, 윤리적 이기주의(에고이즘), 그리고 부분적으로는 공리주의(功利主義)와 대립한다. 인도 유럽어의 어원 'altruism'은 A.콩트가 사용하기 시작하여 정착하였다. 이론상 의무감의 형태도 취할 수 있으나, 실제로는 목적론의 한 형태가 된다.

▶ 偏印을 대변하는 이즘 : 샤머니즘(Shamanism)
〈편인격(偏印格), 편인(偏印)의 강(强)〉
퉁구스족(族)의 토착어 샤먼(Shaman)에서 유래하였다. 주술적 카리스마를 가진 샤먼이 황홀과 망아(忘我)의 상태에서 신(神)을 접(接)하여, 신령(神靈), 사령(死靈), 정령(精靈)과 직접적으로 신비적인 교감(交感)을 수행하고, 그 체험 내용을 속세의 신도에게 전하기도 하고 신탁을 수행하기도 하는 종교적 현상. 개인적 위기의식 또한 사회적 위기의식이 강하게 작용함으로써 생기는 정신위화(精神違和 : 무병무병(巫病))이라고 한다.

Part 6 편인·정인의 기질과 사회성

2장

편인(偏印)의 기질과 사회성

편인(偏印)

꿈과 철학을 담은 신비주의

'인식지능'

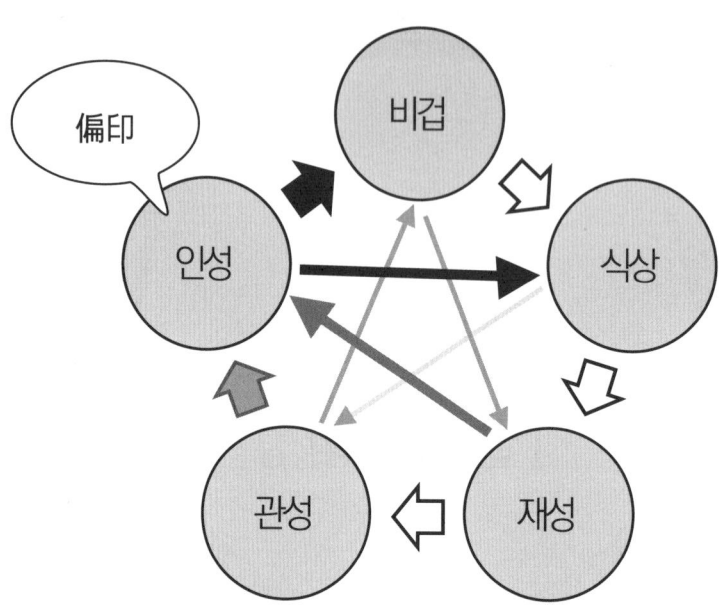

| 生 | 편인(偏印)은 비겁(比劫)을 생(生)한다. |

| 剋 | 편인(偏印)은 식상(食傷)을 극(剋)한다. |

| 制 | 편인(偏印)은 재성(財星)에 대항(對抗)한다. |

| 洩 | 편인(偏印)은 관성(官星)을 설기(洩氣)한다. |

1. 편인(偏印)의 구조

1) 편인의 성립과정

일간을 생(生)하는 오행으로 일간과 음양이 같은 것을 편인(偏印)이라 한다.
예) 甲木 일간이 사주 내에 壬水와 亥水가 있으면 편인(偏印)이 된다.

日干	甲	乙	丙	丁	戊	己	庚	辛	壬	癸
天干	壬	癸	甲	乙	丙	丁	戊	己	庚	辛
地支	亥	子	寅	卯	巳	午	辰戌	丑未	申	酉

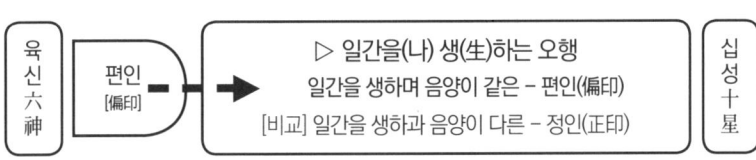

2) 육친관계

남명 : 모친, 유모, 이모, 외숙, 조부

여명 : 모친, 유모, 손자, 사위, 조부

	일간		
	+木	편인	
乙	甲	壬	癸
亥	戌	戌	巳
편인			

	일간		
	-木	편인	
丙	乙	癸	己
子	未	酉	丑
편인			

2. 편인(偏印)의 본성과 기질

1) 편인의 심리

직관적 자율심리 ⟷ 생리적 욕구 ⟷ 냉소적 가학심리	
재치있고 순발력이 뛰어나 임기응변에 강하며 명랑하여 분위기를 잘 맞춘다.	즉흥적이어서 상황에 따른 변화가 심하다.
상상력이 풍부하고 기회포착을 잘 하며 다재다능하여 전문적인 능력을 키운다.	신경이 예민하고 다소 변태적인 성향으로 괴상한 망상과 행동을 보인다.
종교 생활에 잘 심취하며 비판적 수용으로 공부도 필요한 것만 깊이 있게 한다.	시작은 적극적이나 수시로 계획이 변하므로 마무리가 미흡하며 외로운 성격이다.

- 나서기를 좋아하고 참견을 잘한다.
- 순발력이 뛰어나고 재치 있으나 인색한 면이 있다.
- 눈치가 빠르고 위선적이며 임기응변에 능하다.
- 수입보다 지출이 많은 편이며 끝이 미약하다.
- 부부 관계에 불화가 많고 변태성 욕구가 있다.

- 괴상한 망상과 행동으로 망신이 따르는 경우가 있다.

- 편인이 辰戌丑未에 있으면 종교에 관심이 많다.

- 명(命)에 편인이 많으면 용모가 추한 면이 있다.

- 즉흥적인 일을 벌이고 유종의 미를 거두지 못한다.

- 상대방을 교묘히 농락, 희롱하는 기질이 있다.

- 한 가지 일에 만족 못하고 중복해서 직업을 갖는다.

- 편인이 태과하면 자식덕이 없고 말년이 불안정하다.

- 여명(女命)에 편인이 많으면 남편 덕이 없게 된다.

- 명(命)에 편인이 태과하면 나태하고 게으르다.

- 명(命)에 편인이 태과하면 편모에게 양육되는 경우가 있다.

- 여명(女命)에 편인이 태과하면 식상을 극하여 자손이 흉하다.

- 편인은 넘겨짚는 생각으로 자기 꾀에 빠져 화를 당한다.

- 명(命)에 편인이 많으면 고독하며 외롭게 된다.

- 편인격의 사주에 재성이 없으면 빈천하게 산다.

- 편인격에 재성과 관성이 중화되면 복이 많다.

2) 편인의 긍정적·부정적 성향

긍정적 성향

- 재치 있고, 순간 발상과 임기응변이 탁월하다.
- 기회 포착을 잘하며 예·체능에서 탁월한 능력을 발휘한다.
- 밝고 명랑하며 자신이 원하는 일에는 매우 적극적이다.
- 융통성이 많고 희생과 배려심이 강하다.
- 자신보다 남을 위해 헌신하는 일에 앞장서는 성격이다.
- 다재다능하여 어느 곳에서도 잘 화합한다.
- 두 가지 직업을 잘 소화하는 능력이 있다.

부정적 성향

- 사치와 허례허식이 강하고 고독하며 외로운 성격이다.
- 불평불만이나 의심이 많아서 인간관계가 불안하다.
- 계략을 잘 꾸미지만 초지일관하지 못한다.
- 솔직하지 못하고 비밀이 많고 숨기는 것이 많다.
- 눈치가 빠르고 위선적이며 임기응변에 능하다.
- 즉흥적인 일을 벌이고 유종의 미를 거두지 못한다.
- 상대방을 교묘히 농락, 희롱하는 기질이 있다.

3) 편인의 기질적 특성

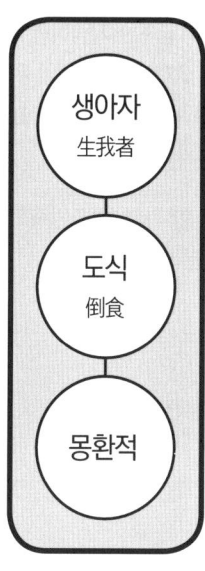

- '편중되다. 치우치다'의 편(偏)자와 도장 인(印)자로 나를 생해주는 생아자(生我者)로서 어머니가 자식을 생(生)하는 것처럼 길러주는 것인데 그러한 뜻이 지나치게 과(過)한 것과 같다.

- 일간을 생(生)하고 음양이 다른 편인(偏印)은 흉신 칠살(七殺)을 다스리는 식신(食神)인 길신을 극(剋)하므로 도식(倒食)이라고 한다. 이는 조건이 따르는 사랑으로 무정(無情)하고 분유 성분과 같다.

- 편인(偏印)을 효신(梟神)이라고 하는 것은 '내 새끼를 잡아먹는 올빼미와 같다'는 뜻으로 도식(倒食)한다는 의미이다. 또한 공상과 상상이 많고 불면증으로 올빼미처럼 밤에 활동하는 것을 비유한다.

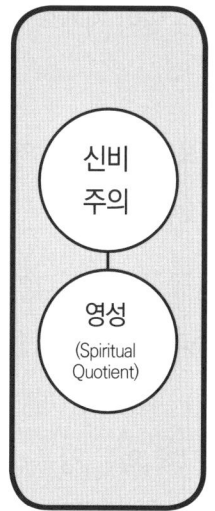

- 편인(偏印)은 추상적이고 형이상학적으로 신비주의 성향이 강하며 삶의 근원적 가치를 밝혀 인간의 내면세계를 밝힌다.

- 편인(偏印)이 좋으면 현실적이기도 하지만 기본적으로는 모든 상황에 이중성이 강하게 나타난다. 이런 성향이 있으므로 늘 그 상황에서 제2의 또 다른 상황을 생각하며 부정적인 면이 있다.

- 편인이 강하면 자기고집이 강하고 현재를 좋게 해석하기보다 비약하고 부정적으로 해석하는 경향이 강하다.

- 편인이 성격(成格)이 되면 인수격(印綬格)으로 통합해 볼 수 있으며 정인(正印)과 같은 역할을 하기도 한다.

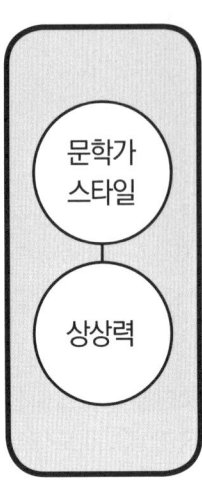

- 편인(偏印)이 효신(梟神)일 때 제화(制化)되었으면 편인이라 하고, 제화(制化)되지 않았으면 효신(梟神), 도식(倒食)이라 한다.
- 편인(偏印)은 통찰력, 순발력이 뛰어나며 꿈꾸는 사람이면서 가설능력이 우수한 사람으로 대상과 사건에 대한 능력이 우수하여 글을 잘 쓰고 말을 잘하는 문학가적 성향이 짙다. 그러나 지나친 상상력으로 난감한 일을 만들기도 한다.
- 편인(偏印)은 공상, 상상, 신비주의적, 한 가지 일에 만족하지 않아 변화가 많으며 직업과 취미가 분리된다.

- 편인(偏印)이 제화(制化)되었으면 인수의 작용을 하게 되며, 제화(制化)되지 않았으면 도식(倒食)의 작용이 나타난다.
- 왕한 편인(偏印)은 식상을 극해서 도식(倒食)이라 하는데, 이는 질병의 신, 박복의 신으로 일컬어지며, 식신(食神)을 파극(破剋)하므로 소화기 계통의 질병이나 산액이 따르고, 실직, 부도 등 모든 일이 지체되고 영업이 부진하다.
- 편인(偏印)은 편업을 뜻하며 인식지능으로 여러 정보를 입수하며 재치가 있고 직관적이고 이기적이며 문학가 기질을 갖는다.
- 편인(偏印)은 예능계통에 선천적 재능을 갖고 있어 공상과 추리력이 좋으며 예술성을 추구하고 예술가, 의사, 학자, 승려, 배우 등 예술계에 종사하는 사람이 많은 편이며, 평론, 의사, 이·미용업 등 편협된 직종에 종사하는 사람은 전문가로서 명성을 크게 얻는 경우가 많다. 그러나 다방면에 재주가 많아 어느 분야에서건 두각을 나타

내나 싫증을 잘 내고 태만해지는 단점이 있다.

- 용두사미격으로 일을 처리하기가 쉬우므로 큰 성공을 기대하기는 어려우며 사주에 편인(偏印)이 많으면 직업이 다양하고 기행(奇行)을 많이 하며 특별한 재능이 있다.

- 편인이 지나치게 많으면 총명함이 지나쳐 위작적인 경향이 있으며 성격이 조금 급한 편이며 완고하다.

- 편인(偏印)은 투지·창조·지혜를 담당하는 별[星]로 순간의 재치와 발상은 뛰어나 임기응변에 능하나 얼렁뚱땅 쉽게 일을 처리하는 경향이 있다.

- 두뇌회전이 빠르고 인식과 표현능력이 좋아 복합적인 사고력을 발휘하여 자신만의 차별화된 전문성을 지향한다.

편인도식(偏印倒食)

편인(偏印)은 먼저 식신(食神)을 파(破)하여 도식(倒食)작용이 일어나는지를 살펴야 한다. 사주 내 편인(偏印)이 강하면 도식을 막기 위해 재성(財星)으로 제화(制化)되어야 좋으며, 도식(倒食)작용이 있고 이를 해결할 방법이 없으면 일생 가난을 면치 못하고 질병(疾病)에 시달리거나 자식 덕을 보기 어렵고 인덕이 없다.

3. 편인(偏印)의 재능과 사회성

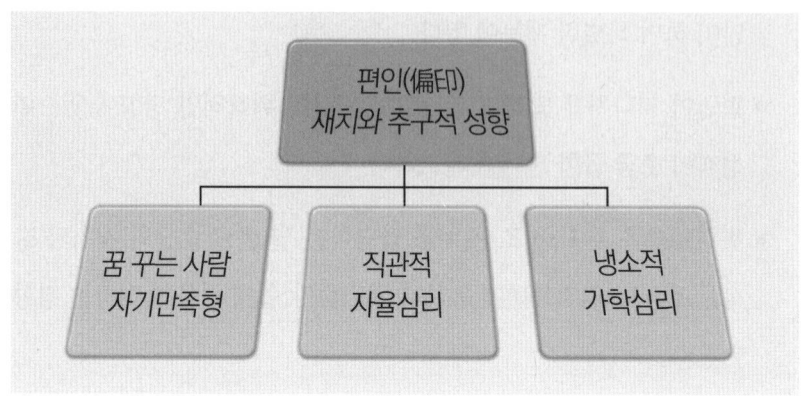

1) 편인의 지능과 재능

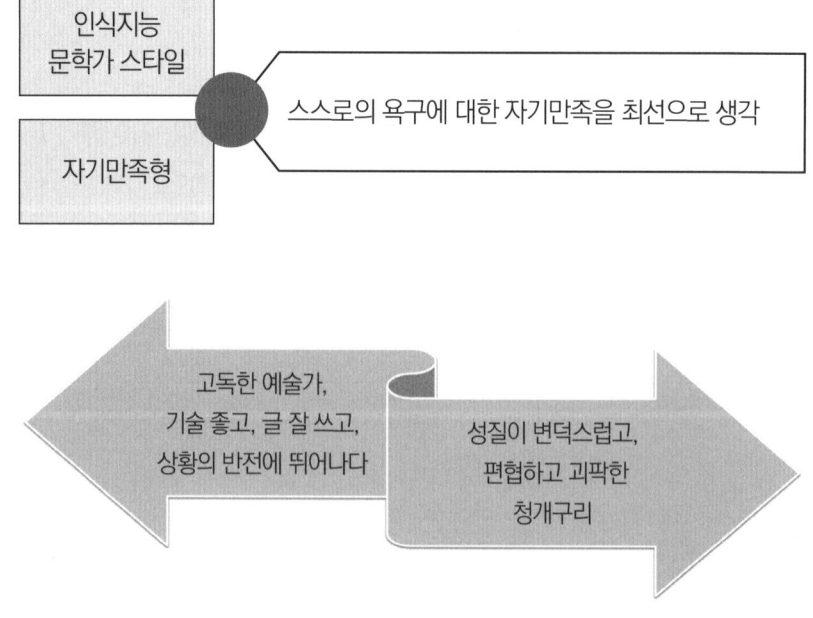

- 현실적인 분야에 대한 관심이 높으며 한 분야에 몰입하여 전문적인 실력을 갖추고자 노력한다.
- 가장 효용성 있는 능력의 개발을 통한 자기만족감이 중요한 유형이다.
- 직관력과 추리력이 우수하고 순발력 있는 문제해결력을 갖추어 흥미있게 심취한다.

> 추리력, 순발력, 상상력, 종교성, 자율성, 심리성, 예술성이 우수한 소유자로 자신의 기분 위주며 개인적이고 재치와 추구적 성향이 강하다.

직관적 자율심리(분석적 직관성) & 냉소적 가학심리

- 자기 본위적 사고와 행동을 통해 자신의 역량을 나타내고자 하며 대중적, 실용적이기보다는 편협하고 외골수적인 면이 강하다.
- 자신의 직업에 대한 긍지가 대단하며 타인의 침범을 경계하고 싫어한다.
- 재치있고 순발력 있으며 신비주의적, 비현실적, 비구상적인 면이 많다.
- 항상 두 가지 이상을 동시에 생각하며, 종교에 심취하거나 예술적 성향이 탁월하다.
- 편인도 정인과 같이 모성 본능 및 인자함이 내재되어 있다.
- 변화에 능동적인 면이 있으므로 상황에 직면하면 적극적이 된다.
- 듣고, 보고, 느끼는 예술성이 탁월하다.
- 적절한 편인은 섹시한 철학적 뇌(腦)의 소유자다.

2) 편인의 궁위별 특성

時	日	月	年
차별화된 상상력과 고독 자폐심리	나(我)	독특한 외국적 반향과 특유성의 사고심리	비현실적인 세계로의 도피심리
염세주의적 사고와 미래의 다변적 공상심리	이원적인 현실수용과 특이한 응용심리	교육 문예 방면으로의 신비주의적 접근심리	종교문화를 수용하는 예술적 심취심리

① 연간의 편인

조향사(외국계)

甲丁乙乙
辰卯酉卯

- 심리 : 비현실적인 세계로의 도피심리.
- 사회성 : 사물의 접근을 자유화하고 대적관계에 예민한 반응을 보이며 상상과 공상에 의한 외적인 사회적 시각을 함유하여 해외의 업무나 유행에 민감하고 현실보다는 비현실적인 것에 관심을 가지게 되어 광고성이나 홍보에 예외성의 창조능력이 있다.

② 월간의 편인

성악가-강의-경매

庚戊丙丁
申戌午巳

- 심리 : 독특한 외국적 반향과 특유성의 사고심리
- 사회성 : 감상적이고 다변적이며 공상과 의구심의 영향으로 추구하는 것들이 지체된 연후에 성취하게 된다. 이중적인 사고가 기초되어 특유성의 업무에 종사하거나 능력을 보이고 기회포착에 뛰어나 두 가지 특기나 직업에 접근하는 성향이다.

③ 시간의 편인

IBM(기술혁신팀)

戊庚壬辛
寅午辰丑

- 심리 : 차별화된 상상력과 고독 자폐심리.
- 사회성 : 신경이 예민하고 미래의 방향성이 수시로 전환이 되어 이루고자 하는 꿈이 다양하다. 야간에 정신적 작업을 하는 직업에서 남과 차별화시키는 능력이 있고 사고방식이 즉흥적이기에 오해의 소지가 따르는 성향이다.

④ 연지의 편인 戊癸庚乙 午亥辰酉	• 심리 : 종교문화를 수용하는 예술적 심취심리. • 사회성 : 내면적인 사고와 사색이 깊어 일찍부터 종교문화에 심취하는 면이 강하고 상상력이 풍부한 이상주의로 보편성을 초월한 사고방식이 저술이나 기술 및 문예 등에서 의외의 특기로 부각되어 명예를 이루는 성향이다.
⑤ 월지의 편인 무용학과 己丙丙己 丑子寅未	• 심리 : 교육, 문예 방면으로의 신비주의적 접근심리. • 사회성 : 교육적인 심성과 문예적인 방면에 다재다능하나 순간의 발상에 근거한 신비주의적 이면적 사물접근 심리가 강하다. 직업은 주로 이공계와 예체능계의 교수나 예술 및 기능적인 면에 돋보이는 성향이다.
⑥ 일지의 편인 예술인(미학) 庚丙丙己 寅寅子亥	• 심리 : 이원적인 현실수용과 특이한 응용심리. • 사회성 : 남들이 하지 않는 것에 관심사가 미치는 독특한 유형으로 신기한 것을 생각해내어 문장에 창조성을 띤다. 매사에 의심을 하면서 접근하며 감정의 조절이 안 되면 까다로운 경향이고 변화에 능한 속성이다. 배우자와의 무난한 조화가 어려우나 신약이면 오히려 현명하고 도움을 많이 주는 사람을 만나게 된다.
⑦ 시지의 편인 교직 乙甲戊乙 亥戌子酉	• 심리 : 염세주의적 사고와 미래의 다변적 공상심리. • 사회성 : 허무한 마음이 존속되어 삶에 도통하고 달관된 언행으로 사회적 역할에 유쾌한 반면 염세주의적 사고가 있고 미래에 대한 다변적인 생각과 자기만의 방법대로 행동하는 성향이다.

3) 편인의 직업과 사회성

사안(事案)	직업
조부, 모친, 학술, 여행, 매매, 문서 위조, 보증, 계약 등의 길흉사	의사, 약사, 예술인, 역술가, 종교인, 작가, 언론인, 체육인, 기술직

편인(偏印)

편인(偏印)이 청(淸)한 경우	편인(偏印)이 탁(濁)한 경우
편인도 성격(成格)이 되면 인수격으로 쓰임이 좋다. 신왕한 편인이 제화가 잘되면 머리가 좋고 사고력이 우수, 철학적 심연이 깊고 사물에 대한 이해력이 높다.	가식과 위선, 표리부동. 임기응변, 권모술수, 자기 합리화., 용두사미, 의심많고. 반항적, 중상모략, 배신수, 감언이설로 얕은 꾀를 쓰며 어려운 일은 본인은 회피하면서 남을 잘 시킨다.

편인(偏印)은 재치와 추구적 성향으로 재치있고 순발력이 있으며 신비주의적 성향이 강하여 비현실적인 면이 강하고 비구상적인 면이 많다. 그러므로 정신적 성향이 깊은 종교에 심취하거나 예술적 성향이 많고 보이지 않는 곳에 흥미를 느낀다. 항상 두 가지 이상을 동시에 생각하기 때문에 이런 면에 강점을 두는 학과나 직업이 유리하다 .

지식체계

종교학과, 심리학과, 디자인학과, 철학과, 정신과, 약학과, 교육학과, 정보학과, 무용학과, 음악과(관현악), 신문방송학과, 예술, 문화, 사학 등.

직업적성

학자, 예술인, 의사, 종교가, 디자인, 인테리어, 골동품, 보석, 오락, 역술, 부동산, 출판업, 언론인, 여관, 미용, 배우, 임대업 등.

대학강사 壬甲丁庚 申午亥戌	편인격의 사주다. 동양학과 실용학문을 전공하였으며, 철학적이자 교육이념이 강하다. 대학강사로 활동한다.

역술인 辛癸乙辛 酉亥未卯	식신국을 이루었고 편인이 투출되었다. 이 사주의 주인공은 골동품, 부동산 등의 사업경험이 있고 현재 역술업계에 종사한다.

큐레이터(여성) 乙壬庚壬 巳午戌戌	신약사주로 월간 庚金 편인이 용신이다. 대학에서 미술을 전공하고 큐레이터로 활동하는 여성이다.

역술인, 시인(여성) 庚壬辛庚 戌戌巳子	천간으로 편인이 투출하였다. 남편과 이혼 후 역학공부를 하여 상담하고 있으며 시인으로 등단한 여성이다.

4. 편인(偏印)의 통변성과 사례분석

1) 편인의 통변성

(1) 편인(偏印)이 많고 강한 경우

- 강한 편인의 세력에 일간이 묻히게 되면 매사에 참견과 간섭을 받으며 자신의 의지와 역량을 발휘하기가 어렵다.

- 편인이 강하면 타인을 의식하지 않으며 모든 언행이 자기 본위적이다.

- 편인(偏印)이 태왕하고 유통되지 못하면 배우자, 직업, 건강, 재물 등에 항상 문제가 발생하고 여명은 자식과 인연이 약하다.

- 왕한 편인(偏印)이 식상을 극하면 긍정적, 진취적이지 못하고 베푸는 마음이 없으며 도움을 받기만 원한다.

- 왕한 편인(偏印)은 재성을 무력화해서 식상과 재성이 손상을 입는 형태이기 때문에 흔히 처복, 재물복이 약하고 결혼을 해도 고부갈등이 심하고 운에 따른 부부 및 재물의 변화가 온다.

- 편인(偏印)이 사주원국에 없으면 학문과의 인연이 약하고 학문적 호기심과 박학다식한 면이 부족하다.

(2) 편인(偏印) 운의 길흉

편인(偏印)은 사주 원국에 따라 재성(財星)과 관성(官星)의 적당한 조절이 필요하다. 편인(偏印)은 도식(倒食)작용과, 겁재(劫財)를 생(生)하여 쟁재(爭財)하거나, 희신인 관성(官星)의 설기(洩氣)가 없어야 평화롭다.

- 편인이 약(弱)하여 관성의 도움으로 관인상생(官印相生)을 이루었을 때에는 편인(偏印)은 정인(正印)과 같다.
- 편인(偏印)이 강할 때 재성의 제화가 좋으면 편고함이 사라지고 정인(正印)과 같이 선하게 된다.
- 또한 편인이 지나치게 강(强)한 경우에는 재성(財星)의 제화(制化)가 필요하고, 비겁(比劫)까지 강하다면 비겁을 제(制)해 주는 관성(官星)이 좋다.
- 편인이 겁재(劫財)를 생하고 일간을 생(生)하지 못하면 남 좋은 일만 하러 다니게 된다.
- 사주에 식상이 태과할 때 편인운을 만나면 발전한다.
- 편인이 식신을 도식하면 가난하게 되고 운에서 또 편인을 만나면 사업실패나 건강문제가 생길 수 있다.
- 신약한 일간이 편인운을 만나면 매사 발전할 기회가 찾아오고 건강 또한 회복된다.

2) 편인의 사례분석

【사례 1】상담능력이 뛰어난 여성 역술인

```
時 日 月 年
戊 丙 辛 辛
戌 寅 丑 丑

戊 丁 丙 乙 甲 癸 壬
申 未 午 巳 辰 卯 寅
```

위 사주는 丙火 일간이 辛丑月生으로 신약하여 일지 寅木 편인을 용신한다. 편인(偏印)은 순발력과 재치가 있으며 또한 종교성이 강하며 예술과 명리학에도 능통하다. 사주의 주인공은 대학원에서 명리학을 전공하였다.

상관생재(傷官生財)를 이루고 용신을 만나자 인식능력이 뛰어나고 상담능력 또한 빛을 발하였다. 편인과 상관은 비현실적이나 설득력과 비범성이 발현되는 장점이 있다. 이 사람은 그러한 장점의 능력을 발휘하여 탁월한 명리상담을 하게 되었다.

【사례 2】 머리 좋은 잡술 도인

```
時 日 月 年
己 丙 丙 己
亥 子 寅 亥

庚辛壬癸甲乙
申酉戌亥子丑
```

위 사주는 丙火 일간이 寅月에 득령하여 편인격이다. 연간과 시간으로 상관 己土가 지지의 관살과 대치하여 상관견관(傷官見官)을 이루고 있다.

남의 일에 말참견을 잘 하고, 또 귀가 여려서 남의 말만 듣고 매사 두서 없이 조급하게 일을 벌이지만 금방 싫증내는 성격으로, 늘 유종의 미를 거두지 못하여 많은 재산을 탕진하였다. 현재는 일정한 직업도 없이 잡신에 홀려서 도인 행세를 하고 다니는 사람이다.

재성(財星)이 없는 명이 지지에 식상(食傷)의 뿌리까지 없으면 현실성이 결여된다. 이에 대하여 현대 명리학의 타고난 적성에 따라 진로방향을 미리 제공했다면 보다 나은 삶이 되었을 것이다.

【사례 3】 도서관 사서

```
時 日 月 年
戊 辛 己 乙
戌 卯 丑 酉

癸 甲 乙 丙 丁 戊
酉 申 酉 戌 亥 子
```

위 사주는 辛金 일간이 丑月에 월간 己土가 투출하여 편인격으로 時上에 正印까지 있어 인성多로 신강한 구조이다.

이 사주의 주인공은 정신적 명분이 강하고 의무적 성과에 대한 내면적인 만족감이 높은 사람이나 외골수이며 식상부재의 친화적 욕구의 결함은 활동의 제약을 초래하니 대인관계가 부족한 편이다. 즉, 인수가 투출하여 해맑게 웃는 얼굴이나 변화를 매우 두려워하는 사람이다. 식상이 나타나지 않으면 비교적 눈치가 없고 감성표현 또한 매끄럽지 못하다.

인수가 多하면 책을 많이 읽고 감상하기를 좋아하여 종교, 철학, 문학, 사서, 행정분야에 적합한데 이 남성에게 사서의 직업은 자신과 잘 맞는 진로가 되었다.

【사례 4】 명리학을 공부한 여성

```
時 日 月 年
壬 庚 戊 辛
午 辰 戌 亥

甲 癸 壬 辛 庚 己
辰 卯 寅 丑 子 亥
```

위 사주는 庚金 일간이 戌月에 출생하여 월간 戊土 투출로 편인격 신강 사주이다. 편인의 철학적 사고가 강하고 늘 이상세계를 꿈꾸며 에너지의 흐름이 자기 자신을 향해 유입되어지는 기운이 강해 직관력과 영성적인 면을 지니고 있다. 실제 이 사주는 명상을 하는 등 정신세계가 남다른 면이 있으며 수면 시에 항상 꿈을 많이 꾼다고 한다.

편인이 왕하나 壬水 식신으로 설기하는 용신을 활용하여 금융회사 영업사원, 카페 사업 등을 하였으나 어려움을 겪었다. 이는 재성이 없어 편인을 제화(制化)시키지 못해서이다. 이 여성은 대학원에서 명리학을 공부하였다.

【사례 5】 미투(me too) 운동과 운명

```
時 日 月 年
己 甲 乙 甲
巳 申 亥 辰

壬 辛 庚 己 戊 丁 丙
午 巳 辰 卯 寅 丑 子
```

甲木 일간이 亥月에 생하여 월지 편인이다. 또한 연, 월간으로 甲乙이 투출하여 비겁이 왕한 신강사주가 되었다. 비겁이 왕성하면 자기 에너지가 왕성하고 육감본능이 발달하여 행위예술에 능하게 된다.

사주의 주인공은 연극영화를 전공하고 배우로 입문하여 인기를 얻은 중견 배우이다. 연기학과 교수로 재직하던 중, 사회에 번진 미투 운동으로 불미스러운 행동이 노출되자 설 곳을 잃고 자살하고 말았다.

월령 편인을 얻어서 교수직을 하게 된 반면 비겁이 모두 천간으로 투출하여 시간의 己土 정재를 극하고 합하는 작용이 원인이라 할 수 있다.

Part 6

편인·정인의 기질과 사회성

3장

정인(正官)의 기질과 사회성

정인(正印)

기록을 활용하는 고수

'사고지능'

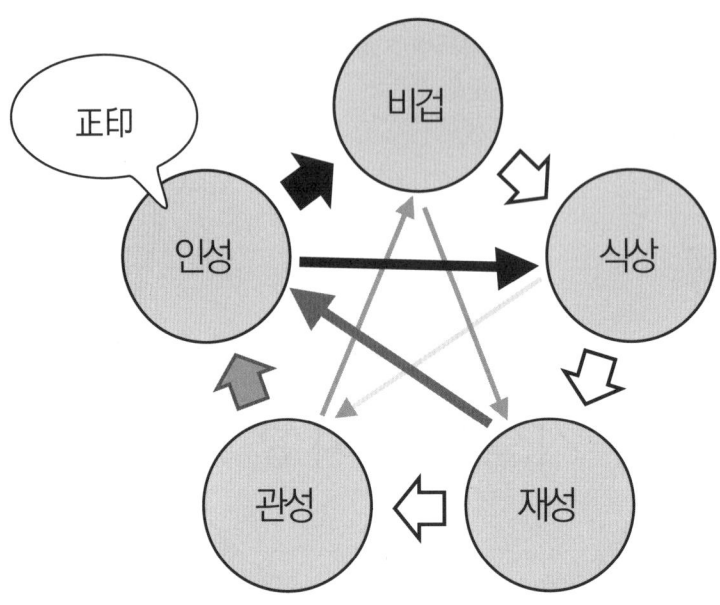

| 生 | 정인(正印)은 비겁(比劫)을 생(生)한다. |

| 剋 | 정인(正印)은 식상(食傷)을 극(剋)한다. |

| 制 | 정인(正印)은 재성(財星)에 대항(對抗)한다. |

| 洩 | 정인(正印)은 관성(官星)을 설기(洩氣)한다. |

1. 정인(正印)의 구조

1) 정인의 성립과정

일간을 생하는 오행으로 일간과 음양이 다른 것을 정인(正印)이라고 한다.
예) 甲木 일간이 사주 내 癸水와 子水가 있거나 己土 일간이 丙火, 巳火가 있으면 정인(正印)이 된다.

日干	甲	乙	丙	丁	戊	己	庚	辛	壬	癸
天干	癸	壬	乙	甲	丁	丙	己	戊	辛	庚
地支	子	亥	卯	寅	午	巳	丑未	辰戌	酉	申

| 육신六神 | 정인[正印] | ▷ 일간을 생(生)하는 오행
[비교] 일간을 생하며 일간과 음양이 같은 – 편인(偏印)
일간을 생하며 일간과 음양이 다른 – 정인(正印) | 십성十星 |

2) 육친관계

남명 : 모친, 장인, 이모
여명 : 모친, 사촌, 사위, 손녀

	일간		
	+火	정인	
甲	丙	乙	癸
午	子	卯	巳
		정인	

	일간		
정인	-金		정인
戊	辛	己	戊
子	丑	未	戌
			정인

2. 정인(正印)의 본성과 기질

1) 정인의 심리

학문적 탐구심리 ⇔ 생리적 욕구 ⇔ 폐쇄적 극단심리	
학문에 재능을 발휘하고 자존심이 강하며 명분을 중요시한다.	인성이 태과하면 자존심과 고집이 강하며 지나치게 모(母)에 의지한다.
전통과 명예를 지키려는 선비 기질이 강하고 보수적이며 인품이 중후하다.	생각이 많아 머릿속이 항상 복잡하고 이론에 치우쳐 따지기를 좋아한다.
어머니와 같이 편안하고 지혜로우며 단정하고 박학다식하다.	정직하나 고지식하며 융통성이 부족하고 계획에 비해 실천력이 약하다.

- 품위 있고 정직하며 군자와 같다.
- 명예가 높고 덕망과 주변의 협조를 잘 받는다.
- 글을 가까이하며 학식이 높고 교육자가 많다.
- 성적이 오르고 공부하려는 마음이 생긴다.
- 창의력과 이해심이 많고 문필력이 좋다.
- 정직하고 고지식하며 융통성이 부족하다.

- 인수가 태과하면 재물에 인색하고 이기적이다.

- 인수에 정관이 있어 관인쌍청하면 귀기(貴奇)한 명(命)이다.

- 인성이 묘(墓)에 있으면 종교에 심취한다.

- 인수가 장생(長生)에 있으면 그 모친은 인자한 사람이다.

- 희신 인수가 일시에 있으면 자수성가한다.

- 여명(女命)에 인수가 태과하면 자식과 인연이 없다.

- 인수격에 편인이 있으면 발복하기 힘들다.

- 명(命)에 인성이 약한 중 재성이 강하면 매사가 흉하다.

- 인수가 沖, 훼을 당하면 시험낙방, 문서사고가 많다.

- 인수격이 약할 때 관운이 오면 발전한다.

- 인수가 청(淸)하면 일생동안 평화롭고 복이 있다.

- 인수가 흉살이나 공망되면 부모덕이 없다.

- 명(命)에 인수가 태과하면 게으르고 이기적이다.

- 신약한 사주에 인수가 없으면 기억력이 약하다.

- 신약한 명(命)에 인수가 없으면 끈기가 없고 조급하다.

2) 정인의 긍정적·부정적 성향

긍정적 성향

- 전통과 명예를 지키려는 선비 기질이 강하고 보수적인 성격이다.
- 박학다식하며 성품이 인자하고, 마음이 너그럽고 사려가 깊다.
- 생각이 깊고 총명하며, 윗사람을 섬길 줄 안다.
- 정직하며 예의 바르고 효성심이 강하다.
- 인품이 중후하고 군자지도(君子之道)의 형이다.
- 사리가 밝고 신의를 소중히 하며 밝은 성격이다.
- 학문에 재능을 발휘하고 자존심이 강하며 명분을 중시한다.

부정적 성향

- 정인격은 인색하고 이기주의적인 성향이 많다.
- 인성이 태과하면 자존심과 고집이 강하다.
- 생각이 많아서 이유 없는 가치관의 혼란을 초래한다.
- 재물에 대해 인색해지기 쉽고, 이기적인 면이 강하다.
- 자신의 실력을 너무 믿고 외골수적인 편협한 생각을 한다.
- 매사에 계획과 설계는 좋으나 실천력이 약하고 행동이 느리다.
- 정직하나 매사에 고지식하며, 융통성이 부족하다.

3) 정인의 기질적 특성

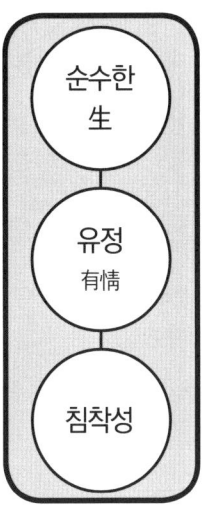

- 정인(正印)을 인수(印綬)라고도 하며 바를 정(正), 도장 인(印)자로 '끈'이라는 의미를 둔다. 어머니가 나를 낳고 도장을 찍은 것과 같은 것으로 만약 자신을 버려도 나를 낳았다는, 이 '끈'은 영원하다.
- 부모의 조건 없는 사랑으로 유정(有情)하여 모유성분과 같아 어머니에 해당하여 정인(正印)이 많으면 어머니의 사랑이 지나쳐 매사 간섭하게 되어 의지가 박약하고 독립심이 부족하게 된다. 또한 친어머니가 자신을 돌보지 않는 형상이니 양모에게 양육되는 경우가 많고, 자식과 인연이 적어 노년에 고독해지는 경우가 많다.

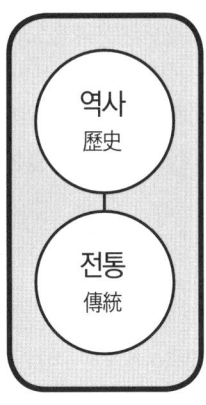

- 정인(正印)은 진리에 관한 학문으로 학문과 명예로 한 개인의 신분과 지위를 나타내며 전통을 계승하고 역사성을 유지하며 조상(祖上), 가문, 족보사업, 세대 유산 등을 의미한다.
- 아무런 대가나 보답없이 '나'를 도와주는 어머니, 선생님, 윗사람 등에 해당된다.
- 정인(正印)의 성분은 사주 내 구성에 따라 인내와 성실, 가정, 종교, 경험, 기획, 기술, 생명, 정직, 순응(順應) 등의 뜻을 가지고 장기적(長期的)인 안목을 꿈꾼다.

- 정인(正印)이 왕성하고 정관을 얻어 관인상생(官印相生)하여 일주가 건왕(健旺)하면 부모덕이 있고 좋은 가문의 혈통(血統)으로 교육도 제대로 받아 행동과 언행이 모범적인 자가 된다.

- 정인격(正印格)은 건왕(健旺)해야 발전하고 약한 인수를 극하는 재성이

있더라도 관성이 있으면 관성은 재의 생조를 받아 인수를 돕기 때문에 재생관(財生官), 관인상생(官印相生)하여 명조가 길하게 된다.

- 정인(正印)은 나를 생하여 대체적으로 길성(吉星)이라 하나 인성이 태과(太過)하면 도리어 병(病)이 되니 이때는 인수를 제(制)하는 재성이 희신(喜神)이 되기도 한다.

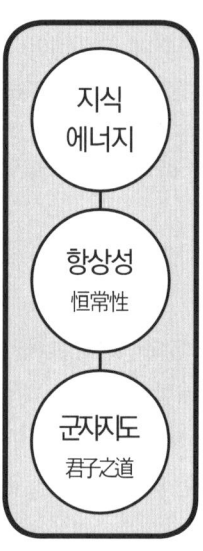

- 정인(正印)은 순수 지식의 습득력으로 선비 기질(교육, 연구, 지식)을 갖추어 학습적이며 안정성을 추구한다.
- 명예, 학문, 문서계약, 지혜 등이 이에 속하며 자비심으로 길신(吉神)을 의미한다.
- 정인(正印)은 온후단정하고 지혜가 있으므로 정리정돈과 전통성을 중시하며 항상성을 유지한다.
- 타인의 선망을 얻고 인의(仁義)를 알고 군자지풍이 있으며 또한 가정이 번영하고 자산이 풍부한 길상을 나타내므로 사주에 정관(正官)이 정인(正印)을 생(生)하여 이와 같은 길조가 더욱 증가되나 재성(財星)이 정인(正印)을 극하면 길신(吉神)이 약화된다.

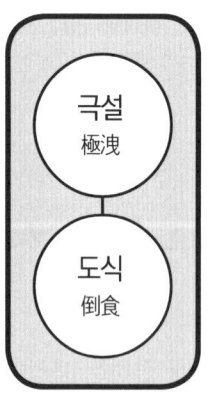

- 정인은 길신으로 관성(官星)의 생조를 얻으면 길(吉)하다. 그러나 정인이 관성을 극설하여 관성이 무력하게 되면, 직업운이 약해지거나 남자는 자식이, 여자는 남편운이 약하게 된다.
- 정인(正印)이 너무 왕(旺)하여 식상(食傷)이 극(剋)을 당하면 설기(洩氣)가 안 되어 휴직상태로 지체됨이 많고 생각하는 사고방식이 잘못 되어 사고나 말썽을 일으킬 수 있다. 사업하는 사람은 유통의 문제가 생기고 배달사고가 나거나 아랫사람이 다치는 일이 발생한다.

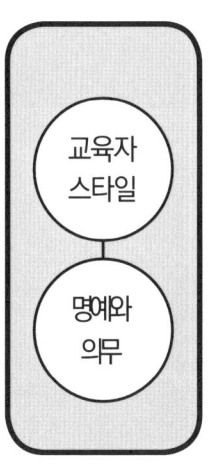

- 정인(正印)은 항상 생각이 깊고 고지식한 편으로 한결같이 정확히 받아서 정확하게 주려는 습성이 있어서 교육자에 적합하며 정직하고 순박하여 사람들의 모범이 된다.
- 정인(正印)이 정관(正官)과 동주하면 성격이 치밀하고 자존심이 강하며 가정교육을 잘 받은 사람으로 진정한 능력을 발휘하여 지위와 명예를 얻을 수 있다.
- 깨끗하고 고결한 품성으로 자신의 주위를 항상 깨끗하게 유지하고 주변을 살피는 기질을 갖고 있다. 다만 자존심이 강하고 앞서기를 꺼리며, 재물에 인색하고 이기주의적인 면이 강하므로 남들에게 비방을 듣기 쉽다.

연해자평 「論印綬」

인수가 있으면 당 주인이 지혜가 많고 심성이 풍후하다. 대개 인수는 재를 두려워한다. 이것은 재성이 인수를 상해하기 때문이다. 사주 중에나 대운 중에 관성이 있으면 오히려 귀가 되고 복이 된다. 대개 관성과 관살(편관)은 인수를 생해주나 재는 능히 인수를 상하게 하니 두렵다. 인수가 묘하다는 것은 부모의 음덕을 받는다는 것과 부친의 재물을 이어 받아 편안하게 누리는 사람이다. 만약 두세 개의 명조가 서로 비슷한 경우 당연히 인수가 많은 것을 상명으로 삼는다. 인수가 있으면 일생 병이 적고 음식을 잘 먹는데 혹 재가 많고 승왕하면 반드시 정체함이 많다. 비록 관살을 기뻐하지만 관살이 많거나 혹 격국에 해당할지라도 오직 인수에만 의지해서 말함은 불가하다.[28]

---

28) 故主人多智慮, 稟豊厚, 蓋印綬畏財, 主人括囊 故四柱中及運行官貴, 反成其福, 蓋官鬼能生我, 只畏其財而財能反傷我, 此印綬之妙者, 多是受父母之蔭 承父之貨財, 見成安享之人, 若又以兩三命相幷 當以印綬多者爲上, 又主一生少病, 能\飮食, 或若財多乘旺, 必多淹留, 雖喜官鬼, 而官鬼多或入格, 又不可專以印綬言之.

3. 정인(正印)의 재능과 사회성

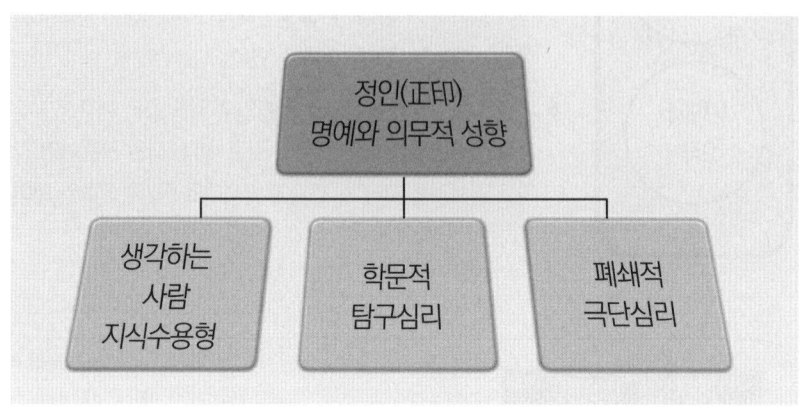

1) 정인의 지능과 재능

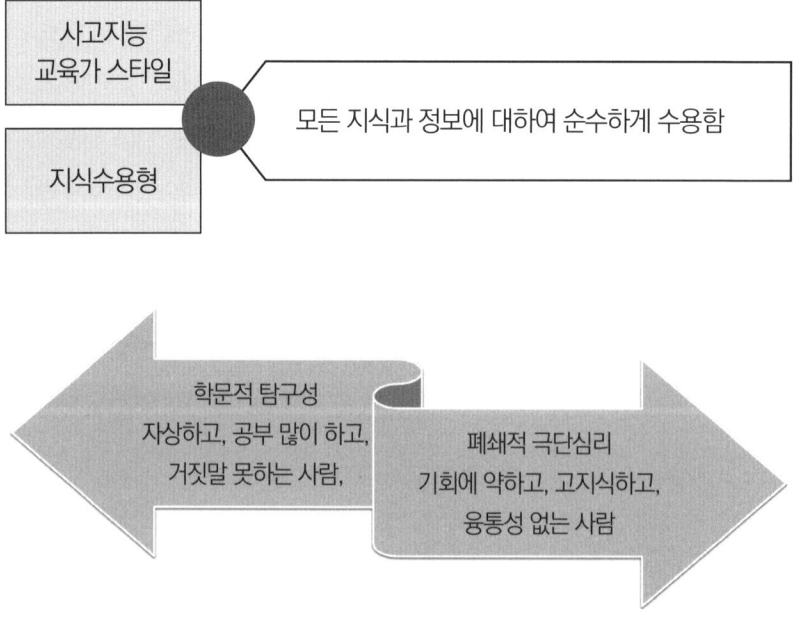

- 지식의 습득 자체에 관심이 많은 유형으로 학문을 순수하게 수용하고 계획성 있게 추진한다.
- 다른 사람들에게 자신의 학문적 가치를 인정받고 싶어하며 꾸준히 노력한다.
- 융통성은 부족하나 심오한 학문적 매력을 존중하며 글쓰기와 정돈된 기록을 잘한다.

> 해독능력, 역사성, 수용력, 정직성, 시간성, 아이디어, 기록능력이 우수하다. 정리정돈을 잘하며 순서와 절차를 고려하고 명예와 의무적 성향이 강하다.

학문적 탐구심리 & 폐쇄적 극단심리

- 자신의 주장을 강하게 내세우지 않으며 차분하고 느긋하다.
- 학문을 중시하고 학업 능력이 우수하며 보수적 경향이 강하다.
- 안정과 체면을 중시하여 경쟁이 심하거나 체면 손상이 올 수 있는 직업을 원치 않으며 지식을 바탕으로 한 직업을 원한다.
- 꾸준히 노력하는 스타일로 스피드엔 취약하다.
- 생각하는 정서가 깃들어 있다.
- 기록하고 기억하여 실수가 적다.
- 잘 듣는 습관으로 정보가 축적된다.

2) 정인의 궁위별 특성

時	日	月	年
보수적이며 지속적인 자기개발 욕구심리	나(我)	전통성의 수용과 대의와 이론적 의존심리	계승적인 지식 축적과 안정된 사회적응심리
자아존재감의 지속 기대 심리	현실적인 이론의 수직적 응용심리	본성적인 이론의 틀을 구축하는 안정적 수용심리	조건없는 사랑의 혜택에 의한 자아의존심리

① 연간의 정인

辛 甲 丙 癸
未 子 辰 酉

- 심리 : 계승적인 지식의 축적과 안정된 사회적응심리
- 사회성 : 안정된 집안에서 사랑과 혜택을 받아 권익을 보장받으며 성장한다. 학문과 명분을 내세워 안정적인 사회적 진출을 모색하고자 하는 경향이 많으므로 일생을 통해 지속적으로 배움의 길을 사랑하는 성향이다.

② 월간의 정인

丁 己 丙 戊
卯 丑 辰 申

- 심리 : 전통성의 수용과 대의와 이론적 의존심리.
- 사회성 : 어른을 존경하고 의외성의 도움과 행운이 많이 따르며 타인에게 베풀기에 앞서 받기를 좋아하는 이기적인 경향이 있고 외골수로 인내심이 강하고 대의에 순응하는 이론적 성향이다.

③ 시간의 정인

庚 癸 壬 乙
申 卯 午 卯

- 심리 : 보수적이며 지속적인 자기 개발 욕구심리.
- 사회성 : 학문이나 공부에 마음이 많이 가므로 만학하는 경우가 많으며 사회생활을 유지하기 위해서 꾸준한 업그레이드가 필요한 전문직에 주로 종사하게 된다. 꾸준히 자기 개발에 주력하는 성향이다.

④ 연지의 정인 庚丙壬己 寅辰申卯	● 심리 : 조건 없는 사랑의 혜택에 의한 자아의존심리. ● 사회성 : 부모가 자녀를 양육하듯 그리고 자연이 만물을 성장시키는 것과 같은 자연 친화적인 관심과 애정을 어디서나 받게 되는 행운이 따른다. 국가 인증 자격증, 호적, 성경책, 종교서적, 선대유물 및 유산, 국제공통 규격 등과 관련성이 높다.
⑤ 월지의 정인 갤러리(Gallery) 丁癸甲乙 巳亥申未	● 심리 : 본성적인 이론의 틀을 구축하는 안정적 수용심리. ● 사회성 : 전통과 명예를 지키려는 선비 기질이 강하고 보수적인 성격으로서 명분을 내세우며 행동하는 성향이다. 안정적인 인허가증이나 각종 문서로서 재산을 구축하고 골동품, 유물, 임야, 토지, 자연자원, 문화재를 존중한다.
⑥ 일지의 정인 웹 프로모션 壬乙癸丁 午亥丑巳	● 심리 : 현실적인 이론의 수직적 응용심리. ● 사회성 : 이론적이고 원칙적인 정신으로 무장되어 이를 현실상황에서 적극적으로 활용하는 능력을 보이므로 융통성 부족과 고지식한 단면이 있기도 하다. 모친과 인연이 깊거나 사랑과 배려의 폭이 넓고 문필가의 이미지를 가진다.
⑦ 시지의 정인 건물임대 辛丙辛丙 卯子卯子	● 심리 : 자아존재감의 지속 기대 심리. ● 사회성 : 유산이나 문서, 저서, 회고록, 보고서처럼 자신에 관한 흔적을 자손이나 후대에 남기려 하는 마음이 강하다. 후계자나 문하생 등 나 자신의 분신과도 같은 존재와 인연이 깊고 전통과 명예를 오래도록 유지하고 싶어 하는 성향이다.

3) 정인의 직업과 사회성

사안(事案)	직업
모친, 조부, 도장, 학업, 명예, 표창, 졸업장, 자격증, 계약 등의 길흉사	학자, 교육자, 자선사업, 행정직, 육영사업, 조업(祖業) 계승

정인(正印)

정인(正印)이 청(淸)한 경우	정인(正印)이 탁(濁)한 경우
보수적, 명예와 체통, 가문과 전통을 중시하고, 학문을 좋아하여 박학다식, 자비심, 희생 봉사, 남을 배려한다. 여명(女命)은 전통적인 여성관, 현모양처	외골수로서 타협을 하지 않고 한 번 틀어지면 다시 상대하지 않으려 한다. 보수적이라서 적극성과 진취성이 부족하다.

정인(正印)은 명예와 의무적 성향으로 숭고한 계승을 원칙으로 하며, 학업능력이 우수하다. 자유분방한 것을 싫어하고 보수적 성향이 강하고, 한결같이 정확히 받고 정확하게 주려는 습성이 있어서 교육자에 적합하다. 식상이 있을 경우 아이디어가 풍부하고 직관성을 발휘하여 글을 잘 쓰니 논설(論說)능력이 좋아 작가나 신문방송 등도 좋다.

지식체계

교육학과, 행정학과, 국문학과, 신문방송학과, 문예창작과, 사학과, 유아교육과, 어문학과, 종교학과, 문화 인류학과 등.

직업적성

교육, 학원, 육영, 문화, 예술, 언론, 종교, 출판, 정치, 통역, 번역, 출판, 행정, 컴퓨터관련 직종, 방송작가, 응용미술, 일반예술, 저술, 기사, 창작적 업무 등.

출판사 대표 甲 丁 乙 己 辰 酉 亥 亥	丁火 일간이 亥 중 甲木이 시상으로 투출하였다. 이 사람은 명문대를 졸업하고 출판업을 운영하며 많은 책을 번역하고 강의도 하는 사람이다.
영어 교사 乙 癸 丙 丙 卯 亥 申 午	癸水 일간이 申月생으로 정인격이다. 중고등학교 영어교사이다. 乙木 상관이 투출하여 적성이 적합하다.
대기업 근무 丙 甲 戊 乙 寅 午 子 卯	甲木 일간이 子月생으로 정인격이다. 丙火로 설기가 잘 되는 인비식 구조로 직장에서 능력을 인정받는 여성이다.
차량등록업(남성) 庚 癸 丙 丙 申 亥 申 申	癸水 일간이 庚金이 투출하여 정인격이다. 차량등록업을 하는 남성이다. 인수가 왕하여 하는 일이 적성에 적합하다.

4. 정인(正印)의 통변성과 사례분석

1) 정인의 통변성

(1) 정인(正印)이 많고 강한 경우

- 정인(正印)이 많으면 일간의 성품은 편인(偏印) 성향을 나타내기도 한다.

- 성정이 느긋하고 여유로운 편으로 결단성이나 과감성이 없고 강한 자신의 주장이나 소신이 없다.

- 대개 게으른 편으로 의타심이 강하고 일관성이 없으며 배우자, 직업, 건강, 재물 문제가 항상 따르게 된다.

- 강한 정인(正印)의 기운도 일간이 합(合)충(沖)극(剋) 되지 않고 온전하며 식상의 기운으로 유통되면 늦게 발복이 될 수도 있다. 사주 내 정인(正印)이 없으면 인덕이 없으며 학문에 정진하기가 어렵다.

- 정인이 강하면 자율적 표현의 사고체계를 주관하는 식상을 통제하여 공개경쟁력이 취약하게 된다.

- 자기 생각을 식상에게 강요하게 되니 자녀교육에 집착할 수 있다.

2) 정(正), 편(偏)의 구분

편인이든 정인이든 격이 좋고 관성(官星)의 역할이 좋을 때는 전통성을 중시하거나 순리에 따르는 한편 사회성이 좋고 학문과 문화예술을 좋아하는 것이 동일하다. 다만, 현대사회가 다변화 되면서 구분이 필요한 것이며 시대적 변화에 따라 모든 십성은 독자적인 차별성을 두고 분석해 나가야 하는 의무를 가진다.

- 정인이든 편인이든 인수격은 학문과 자격을 내세워 직업을 삼고자 하며 인수격(印綬格)이 인성운을 만나면 인수(印綬)가 과(過)하여 식상을 극(剋)하므로 노력과 활동은 접히고 안일한 사고방식으로 무(無)노동성의 일을 하게 되어 임대업 등을 하게 된다.
- 편인은 주로 실용학문 분야에서도 능력을 보인다.
- 정인은 밝은 표정으로 단순구조의 사고방식이라 고지식하나 편인은 의외로 융통성을 부리는 이중구조의 사고방식이다.

2) 정인의 사례분석

【사례 1】언론사로 이직한 대학교수

```
時 日 月 年
壬 丁 辛 壬
寅 卯 亥 辰

戊 丁 丙 乙 甲 癸 壬
午 巳 辰 卯 寅 丑 子
```

위 사주의 주인공은 丁火 일간이 亥月에 실령(失令)하여 신약사주다. 그러나 일지 卯木이 있고 시지 寅木 인수가 왕한 관살(官殺)을 설기하여 일간을 돕고 있으니 인수가 용신이 된다.

甲寅, 乙卯 대운에 대학교수를 하던 중 인수 운이 지난 丙火 대운에서 언론사의 제의를 받고 이직(移職)한 사람이다.

관인상생을 이룬 사주로 조직에서 능력을 발휘할 수 있으며 서열본능이 발달하여 대인관계가 원만하게 된다. 단, 식상이 없으니 글 쓰고 책읽기는 좋아하나 공개경쟁에 취약하다.

【사례 2】 경제수석 보좌관

```
時 日 月 年
丙 己 癸 丙
寅 亥 巳 寅

庚 己 戊 丁 丙 乙 甲
子 亥 戌 酉 申 未 午
```

위 사주는 己土 일간이 巳月에 丙火가 時上으로 투간하여 정인격(正印格)의 경신강(輕身强) 사주이다. 완고하면서도 고결한 성품과 인품을 두루 갖추었고, 항상 자신의 주변을 청빈하게 하였으며 재물보다는 명예를 추구하면서 학문을 가까이한 인물이다.

이 사주의 주인공은 박정희 대통령 시절 경제수석 보좌관을 역임한 사람이다. 인성(印星)은 일간에게 근본적인 생명의 줄기로서 모든 에너지의 원천적 공급처이며, 과거와 현실을 보는 논리적 의식이 탁월하다.

사주가 관인상생 구조이니 보좌관이나 비서직 수행은 적합한 적성이 된다.

【사례 3】 법무사

```
時 日 月 年
甲 丁 戊 乙
辰 亥 寅 丑

辛 壬 癸 甲 乙 丙 丁
未 申 酉 戌 亥 子 丑
```

　위 사주는 丁火 일간이 寅月에 甲木이 투출하여 정인격(正印格)이다. 월간에 상관(傷官)이 있으나 전반적으로 조후(調候)가 안 되었다. 언행이 방자하며 제멋대로 일을 처리하고, 매우 이기적이며 재물에 인색하여 자신의 것은 적은 돈이라도 끝까지 받아내고야 만다.

　이 사주의 주인공은 청년시절 교사생활을 하다가 6.25전쟁 때 월남했는데, 너무 고지식하고 융통성이 부족한 것은 인수격(印綬格)에서 잘 나타난다. 월남 후 갖은 풍파를 겪다가 늦게나마 법무사 시험에 합격하고 법률사무소를 운영하며 건강을 지나칠 정도로 챙기는 사람이다.

　亥水 중 壬水 정관이 지나친 안정의 욕구로 나타나 고정관념을 고취시킨 예이다.

【사례 4】 여성 장학사

```
時 日 月 年
辛 癸 壬 甲
酉 丑 申 辰

丙 丁 戊 己 庚 辛
寅 卯 辰 巳 午 未
```

위 사주는 癸水 일간이 申월에 時上으로 辛金이, 월간으로 壬水가 투출하여 인성과 비겁이 강한 신강구조이다. 그러므로 연간의 상관 甲木으로 왕한 일간에 기운을 설기하는 용신으로 쓴다.

이 사주의 주인공은 공부하기를 좋아하고 가르치는 것을 천직으로 아는 교육자이다. 월지 申金 정인은 글을 읽고 쓰는 교육자적 사고를 주관하며 일지 丑土 편관은 酉丑合으로 인수로 변하지만 일간에게 결심과 인내심의 정서를 부여한다. 단, 재성 火가 없어 다소 비현실적인 면이 있을 수 있고 비겁 강으로 에너지가 많다.

이와 같은 인비식 구조의 사주는 대개 머리가 좋고 전문가적 기질로 정보수집과 가공능력이 뛰어나다.

【사례 5】대학강사

```
時 日 月 年
乙 戊 庚 庚
卯 午 辰 申

癸 甲 乙 丙 丁 戊 己
酉 戌 亥 子 丑 寅 卯
```

戊土 일간이 辰月에 乙木이 시상으로 투출하여 정관격이다. 또한 연월 庚申, 庚辰으로 식신이 왕하니 戊土 일간은 일지 午火 정인을 용신으로 쓴다.

이 여성은 한국에서 대학을 다니던 중에 프랑스로 유학을 갔고, 건축학을 전공하여 석사까지 마치고 귀국하여 대학강사를 하며 박사과정을 공부하고 있다.

월지 辰土 비견은 활동적인 에너지를 부여하고 시주 정관은 바른 사회관을 갖게 하는 중 일지 정인은 학문적 사상이 강하고 왕성한 식신과 함께 뛰어난 언어능력을 발현시키고 있다.

앞으로 공부하고 가르치는 대학교수의 길을 걷게 된다면 적성과 일치하는 진로가 된다.

Part 7

사주풀이 길라잡이

1장 사주통변의 이해
2장 직관 능력 활용
3장 신수 감정법

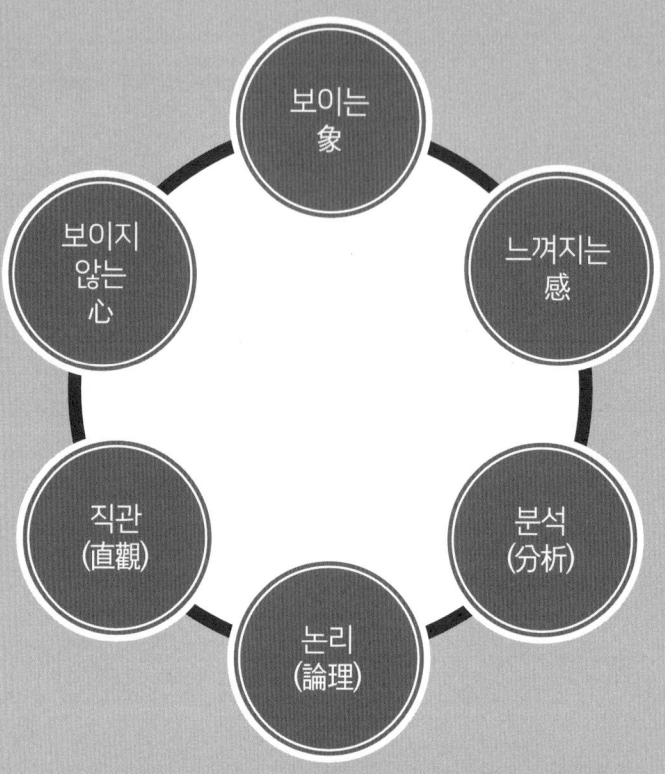

Part 7 사주풀이 길라잡이

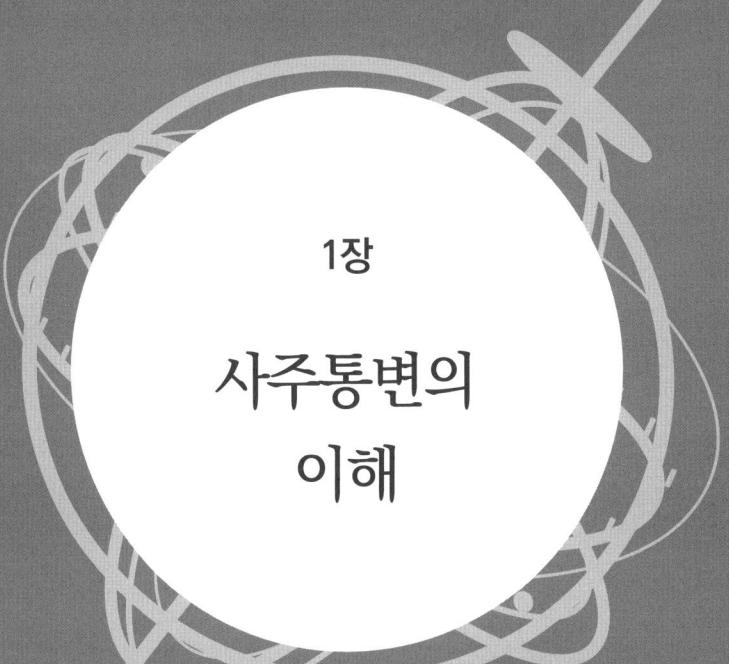

1장

사주통변의 이해

핵심 포인트를 보는 혜안
그리고
통변은 영혼이 접목된

'고급기술'

1. 통변은 실전기술이다

사주학의 꽃은 통변술(通辯術)이다. 통할 通, 말 잘할 辯, 꾀 術이란, 상대에게 통할 수 있도록 말을 기술적으로 잘해야 한다는 의미이다.

상담자가 많은 책을 읽고 오랜 세월의 경력을 갖추었어도 어떠한 문제를 갖고 찾아온 사람 앞에서 상담기술이 부족하여 말을 주저한다거나 앞뒤가 뒤엉키는 논리를 피력한다면 설령 현답(賢答)을 말했다 하더라도 상대방은 명쾌한 답을 들었다는 느낌을 못 받거나, 현답에 대한 신뢰를 못하게 되는 안타까운 상황으로 전락된다.

여기서는 학문을 익힌 후 상담에 직면할 때의 자세와 가장 신속하고 명료한 통변으로 상담서비스를 제공할 수 있는 방법을 설명한다. 즉 이론적인 장황한 설명을 제외하고 오직 내방객과 마주한 순간부터 상담(相談)을 운용하는 기법(技法)만을 핵심적으로 강의한다는 것이니 영업을 계획하거나 공부하는 사람들은 잘 익혀서 충분히 응용(應用)할 수 있기 바란다.

학문(學文)을 갖춘 다음 상담을 하는 것은 곧 의학(醫學)공부를 마친 의사가 병자(病者)를 과감히 수술을 하는 것과 조금도 다를 것이 없는 것이니 상담에 임할 때는 무엇보다 상담사 스스로 확신감과 자신감을 갖고 성실하고 당당하게 말하고 사주는 물론 그 외적인 상황까지도 정확하게 통찰할 수 있어야 한다.

통변은 서비스인 동시에 상대를 다루는 기술이며 술사(術士) 자신의 생존(生存)과 직결된 문제라는 것을 명심해야 한다. 남과 같아서는 결코 남보다 나을 수 없다는 필자의 지론(持論)은 곧 자신의 능력을 높이는 노력이 남과는 달라야 한다는 것이며, 반드시 자신의 독창적인 특기를 연구 개발하여 일인일기(一人一技)의 차별성을 부각시켜야 한다.

그럴 수 있을 때 자신의 상담능력은 탁월한 비상(飛上)을 하게 되며, 세인(世人)들에게 주목받게 될 것이고 사주쟁이는 가난하다는 고정관념을 깨고 사주명리학자로서 충분한 부가가치(附加價値)가 뒤따를 것이다.

현대는 신선하고 차별화된 상담서비스의 콘셉트(concept)가 강력히 요구된다. 안일한 사고와 고정관념을 탈피하지 못한 나태한 자가 눈앞의 이득만을 계산하고 있다면 그는 결코 경쟁사회에서 후진을 면키 어렵다.

知命(명을 아는 것)

대개 하늘이 천명을 부여하면 그 명을 알아내는 것은 사람에 달려 있다. 그러나 사람마다 타고난 명이 있지만 모두가 자신의 명(命)을 아는 것은 아니다. 이른바 안다(知)고 하는 것은 학문을 함으로써 그 지극한 곳까지 다다를 수 있는 것이며 또한 많은 세월과 경험을 거쳐야 그 공(功)을 이룰 수 있는 것이다. 그러므로 君子는 조용히 살면서 자신의 명(命)을 기다린다고 했으며 또 공자께서는 나이 오십이 되어서 자신에게 주어진 천명(天命)을 아셨다고 하였다. 또 논어(論語)의 마지막 장에는 '명(命)을 모르면 군자(君子)가 될 수 없다'라고 하였으니 성인께서 사람들로 하여금 지명(知命)에 힘쓰도록 한 뜻이 이토록 심원한 것이다.

〈정선명리약언 위서(韋書) 中〉

2. 사주가 잘 안 맞는 이유

1) 대상자가 가치관을 어디에 두고 있는가에 따라서

오직 물질에 가치관을 둔 사람이라면,
비록 복잡한 인간관계가 개선되어 만사가 편해졌다 해도
물질이 들어오지 않았기 때문에 자신의 운이 좋다는 생각을 하지 못한다.

오직 승진에 가치관과 목적을 둔 사람이라면,
비록 경제적으로 좋아졌어도 그건 당연한 것이라고 생각할 뿐
승진을 하지 못했을 경우에만 치중하여 자신의 운이 나쁘다고 생각한다.

오직 사랑에 가치관을 둔 사람이라면,
비록 안정된 직장에 임하고 사람들의 칭찬을 듣는다 해도
사랑이 없을 경우 자신은 운이 나빠서 외로움을 면치 못한다고 생각한다.

오직 작품에 가치관을 둔 사람이라면
비록 재물이 여유 있고 좋은 환경이 제공되었다 해도
작품을 인정받지 못했다면 실의에 빠져 운을 탓하게 된다.

2) 사주가 틀렸을 때와 환경의 영향을 많이 받았을 때

- 시간을 착각하여 사주를 잘못 설정했을 때
- 큰 충격으로 정신적인 문제가 있을 때
- 신체가 법의 통제를 받을 때
- 개인의 운보다 더 큰 단체, 국가, 지역적 특성이 작용할 때

3) 부모의 유전자와 성장환경

동일한 사주를 가지고 태어났다고 해도 같은 삶을 살지 않게 되는 이유는 무수히 많다. 부모의 유전자가 다르고 출생지역이 다르며, 성장환경이 다르기 때문이다. 또한 가족구성원도 다르고 먹는 음식 등 문화도 다르게 성장하였다는 것 역시 또 다른 이유이다.

이와 같은 선천적·후천적 조건들로 인하여 사주가 개인의 모든 것을 밝혀낼 수 있는 만능의 도구가 될 수는 없다. 하지만 개인이 출생하며 天으로부터 부여받는 체질과 운명론적 길흉화복 방향을 측정하거나 예측할 수 있는 도구는 사주팔자 외에는 그 어디에도 없으니 인류 역사상 가장 우수한 검사 및 예측도구라 할 것이다.

3. 즉각 판단해야 할 사항

사주를 구성하고 격국과 용신의 구조에 따라 사주의 그릇을 판단하는 것은 기본이다. 즉 운명에 대해 정확한 판단을 할 수 있도록 격국용신법은 일반화되어 오래도록 많은 연구가 이루어지고 있는 것이다. 그러나 이런 기본적인 학문도 활용하는 기술이 필요한 것이니 이를 술(術 : 꾀, 수단)이라 한다. 다시 말해서 통변술(通辯術)은 사주를 즉시 분석하여 상대가 요구하는 답을 말하는 기술이다. 그러니 사주를 신속하게 판단하는 방법을 익혀 두어야 한다.

1) 四柱의 능력판단

신강사주와 신약사주로서 귀함과 부귀빈천이 정해지는 것이 결코 아니다.

신약(身弱)사주라 해도 신강(神强)함이 있어 능력이 있는 것이며

신강(身强)사주라 해도 신약(神弱)함이 있어 무능함이 있는 것이다.

사주의 운용은 오행의 중화(中和)를 목적으로 한다. 그러나 중화의 판단은 세 가지로 구분한다.

오행의 상생적인 중화 – 오행의 상생이 잘되는 사주
오행의 강약적인 중화 – 신강과 신약이 편중되지 않은 사주
음양의 조후적인 중화 – 난조하거나 한습하지 않은 사주

상생의 중화를 이룬 사주	강약의 중화를 이룬 사주	조후의 중화를 이룬 사주
時日月年 丙甲壬己 寅寅申未	時日月年 辛壬丙丁 亥申午巳	時日月年 庚丁丙癸 子卯辰亥

2) 능력 있는 사주 판단

아래서 예시한 조건이 대부분 이루어져 있으면 좋은 대운을 만날 때 확실하게 발복이 잘 된다. 또한 극히 빈천(貧賤)하게 살지는 않는다.

- 격국이 분명하고 격이 요구하는 용신이 잘 갖추어져 있어야 한다.
- 일간은 강약에 상관없이 지지에 뿌리[根]가 있어야 한다.
- 용신은 지지에서 天干으로 투출해야 활동적이며 사회성이 좋다.
- 천간의 용신과 희신은 지지에 뿌리가 있어야 한다.
- 용신과 희신이 뚜렷하고 일간과 유정(有情)해야 한다.
- 용신을 훼하거나 합거시키는 오행이 없어야 한다.
- 용신을 훼하거나 합거시켜 피해를 주고 있는 오행[病]이 있을 때는 그것을 극제(剋制)시키는 오행[藥]이 있어야 한다.
- 조후(調候)가 잘 되어 있어야 한다.
- 일간이 심약(甚弱)하거나 태강(太强)하지 않아야 한다.
- 오행이 서로 심하게 상전(相戰)하지 않아야 한다.
- 합이나 沖이 지나치게 많지 않아야 한다.

버클리대학 실용음악
〈일간의 뿌리가 확실함〉

```
時 日 月 年
庚 丙 癸 戊
寅 戌 亥 申

己 戊 丁 丙 乙 甲
巳 辰 卯 寅 丑 子
```

　위 사주는 亥月 丙火로 사주에 金水 재관(財官)이 왕하여 신약하다. 그러나 편인 寅木의 생을 받고 식신 戌土의 암장에 丁火가 있는 중 寅戌合은 火를 돕는 간접작용이 되므로 신약한 丙火 일간은 뿌리가 뚜렷하다. 대운이 용신 東南方으로 향하자 버클리에서 실용음악을 전공하고 현재 서울 예술대학에서 후학을 지도하고 있다. 바로 일간의 뿌리가 뚜렷한 사주에서 나타나는 능력이다.

상고출신의 은행원
〈통근한 중 좋은 대운〉

```
時 日 月 年
戊 丁 癸 癸
申 未 亥 丑

己 戊 丁 丙 乙 甲
巳 辰 卯 寅 丑 子
```

　위 사주 丁火는 未土에 간신히 의지하는 신약구조이다. 水 관살(官殺)이 중(重)하여 병(病)이 되므로 이를 제살하는 戊土와 일지 未土가 있어서 다행이다. 특히 다행인 것은 용신 未土가 亥未로 半合 木局을 이루는 중 일간 丁火가 통근을 하고 있다는 점이다. 비록 가난한 집안에 태어나 여상을 졸업했으나 대운이 좋아 은행원이 된 것은 신약한 사주라도 뿌리가 있는 사주는 길운을 만나면 발복할 수 있는 능력이 있기 때문이다.

3) 능력이 부족한 사주 판단

사주가 아래 예시한 것과 대부분 같으면 매사가 시원스럽지 못하고 어려움이 많이 따른다. 또한 좋은 대운을 만나도 크게 발전하지 못하는 경우가 많다.

- 파격이 된 경우, 격을 용신이 배반한 경우
- 일간이 지지에 뿌리를 두지 못했거나 있어도 沖이나 合去되었다.
- 용신이 지지에 뿌리를 두지 못했거나 있어도 沖이나 合去되었다.
- 沖이나 剋 당한 용신을 구제할 오행[藥]이 없다.
- 용신이 일간과 멀리 있어 일간을 돕기에는 무정(無情)하다.
- 사주가 냉습하거나 또는 조열함이 과하다.
- 일간이 지극히 태약하거나 또는 태강하다.
- 천간지지로 合과 沖이 중복되었다.
- 사주의 격이 명쾌하지 못하고 혼잡하다.
- 사주가 설정된 격에 적합한 용신을 쓰지 못한다.
- 용신이 뚜렷하지 않거나 가(假)용신을 쓴다.

타인과 같은 부부 중 여자
〈일간이 뿌리가 없다〉

時日月年
癸甲癸己
酉午酉亥

庚己戊丁丙乙甲
辰卯寅丑子亥戌

　　위 사주는 甲木이 酉月에 실령, 실지하여 신약하다. 월주와 시주에 癸酉가 나란히 관인상생을 이루고 있는 모습은 마치 두 남자에게 물을 먹고 사는 모습이다. 丁丑대운 壬午년은 丁火 상관이 강한 기신운으로 남편과 인연이 멀어졌으며, 또 일지 午火 상관은 두 관성을 마주보고 있어 한 남자를 섬기지 못한다. 비록 인수용신이 일간 양쪽에 있다 하나 일간이 뿌리가 없으니 결국 불안정하고 발복하기 어려운 것이다.

삶이 괴로운 여인
〈일간과 용신이 뿌리를 잃었다〉

時日月年
丁乙乙庚
丑巳酉戌

戊己庚辛壬癸甲
寅卯辰巳午未申

　　위 사주는 酉月의 乙木이 사주 전국에 관살혼잡으로 교집(交集)되어 있어 乙木은 위협을 받고 있다. 水로 유기되지 않아 丁火로 제살하는 용신을 써야 한다. 그러나 巳酉丑 三合 金局을 이루자 용신 丁火는 지지 巳火의 뿌리[根]를 잃게 되었다. 정신적으로 위기를 맞고 있는 상황으로 남편과 갈등이 심하고 건강마저 나쁘다. 남방 용신 대운으로 좋을 것 같으나 그렇지 못한 것은 일간과 용신이 모두 뿌리를 잃은 탓이다.

뇌성마비
〈태강한 日干의 결함〉

時 日 月 年
乙 庚 乙 乙
酉 子 酉 酉

戊 己 庚 辛 壬 癸 甲
寅 卯 辰 巳 午 未 申

위 사주는 庚金 일간이 지지에 酉金 겁재를 세 개나 두어 태강한 사주다. 천간의 乙木이 셋이라도 강금(强金)을 대적할 힘이 없으니 일지 子水 상관으로 설기해야 한다. 한편 子水 또한 태왕한 金氣에 의해 탈수(濁水)가 되었다. 위 사람은 태어나면서 뇌성마비라는 중병(重病)을 얻은 불행한 사람이다.

4. 신강·신약 사주의 특성

1) 신강사주는 자신이 누리고 산다. (= 체력소모)

- 재성을 극하니 때려야 돈이 생기고
- 관성에 극 당해야 명예와 직위가 높아지고
- 식상으로 퍼주고 쏟아내야 일이 되는 것이다.
- 강하고 자신이 직접 실행해야 직성이 풀린다.

〈타인을 거느리고 항상 책임지고 일을 만들어 내니 일신이 고달프다.〉

2) 신약사주는 의지하며 산다. (= 정신소모)

- 인성의 生을 받아야 힘이 보충되고 일거리가 생겨서 활동하고
- 비겁이 도와줘야 자신감과 능력발휘가 되니 재물을 얻으며
- 관성이 불러줘야 직업과 귀함을 얻게 된다.
- 타협적이고 타인의 활동을 인정하고 능력을 믿어준다.

〈강자를 따르고 순리에 적응하니 선천적으로 일신은 평안하다.〉

5. 용신과 복(福)받는 선행

　복(福)은 하늘이 내린다는 말은 곧 하늘이 내릴 때 복을 받을 수 있다는 말이다. 그러나 사람들 모두가 복을 받지 못하는 불공평함이 있으니 어쩌란 말인가! 복을 받기 위해서는 선행의 덕(德)을 쌓아두고 때를 기다리는 지혜가 필요하다.

　사주의 용신에 따라 선행을 하는 것이 좋다. 하늘에서 벌(罰)을 내리고 복(福)을 내리는 담당 기관이 여러 파트[십성(十星)]가 있다고 보면 된다. 그러니 필히 자신이 복을 받을 수 있는 곳에 선행을 해두는 것이 유리하다.

　만일, 봉사활동이나 기부금, 장학금 및 발전기금 등을 출현하거나 자선사업을 할 때는 참고하기 바란다. 아울러 자신이 진심으로 발복하기를 소원하는 자는 앞서 자선(慈善)을 하는 것이 우선이며 후대(後代)에서라도 복을 받는다는 확신이 중요하다.

　또한 대운이나 세운이 흉운이나 흉살에 임했을 때, 관계되는 사안에 따라 선행을 한다면 죄나 벌을 사면받는다는 믿음을 갖도록 하는 것은 국가의 복지문제나 국민의 의식마저도 확연히 이롭게 하는 것이 될 것이다.

　예를 들어, 편관칠살 운에 형살이나 백호대살 등이 가중되었다면 흔히 교통사고나 악재로 인하여 피를 흘릴 수 있다고 한다. 이럴 때 연초부터 헌혈을 꼭 하라고 상담을 해준다면 헌혈을 했으니 피를 사전에 흘리게 된 것이고 피가 모자라는 사람에게 수혈을 하게 되었으니 선행을 하게 된 것으로 그는 흉살의 피해를 사면받을 수 있다.

- 인성이 흉운에 들거나 충·극·형이 되면 인성 관장기관에 선행을
- 비겁이 흉운에 들거나 충·극·형이 되면 비겁 관장기관에 선행을
- 식상이 흉운에 들거나 충·극·형이 되면 식상 관장기관에 선행을
- 재성이 흉운에 들거나 충·극·형이 되면 재성 관장기관에 선행을
- 관성이 흉운에 들거나 충·극·형이 되면 관성 관장기관에 선행을 하도록 안내하고 충언을 하여 한 개인의 안정을 찾아주고 나아가 밝은 사회건설은 물론 사주명리학의 참의를 실행하는 학자 자신의 신뢰와 존경의 예우를 어찌 받지 않겠는가?

인성용신
노인정, 학교, 교육기관, 박물관, 지능개발, 정신지체자 및 휴양소

비겁용신
인권단체, 노동조합, 협동조합, 인류학연구소, 독립기념관, 열사, 의병

식상용신
탁아소, 육아원, 유치원, 각종연구소, 종묘연구소, 식량구호단체

재성용신
인간개발, 기부금, 장학금, 식품개발, 국토개발, 우주연구소

관성용신
교도교화, 고시생, 정치자금, 국가유공자, 경찰대학, 사관학교

위와 같이 분류해 놓았지만 알고 보면 선행을 하는 데 있어서 굳이 구분할 필요는 없을 것이다. 다만 어디에다 선행을 해야 할지 모른다면 이런 분류도 명리학적 이치로서 활용하는 것이 동가홍상(同價紅裳)이라는 점이다.

비법은 있는가?

사주를 공부하는 사람들 중에서 주변의 말에 현혹되어 콕 찍어 맞추는 비법을 이리저리 찾아다니는 것을 볼 때마다 안타까울 뿐이다. 그런 자는 이미 성공의 길에서 멀어지고 있는 것이다. 이 세상에서 쉽게 얻어지는 것은 실수와 야유와 손가락질 말고는 없다고 생각한다.

오랜 기간 동안 공부에 주력하고 오직 실관 경험으로 축적된 그만의 직관력과 판단력의 상담 노하우를 전수받는다는 것이 가능하다고 생각하나? 그런 사람을 보고 감탄했다면 '당장 집에 가서 책을 읽고 연구하라!'고 충고한다.

조선 초기 맹인 점복자 홍계관의 일화

조선 초기 한양에는 홍계관(洪繼寬)이라는 유명한 맹인(盲人) 점복자(占卜者)가 있었는데, 신묘(神妙)한 그의 사주실력에 관한 일화는 여러 야담류에서 발견된다. 그중에서 가장 유명한 일화 한 가지를 간추려 소개한다.

단종 임금시절, 수양대군을 도와 김종서와 황보인 등을 몰아내고 수양대군이 임금으로 등극하는 데 혁혁한 공을 세운 공신 중 홍윤성(洪允成)이라는 자가 있었다. 세종 임금 재위 당시 그는 호서출신의 별 볼 일 없는 한량으로 한양으로 올라와 과거를 준비하고 있었다. 하루는 전국 최고의 점쟁이라 소문난 맹인 점복자 홍계관을 찾아가서 자신이 과연 과거에 급제할 수 있을 것인지 물었다. 사주팔자를 불러주는 홍윤성의 명조를 손가락으로 짚어보던 홍계관은 갑자기 무릎을 꿇고는 시골 출신의 백두거사인 홍윤성에게 넙죽 절을 하는 것이 아닌가. 놀란 홍윤성이 홍계관을 일으키며 왜 이러느냐고 물었다. 이에 홍계관은 홍윤성에게 공손하게 답을 하였다.

"홍공께서는 훗날 반드시 정승자리까지 오르게 될 귀한 운명을 타고 났습니다. 아마도 모년 모월에 형조판서(刑曹判書)가 되시는데, 그때 소인의 아들이 죄를 짓고 옥살이를 하게 될 것입니다. 그때 공께서 오늘의 제 말을 기억해 두셨다가 소인의 아들을 살려 주시면 고맙겠습니다."

그러자 홍윤성은 깜짝 놀라며 자신은 눈앞의 과거시험의 등락에 연연하는 한량이라며 감히 승낙하지 못하였다. 이에 다시 홍계관은 홍윤성에게 앞날을 예언하기에 이른다. "돌아오는 과거 시험에서 공은 당연히 급제를 할 것이고, 10년 안에 어떤 운명의 회오리바람에 몸을 맡기는 일이 생길 것입니다. 그때는 걱정하지 마시고 흐름에 몸을 맡기시면 될 것입니다." 그러고는 홍계관은 자신의 어린 아들을 불러다 홍윤성에게 절을 올리도록 시키면서 "훗날 네가 어떤 일에 연루되어 옥에 갇히게 되었을 때 이 어른을 뵙게 될 것이다. 그땐 이 어른에게 '홍계관의 아들'이라고 알리고 오늘의 일을 말해야 한다." 고 타일렀다. 홍윤성은 귀신에 홀린 듯한 표정으로 황급히 홍계관의 집을 나오면서 반신반의하게 된다.

결국 홍계관의 예언은 적중하게 된다. 세종 임금이 승하하고 문종 임금 즉위 원년에 치러진 식년 문과시험에 홍윤성은 병과로 합격하게 된다. 그리고 10년 뒤, 홍윤성은 한명회, 권람, 수양대군과 함께 계유정난을 일으키는 주역이 된다. 몇 년 뒤, 홍윤성이 형조판서가 되어 죄인들을 추국하는 도중에 "소인은 옛날 대감마님이 과거시험 보시기 전에 찾았던 맹인 점쟁이 홍계관의 불효자식입니다. 예전에 소인의 아버지가 한 말을 기억하신다면 소인의 처지를 살펴 주십시오." 하고 소리치는 자가 있었다. 홍윤성이 가만히 살펴보니 자신에게 오늘을 예언했던 홍계관의 아들이 틀림없었다. 홍윤성은 그 옛날 자신에게 부탁했던 홍계관의 부탁이 생각나 그의 아들을 방면해 주었다.

* 이 일화 속에는 홍윤성(洪允成)의 벼슬이 형조판서로 되어있지만, 정사(正史)에는 홍윤성의 벼슬이 예조판서를 거쳐 경상우도도절제사, 우의정, 좌의정, 영의정까지 올랐다고 기록되어 있다.

Part 7
사주풀이 길라잡이

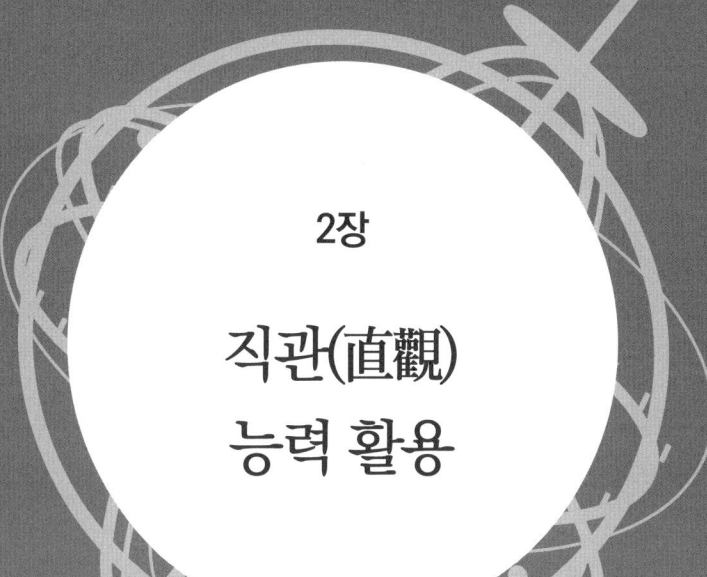

2장

직관(直觀) 능력 활용

보이는 것에 답이 있다
그리고
눈으로 보이지 않는 것은
'마음으로 본다'

1. 상대방의 모습을 훔쳐라

누구나 예지력과 직관력은 소유하고 있다. 직관력이 탁월한 사람을 보고 신기(神氣)라고도 말한다. 직관 능력은 선천적으로 타고나는 면도 있지만 후천적으로 계발되는 경우도 많으니 상담에 임하려면 가급적 노력해야 할 부분이다. 물론 실관의 오랜 경험 속에서 직관력과 예지능력이 축적될 수도 있다.

직관력을 키우기 위해서는 정신이 맑아야 한다. 즉 자신의 생각과 마음이 고요하지 못하고 혼란스럽거나 혹은 갖가지 욕망이 차있거나 피곤하거나 할 경우 결코 그런 능력은 있을 수 없다. 그러므로 학문을 게을리 하지 않는 전제에서 직관력을 키우는 것은 결국 내방객에 대한 최상의 서비스를 제공하게 되는 것이며 상담전문가로서의 능력 또한 인정받게 될 수 있다.

사주와 함께 상대방의 외모로 판단할 수 있다.

우선 상대의 성별(性別)과 나이를 가늠하고 그의 모습과 눈빛을 보는 것이다. 사주를 작성하기 이전 상대의 모습을 살펴서 그 사람에게 당면한 일을 가늠하는 직관력(直觀力)을 스스로 계발해야 한다. 어느 정도 판단을 한 다음 사주에서 나타난 현재의 운이 그 직관 능력에서 가늠한 사항과 일치하면 대단한 적중률을 스스로 갖추게 되는 것이다.

이것은 무슨 술수(術數)를 쓰자는 것이 아니다. 앞에서 언급했듯이 학문적 체계를 갖추고 난 다음 그 학술에 대한 술(術)의 가치를 극대화시키기 위한 기술이 필요하듯 고도의 상담기술로서, 자신의 처해 있는 상황에 명쾌한 답을 원하는 상대를 섬세하게 인지(認知)하는 능력이다.

얼굴과 모습이 피곤한 사람
현재 : 하는 일이 안 되고 무슨 일에 지쳐있는 것이다.
상담 : 차를 권하고 차분히 원인을 밝혀주고 공감대를 형성하라.

눈빛이 분노하고 조급히 앉는 사람
현재 : 배신이나 사기를 당하고 배우자 등 급한 일이 있다.
상담 : 원인을 바로 치고 들어간다. 된다, 안 된다로 분명한 답을 주어라.

근심이 가득하고 불안한 사람
현재 : 인간관계나 빚 보증, 금전문제일 가능성이 높다.
상담 : 해결책과 대안에 대한 소상한 말과 희망을 전하라.

얼굴이 어둡고 눈을 내리까는 사람
현재 : 남 몰래 죄를 지은 사람으로 해결방법이 막막하여 근심이다.
상담 : 현재상황을 인정케 하고 교훈과 지침을 주어라.

얼굴을 쳐들고 빤히 쳐다보는 사람
현재 : 상담자를 테스트하는 심보, 아니면 투자를 해놓고 있는 사람이다.
상담 : 현재 상황을 분명히 말하고 상대의 눈을 쳐다보며 질문하라고 말한다.

얼굴빛이 맑고 편안한 사람

현재 : 좋은 일에 대한 결과를 알고 싶은 것이다.

상담 : 처음부터 기분을 돋우고 결과에 대한 정도를 가늠해준다.

히죽히죽 웃으며 앉는 사람

현재 : 처음이거나 누가 소개해서 온 사람일 가능성이 높다.

상담 : 성격을 말하고 크게 될 사람이나 현재 운이 이 정도니 만족하라고 말한다.

인사를 꾸뻑하고 가까이 다가오는 사람

현재 : 앞에 닥친 일의 궁금증에 조급하며 자랑하듯 말하고 싶은 사람이다.

상담 : 기분 좋은 말부터 시작하고 유도하는 질문을 하라.

2. 상대의 나이를 가늠하라

그렇다! 인간이란 세상에 태어나 죽음에 이르기까지 각기 다른 모습으로 살아가지만 알고 보면 공통된 인간사가 대부분이란 점이다.

누구나 공부를 잘하고 싶거나, 좋은 배우자를 만나고 싶거나, 부자(富者)로 살고 싶거나, 성공(成功)하거나 실패(失敗)를 맛보게 되거나, 이혼하거나, 결혼하고, 아이 낳고, 사업이나 직장생활, 사고나 질병 등 공통된 삶의 주제가 언제나 대두되는 것이니 상대의 나이 대에 따른 공통된 사안을 눈치 빠르게 잘 구별한다면 이 또한 적중률에 대한 포인트(point)를 대단히 높일 수 있다.

10대 : 적성, 이성고민, 성적, 진학, 감정고민, 친구

20대 : 애정, 진학 및 학업, 결혼, 시험당락, 취직, 부모, 친구

30대 : 결혼 및 애정, 직장, 배우자, 금전, 이사, 창업, 시험

40대 : 사업, 직업변화, 배우자, 금전, 자녀, 이동

50대 : 자녀, 직업, 사업, 부동산, 건강, 이동

60대 : 자손, 재물관계, 부동산, 조상, 수명, 집안

3. 合과 沖은 환경변화다

1) 天干合의 작용은 심리변화를 유도한다

甲己 合化 土 – 작용 정지   乙庚 合化 金 – 세력 강화
丙辛 合化 水 – 새로운 창출   丁壬 合化 木 – 방향 전환
戊癸 合化 火 – 이동 변동

2) 사주의 宮에 따른 合沖작용

위치(位置)를 통한 육신은 결과적으로 상호 간 상대적 작용이 공존하며 일어나는 것이니 위치와 함께 생극(生剋)의 작용을 병행하여 경중(輕重)을 살펴야 한다.

時柱	日柱	月柱	年柱	사주/구분
후세, 미래	현세, 현실	금세, 의식	전생, 과거	세월
가구, 베란다	안방, 침실	마당, 거실	대문, 현관	주거환경
약속, 비밀	현재, 활동범위	기억, 생활	경험, 근본	공간
창의력	관리력	통제력	사고력	개념
창조능력	실천능력	기획능력	동기부여	능력
희망, 예견, 고독	행복, 불행, 갈등	그리움, 의지	동심, 추억	심리상태

연지의 合沖
회사나 직장문제의 변동, 조상, 족보, 과거의 일이 문제로 나타난다.

월지의 合沖
가정이사, 직장이동, 부모 형제 대립, 변동, 진행하는 일의 문제이다.

일지의 合沖
배우자 변동, 좌불안석, 건강, 동업자, 현재 사안의 문제와 감정 변화다.

시지의 合沖
자녀문제, 후배, 부하직원, 출장, 미래계획의 변화가 오며 희망과 실망이다.

月支 偏財의 男子
〈편재격〉

세운	時	日	月	年
甲	丙	己	丙	己
申	寅	丑	子	亥

年支 : 生 – 편재 亥가 강해지면서 火 인수를 극, 재물이나 여자문제, 문서, 어른, 조상, 정신문제

月支 : 申子合 – 申 상관이 子 재성과 합, 재물, 여자문제의 변동수, 환경변화, 이동수, 상관은 망신, 언행주의, 직업문제

日支 : 洩氣 – 배우자 궁이 상관에 설기되어 나와 인연이 멀어진다. 약하니 더욱 약해지고, 水가 왕하여 환경이 최악이다.

時支 : 寅申沖 - 관성이 沖되어 자신의 직업과 자식을 극하니 위치를 망각하고 질서와 분별력을 잃고 가출함. 미래가 보이지 않고 절망이다.

3) 용신과 기신의 合沖작용

沖은 사고나 건강, 이동, 발동, 환경변화를 주관한다.
合은 정체, 변질, 배신, 타협, 화합, 새로운 제시를 주관한다.

기신(忌神)의 合沖 변화
- 기신이 沖되면 묵었던 일이 다시 시작되고 골치 아픈 사건이 사라진다.
- 기신이 合되어 희신으로 변하면 막혔던 일이 풀리고 논쟁이 타협된다.
- 기신이 合되어 더 강한 기신으로 변하면 배신과 파산, 사고, 질병이 발생한다.

희신(喜神)의 合沖 변화
- 희신이 沖되면 잘 되던 일이 사고 등으로 난관에 빠지거나 중단된다.
- 희신이 合되어 기신으로 변하면 모함, 배신이 따르고 진행하던 일이 변질된다.
- 희신이 合되어 다시 희신으로 변하면 순간 지체되나 결과는 좋다.

用神이 沖되어 어려움을 겪는 男子
〈문학박사〉

세운
甲
申

時	日	月	年
壬	丁	戊	丁
寅	丑	申	未

辛 壬 癸 甲 乙 丙 丁
丑 寅 卯 辰 巳 午 未

丁火 일간이 실령하고 식상으로 설기가 태심하니 신약하다. 시지에 인수 寅木이 용신으로 대운의 도움으로 문학박사를 받았다. 그러나 2004년은 天干으로는 용신이 와서 시간강사는 하고 있으나 시지 寅木 용신은 寅申 沖으로 날아가니 이력서를 낸 곳마다 취직이 안 되자 가정을 꾸려가기에 극히 어려움을 겪고 있다.

月支 用神이 合되어 忌神이 된 여인

세운
甲
申

時	日	月	年
庚	戊	乙	丁
申	申	巳	酉

壬 辛 庚 己 戊 丁 丙
子 亥 戌 酉 申 未 午
凶

위 사주는 戊土 일간이 巳火에 득령하였으나 식상이 태왕하여 신약하다. 年干으로 투간한 丁火를 용신하고 乙木을 희신한다. 초년 화운에 학업은 마쳤으나 이후 변화를 겪는 생활을 하게 되었다. 甲申년은 天干의

甲木이 칠살이고 지지는 식신으로 극설되니(극설교가) 매사가 힘들다. 세운 申과 월지 巳가 합하여 기신으로 변하니 생활하는 환경이 극히 어려움에 처하였다. (응용미술. 미국)

忌神이 合되어 喜神으로 변함

세운	時	日	月	年
甲	己	甲	庚	戊
申	巳	子	申	申

壬 癸 甲 乙 丙 丁 戊 己
子 丑 寅 卯 辰 巳 午 未

甲木이 申月에 실령하고 金이 강한 중, 일지 子水에 의지하는 살중용인격이 되었다. 천간으로 戊己土가 칠살 庚金을 生하니 흉하다. 세운 甲申을 만나자 천간의 甲은 일간을 돕고 세운의 지지 申金은 사주원국 시지의 巳火와 巳申合 水로 기신이 희신 水로 변하여 일시적으로 어려움이 풀리는 예다. 사주 주인공은 가정을 돌보지 않고 방탕했으나 다시 마음을 잡고 가정을 돌보고 있다.

배우자의 인물 측정

- 오행의 상생과 균형을 본다
- 여자 – 관성이 용신이거나 희신이면 미남
- 남자 – 재성이 용신이거나 희신이면 미녀
- 도화에 배우자가 있을 때 멋쟁이

4. 사주 내 十星의 合冲 작용

沖되는 十星은 건강이 나쁘거나 다툼 등 사이가 멀어지고 사안의 변화.
合되는 十星은 배신 또는 마음이 변함, 재회, 협력관계와 사안의 변화.

1) 비견·겁재의 合冲 작용

① 사주 내 比劫이 沖되면 형제, 친구, 협조자나 동업자가 떠남.
신약사주 : 돈과 여자가 관리가 안 된다. 믿는 도끼에 발등 찍히는 일
          이 발생한다.
신강사주 : 경쟁자가 떨어지고 괴롭히던 사람, 얄미운 사람 사라진다.

② 사주 내 比劫이 合되면 재회, 재결합, 동업 등의 마음이 생김.
신약사주 : 合해서 일간을 도우면 환경이 좋아지고 인간의 덕(德)을 본다.
신약사주 : 合해서 더 신약해지면 모함에 빠지고 빚보증에 어렵게 된다.
신강사주 : 合해서 더 강해지면 주변의 환경이 나를 힘들게 한다. 돈이
          나간다.

2) 식신·상관의 合冲 작용

① 사주 내 食傷이 沖되면 생산이 중단되고 후배, 거래처에 문제 발생.

신약사주 : 沖되면 여자는 낙태, 자궁수술, 자녀에게 흉사가 발생한다.
신약사주 : 沖되면 일간의 힘을 빼앗기지 않게 되니 건강은 회복, 감정 변화가 많다.
신강사주 : 沖되면 배달사고, 약물, 음식, 생식기에 질병이 발생한다.

② 사주 내 食傷이 合되면 일이 막히거나 혹은 지출이 중단.
신약사주 : 合되어 일간을 도우면 속 썩이던 자식이나 직원 등이 사라진다.
신약사주 : 合되어 더 강해지면 아랫사람 배신이 따르고 신병이 허약해진다.
신강사주 : 合되어 막히면 답답한 일 더 꼬이고 작은 일에도 폭발한다.
신강사주 : 合되어 더 강해지면 활동이 많게 되고 得子 및 건강은 회복한다.

3) 편재·정재의 合沖 작용

① 사주 내 財星이 沖되면 재물의 이동 발생하고 의심이 많아짐.
신약사주 : 沖되면 사기, 분실이 따르며 처나 부친에게 사고가 발생한다.
신약사주 : 沖되면 이동변동이 따르고 식중독 사고나 의심이 많다.
신강사주 : 沖되면 사업실패나 부도발생 파직, 사기, 탈재 등의 고통이 따른다.
신강사주 : 沖되면 의심이 많고 이혼, 별거, 수술 등의 일이 발생한다.

② 사주 내 財星이 合되면 부모와 합류하거나 욕심과 재물의 변화.

신약사주 : 合되어 일간을 도우면 부친의 덕을 보고 이성을 만난다.

신약사주 : 合되어 강해지면 신용불량, 금융사고, 허탈감 등 의욕을 상실한다.

신강사주 : 合되어 강해지면 횡재, 사업발전, 결혼, 상속 등이 따른다.

신강사주 : 合되어 약해지면 탈재, 투자하락, 처나 여자의 배신 등 실속이 없다.

4) 편관·정관의 合沖 작용

① 사주 내 官星이 沖되면 권위실추와 도덕성이 결여되고 자리를 잃음.

신약사주 : 沖되면 喜神일 때 실직, 이혼이나 남편실종, 자녀사고가 따른다.

신약사주 : 沖되면 忌神일 때 건강회복, 나를 괴롭히던 건달이 감옥에 간다.

신강사주 : 沖되면 자식불효와 파직을 당하고 사소한 일에 흥분하여 사고를 유발하게 된다.

② 사주 내 官星이 合되면 가치관이 새롭게 설정되거나 직업에 변화.

신약사주 : 合되어 강해지면 건강약화, 사고, 권력남용, 관재구설 발생한다.

신약사주 : 合되어 약해지면 활동이 자유롭고 자식이 효도한다.

신강사주 : 合되어 강해지면 승진, 득남, 시험합격 등 권위의식이 강해

진다.
신강사주 : 습되어 약해지면 안일하거나 태만하니 직무 유기하거나 자식이 불효한다.

5) 편인 인수의 合冲 작용

① 사주 내 印星이 冲되면 정신착란이 생기고 공허하며 스트레스 유입.
신약사주 : 冲되면 조부, 모친의 흉사와 정신적 괴리감이 나타난다.
신약사주 : 冲되면 계약파괴 시험낙방, 의욕상실이 나타난다.
신강사주 : 冲되면 스트레스 해소는 잘되고 매사에 오해가 많다.
신강사주 : 冲되면 계약 변화나 전학 가기 쉽고 과거에서 벗어난다.

② 사주 내 印星이 合되면 생각의 변화가 일거나 묶여 활동에 제약.
신약사주 : 合되어 일간을 도우면 성적상승, 시험합격, 손윗사람의 덕이 있게 된다.
신약사주 : 合되어 배반하면 위조문서, 모함, 계약파괴, 건강 및 학업에 실패한다.
신강사주 : 合되어 강해지면 완벽주의, 자식에 흉사, 정서불안, 학업중단 등이 발생한다.
신강사주 : 合되어 약해지면 에너지 활용이 잘되고 자녀들의 활동이 자유롭다.

5. 用神의 움직임을 보라

1) 궁(宮)의 관계

年에 용·희신이 있다면 선대가 훌륭하고 초년에 유복하게 성장한다.
月에 용·희신이 있다면 부모형제 덕이 좋고 청장년에 들어 발전한다.
日에 용·희신이 있다면 처덕이 좋고 중년에 안정되게 발전한다.
時에 용·희신이 있다면 자손의 덕과 효도 받고 말년에 평안하다.

방송국 여성 아나운서

時	日	月	年
乙	丁	癸	甲
巳	丑	酉	寅

丙丁戊己庚辛壬
寅卯辰巳午未申

- 재격이 삼합되어 인수를 극하지 않았다.
- 살인상생을 잘 시켰다.
- 대운이 용신운으로 향하였다.

위 사주는 丁火 일간이 월지 酉金 편재격으로 실령하여 신약하다. 재성이 왕하여 財를 다스리는 비겁용신이 될 것이나 시지 巳火는 巳酉丑 삼합 金局으로 변하게 되어 일간(日干)을 돕지 못하니 연주에 甲寅 木을 용신으로 삼는다. 연주(年柱)에 용신이 있으니 명망 있는 학자 집안에 출생하여 유복하게 성장하였다. 대운이 용신 남동방으로 향하여 방송국 아나운서가 되었다.

2) 용신(用神)과 육친의 관계

용신별로 해당 육친(六親)은 훌륭하고 덕이 있거나 성공한 사람이고 또는 나의 후원자(後援者) 역할에서도 남다르게 도움을 줄 수 있는 사람이다.

① 비겁용신

- 형제자매와 친구의 덕이 많고 사람 속에서 자신이 빛을 발한다.
- 많은 사람을 모아서 하는 일에는 성공이 잘 따르며 공동사업이 좋다.
- 인권 및 인류문화에 관련된 업종에서 활동하는 것이 좋다.
- 협동조합 등 상호 간 인적교류단체에 많이 가입하는 것이 좋다.
- 여자는 시아버지와 형제, 친구가 귀인이다.
- 남자는 형제와 며느리, 친구가 귀인이다.

형님이 귀인

```
時 日 月 年
丙 丙 辛 庚
申 申 巳 子

戊丁丙乙甲癸壬
子亥戌酉申未午
```

위 사주는 재가 왕한 신약사주가 巳月에 투출한 비견에 의지하는 구조이나 희신이 丙辛合으로 의지할 데 없는 고독한 형국이다.

丙火가 巳月에 득령했으나 金水 재살이 태과하여 신약사주이다. 일점 인성 木이 없는 가운데 巳月에 정기 丙火가 시상으로 투출되어 비견격이며, 金 재성이 무리를 지어 왕하니 시상 丙火가 격이자 용신이다. 대운이 기신 金운으로 향하여 일찍 부모를 여의고 형님이 운영하는 조그만 의류 제조 공장에서 외롭게 살아간다.

② 식상용신

- 식상은 생산으로 교육이나 연구 발명이며 양육하고 기르는 직업이 좋다.
- 제조업, 발명, 유흥업, 서비스업에서 발전한다.
- 여자는 자식을 많이 낳고 건강하게 성장하며 효도 받는다.
- 여자는 자식이 많으면 남편과 소원해지는 단점이 있다.
- 식상은 대부분 인물이 좋고 말을 잘하는 사람들이다.

- 남녀 모두 할머니 사랑이 많고 할머니가 귀인이다.
- 남자는 장모님이 귀인이며 장모에게 사랑을 많이 받는다.

변호사
〈食神局을 이룸〉

時	日	月	年
丙	己	丁	丙
寅	丑	酉	戌

甲癸壬辛庚己戊
辰卯寅丑子亥戌

위 사주는 월지 식신국을 이루고 인성이 왕하여 전문가 구조의 사주가 되었다. 己土 일간이 酉月 식신격으로 설기되나 천간의 丙丁火 인성이 寅木과 戌土에 통근하고 세력을 형성하여 신강하게 되었다. 월일지가 丑酉合金으로 식신국을 이루고 대운이 金水운으로 향하자 동경제국대학에서 법학 공부를 마치고 고등문관시험 사법부에 합격하여 변호사가 되었다.

③ 재성용신

- 재성용신은 부친의 덕이 많고 유산을 받게 된다.
- 여성은 내조를 하여 남편을 성공시키거나 가사에 능력을 발휘한다.
- 남자는 현명한 처를 만나니 처덕으로 성공한다.

- 남자는 여성용품과 관련된 직장이나 사업이 좋다.

- 재성이 용신인 남자는 처의 용모가 대부분 아름답다.

- 여자는 친정아버지와 시어머니가 귀인이다.

- 남자는 처와 아버지, 고모, 처제나 처남이 귀인이다.

인기 탤런트 김O선
〈월지상관 – 편인국〉

時	日	月	年
辛	癸	壬	丁
酉	丑	寅	巳

己 戊 丁 丙 乙 甲 癸
酉 申 未 午 巳 辰 卯

위 사주는 癸水가 寅月로 水木 상관격이다. 실령했으나 지지에 巳酉丑 편인국을 이루었고 시간에 辛金 월간에 겁재 壬水가 투간하여 신강사주다. 편인국에 상관격으로 연예인의 직업은 천직이며 火 재성을 용신하고 木을 희신한다.

④ 관성용신

- 국가의 기관으로 관공직 계통에서 보호를 받거나 능력을 인정받게 된다.

- 남녀 모두 직업으로는 공무원이나 급여생활이 안정되어 좋다.

- 남자는 자식이 성공하여 집안의 명예를 높이고 효도 받는다.

- 남자는 자식이 훌륭하게 성장할수록 자신까지 더 발전한다.

- 여자는 훌륭한 남편을 만나거나 살아가며 남편의 덕이 좋아진다.

- 관청에 관련된 일이나 납품 및 하청사업을 하는 것이 좋다.

- 여자는 남편과 며느리, 시숙, 외할머니가 귀인이다.

- 남자는 자식과 외할머니가 귀인이다.

법대 女교수

時	日	月	年
丙	戊	乙	癸
辰	午	卯	卯

壬 辛 庚 己 戊 丁 丙
戌 酉 申 未 午 巳 辰

위 사주는 戊土가 乙卯 正官격으로 일지 午火와 시상 丙火로 연계되는 관인상생의 구조로서 인성 용신, 관성이 희신이다. 인성 火대운을 만나 官을 쓰기에 아름다워 법과대학의 교수가 된 여성이다.

⑤ 인성용신

- 어머니의 관심과 사랑이 많고 대부분 엄격한 교육을 받게 된다.

- 남녀 공히 학문(문학)을 하며 교육계나 행정직에 종사하는 것이 좋다.

- 인수는 윗사람이나 계통이 전수되는 역할로 노인들의 덕을 잘 받게 된다.
- 어른들을 모시고 살아갈 때 더 발전하게 된다.
- 여자는 친정어머니와의 인연이 오래도록 이어지게 되고 덕을 본다.
- 여자는 딸보다는 사위덕을 많이 본다.
- 남자는 조부님과 어머니를 우선하므로 처에게는 고지식하고 소홀하다.
- 여자는 모친과 조부, 사위, 손자가 귀인이다.
- 남자는 모친과 조부, 장인이 귀인이다.

〈土地〉의 작가 故 박O리

時	日	月	年
癸	庚	辛	丁
未	申	亥	卯

庚	己	戊	丁	丙	乙	甲	癸	壬
申	未	午	巳	辰	卯	寅	丑	子

세계적인 대하소설 〈토지〉를 집필한 작가의 사주다. 소설 〈토지〉는 프랑스어, 독일어, 영어로 번역되어 세계 도처의 문화시설, 도서관, 공관 등에 보급되었다. 癸丑 대운은 상관운으로 丁火를 끄자 부군(夫君)과 6.25동란 중 사별하였다. 상관패인격의 인수용신으로 대작을 남기게 된 것이다.

6. 통변을 위한 十星의 성질 파악

【쉬운 통변을 위한 별들과 인물 유형】

- 정인 正印 — 생각하는 사람
- 편인 偏印 — 꿈꾸는 사람
- 비견 比肩 — 함께 하는 사람
- 겁재 劫財 — 조급한 사람
- 식신 食神 — 식복 많은 사람
- 상관 傷官 — 호기심 많은 사람
- 편재 偏財 — 수단 좋은 사람
- 정재 正財 — 검소한 사람
- 편관 偏官 — 힘 있는 사람
- 정관 正官 — 귀한 사람

【쉬운 통변을 위한 별들의 기본 성질】

십성(十星)	인물 유형
정인	자상하고, 공부 많이 하고, 거짓말을 못한다. 순서, 차례를 지킨다. 기회에 약하고, 고지식하고, 융통성은 없다.
편인	고독한 예술가, 기술 좋고, 글 잘 쓴다. 상황의 반전에 천재적이다. 성질이 변덕스럽고, 편협하고, 괴팍하다. (청개구리)
비견	협조하고, 능률적이고, 자발적이다. 몸소 실천한다. 경쟁이 많고, 분쟁 있고, 나누어 먹는다. 조급하다.
겁재	적극적이고, 부지런하고, 활발하다. 몸소 실천한다. 극성맞고, 의심 많고, 조급하고, 다혈질이다.
식신	중후하고, 융통성 많고, 총명하다. 기술 노하우, 느긋하며, 결단력 없고, 생각이 길면 허황되다.
상관	센스(sense)있고, 세련되고, 요령 좋은 사람, 순간발상의 천재, 꾀 많고, 버릇없고, 산만하며, 요행을 바란다. (청개구리)
편재	욕심 많고, 화끈하고, 기회에 강하며, 수단 좋은 사람이다. 한탕주의, 요령과 투기를 하며, 풍류가이다.
정재	노력하고, 알뜰하고, 성실하고 꼼꼼하다. 인색하고, 자린고비 형, 자기본위적이다.
편관	충성심 있고, 책임감 있고, 결단성과 수단이 좋다. 강제, 날카롭고, 투쟁적이고, 일복이 많다.
정관	신사적이고, 태도 바르고, 정교하고, 원칙적이다. 융통성 없고, 고정적이고, 변화가 없다.

人生의 週期

『영추(靈樞)·천년(千年)』에 인간에 대하여 다음과 같은 내용이 나온다.

10세가 되면 오장(五臟)이 안정되기 시작하고 혈기(血氣)가 통하며 그 기(氣)가 아래에 있으므로 뛰는 것을 좋아한다.
20세가 되면 혈기(血氣)가 왕성해지기 시작하고 근육이 자라나기 시작하므로 빨리 걷는 것을 좋아한다.
30세가 되면 오장(五臟)이 안정되고 근육이 견고하여 혈기(血氣)가 왕성하고 가득해서 걷기를 좋아한다.
40세가 되면 오장육부(五臟六腑), 십이경맥(十二經脈)이 모두 매우 왕성하여서 일정해지나, 살결이 느슨해지기 시작하고 전성기를 지나게 되어 머리카락은 희끗희끗해지고 몸은 점점 쇠퇴해져서 움직이지 않게 되므로 앉아있기를 좋아한다.
50세가 되면 간 기능이 쇠약해지기 시작하고 간엽(肝葉)이 얇어지며 담즙이 줄어들어 눈이 어두워진다.
60세가 되면 심장의 기능이 쇠약해지기 시작하고 쉽게 근심·걱정하고 슬퍼하며 혈기(血氣)가 줄어드므로 누워있기를 좋아한다.
70세가 되면 비장의 기능이 쇠약해지고 피부가 거칠어진다.
80세가 되면 폐의 기능이 쇠약해지고 정신이 맑지 않아 말을 하는 데 실수가 많아진다.
90세가 되면 신장의 기능이 쇠약해져 장부(臟腑)와 경맥(經脈)이 공허해진다.
100세가 되면 오장(五臟)이 모두 허해지고 정신이 모두 사라져서 앙상한 몸만 남아서 삶을 끝마치게 된다.[29]

---

[29] 『靈樞·千年』: 人生十歲, 五臟始定, 血氣已通, 其氣在下, 故好走. 二十歲, 血氣始盛, 肌肉方長, 故好趨. 三十歲, 五臟大定, 肌肉堅固, 血氣盛滿, 故好步. 四十歲, 五臟六腑十二經脈, 皆大盛以平定, 理始疏, 榮華稍落, 髮斑白, 平減不搖, 故好坐. 五十歲, 肝氣始衰, 肝葉始薄, 膽汁始減, 目始不明. 六十歲, 心氣始衰, 喜憂悲, 血氣懈惰, 故好臥. 七十歲, 脾氣衰, 皮膚枯. 八十歲, 肺氣衰, 魄離, 故言善誤. 九十歲, 腎氣焦, 四臟經脈空虛. 百歲, 五臟皆虛, 神氣皆去, 形骸獨居而終矣.

Part 7 사주풀이 길라잡이

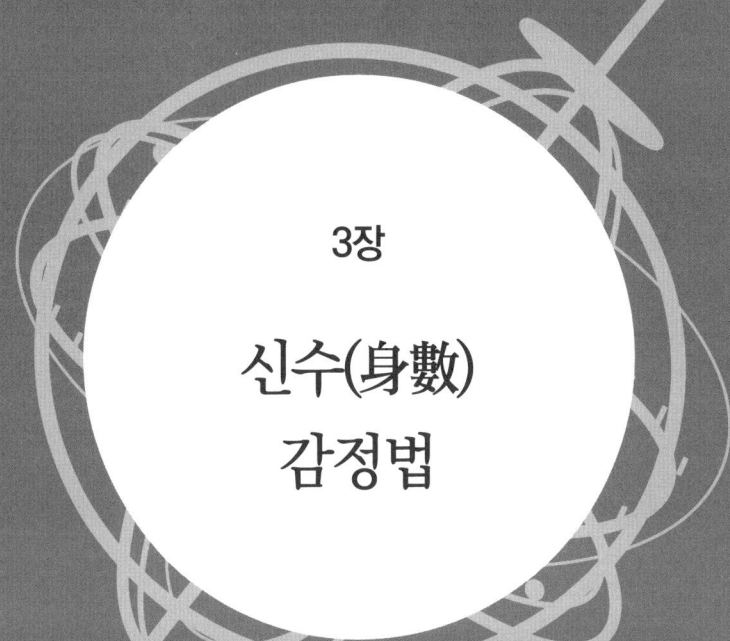

3장

신수(身數) 감정법

생(生)극(剋)설(洩)의 십성 원리
그리고
길흉화복을 예측하는

'신수감정'

1. 신수감정 생극설(生剋洩) 원리

　신수(身數)란 새로 맞이하는 한 해 동안에 일어날 수 있는 여러 가지 사안을 예측하여 피흉취길(避凶取吉)하고자 하는 것이 목적이다. 일 년 신수를 보는 방법은 여러 가지로 학자들 나름대로 활용하고 있는 것이 현실이며 그 적중률 또한 학자들마다 차이를 두고 있으니 무엇이 옳다 그르다 할 수는 없는 것이다. 그러나 그동안 필자는 오로지 명리학의 근간인 음양오행의 생극회합에 의한 十星의 작용 원리로서 일관되게 연구하고 활용해 왔으며 그 적중률이 높았다.

　인수운
　① 식상을 극한다 : 자식, 활동, 부하, 손님
　② 관성을 설기한다 : 직업, 남편, 심사, 명예
　③ 비겁을 생한다 : 형제친구, 경쟁자, 욕구

　비겁운
　① 재성을 극한다 : 재물, 처, 부친, 터전
　② 인성을 설기한다 : 모친, 조력자, 문서, 정신
　③ 식상을 생한다 : 자식, 활동, 부하, 손님

　식상운
　① 관성을 극한다 : 직업, 남편, 심사, 명예
　② 비겁을 설기한다 : 형제친구, 경쟁자, 욕구

③ 재성을 생한다 : 재물, 처, 부친, 터전

재성운
① 인성을 극한다 : 모친, 조력자, 문서, 정신
② 식상을 설기한다 : 자식, 활동, 부하, 손님
③ 관성을 생한다 : 직업, 남편, 심사, 명예

관성운
① 비겁을 극한다 : 형제친구, 경쟁자, 욕구
② 재성을 설기한다 : 재물, 처, 부친, 터전
③ 인성을 생한다 : 모친, 조력자, 문서, 정신

위에서 기술한 내용들을 중심으로 한 개인의 사주를 당해 년의 운과 월별로 나타날 수 있는 기운을 측정하여 통변할 수 있다. 즉 이러한 사주 감정을 매년 보게 되는 신수통변이라고 한다. 충분히 훈련을 하고 난 다음 신수감정서를 작성하여 내담자에게 제공할 수 있다.

2. 십성의 행운(行運)작용

1) 비겁(比劫) 세운

- 취직, 동업 및 창업, 건강, 모임, 조합, 인간관계
- 형제자매, 시부, 친구, 동업자

비견 (比肩)	사안	형제·친구·동창생·배우자·동업자·동업문제·분가·분리 등의 길흉사
	심리	협동심·자신감·물욕발동·창업욕구
	상대	식상을 生·재성을 剋·인수를 洩·官에 대항·경쟁관계
겁재 (劫財)	사안	재산손실·이성문제·배우자 건강·이별·언쟁·구설 등의 길흉사
	심리	도벽심·자만심·위반·배신·탈재·위선
	상대	식상을 生·재성을 剋·인수를 洩·官에 대항·경쟁관계

2) 식상(食傷) 세운

- 일 벌린다. 생산 활동, 출산, 발견, 구설
- 자식, 할머니, 장모, 후배, 납품

식신 (食神)	사안	자손·사위·할머니·객식구·유흥·매출·업무·기술·생산 등의 길흉사
	심리	스트레스해소·감정·배려·여유·
	상대	재성을 生·관성을 剋·비겁을 洩·인성에 대항·배려관계

상관 (傷官)	사안	자녀·장모·할머니·객식구·상해·모략·유흥·발명·기술 등의 길흉사
	심리	활동력·자만심·위반·친화력·호기심
	상대	재성을 生·관성을 剋·비겁을 洩·인성에 대항·서비스관계

3) 재성(財星) 세운

- 투기, 금전, 이성, 과욕, 부동산, 이동, 변동
- 부친, 시어머니, 은행, 세무

편재 (偏財)	사안	부친·시모·재물·신용·파산·이성·투기·투자 등의 길흉사
	심리	과대욕망·탐재욕·이성욕
	상대	관성을 生·인성을 剋·식상을 洩·비겁에 대항·욕망관계
정재 (正財)	사안	처·부친·시모·재물·신용·명예·적금·현금·결혼 등의 길흉사
	심리	욕심·신용·이성욕·재물욕
	상대	관성을 生·인성을 剋·식상을 洩·비겁에 대항·관리관계

4) 관성(官星) 세운

- 직장, 취직, 자식, 건강, 관재구설, 승진, 사고, 구설
- 자식, 남편, 이성, 관공서

편관 (偏官)	사안	아들·며느리·이성·관재구설·사고·이별·수술·명예·직위 등의 길흉사
	심리	권위의식·허풍·위선·절제·결단력·명예욕
	상대	인성을 生·비겁을 헨·재성을 洩·식상에 대항·명예관계
정관 (正官)	사안	딸·남편·며느리·명예·신용·승진·창업·취직·결혼 등의 길흉사
	심리	도덕·인내심·분별력·명예욕
	상대	인성을 生·비겁을 헨·재성을 洩·식상에 대항·명분관계

5) 인성(印星) 세운

- 공부, 시험, 문서, 보증, 신용, 이동, 자격증 / 인성은 지식 에너지
- 모친, 조부, 장인, 손윗사람

편인 (偏印)	사안	조부·장인·모친·학술·여행·매매·문서위조·보증·계약 등의 길흉사
	심리	불면증·상상공상·욕구·허무감·아이디어
	상대	비겁을 生·식상을 헨·관성을 洩·재성에 대항·정신관계
정인 (正印)	사안	모친·조부·사위·학업·명예·표창·졸업장·자격증·계약 등의 길흉사
	심리	명예욕·에너지·귀인·희망·생각
	상대	비겁을 生·식상을 헨·관성을 洩·재성에 대항·자격관계

3. 신수감정 사례

세운 작용 사례

여자 27세. 기혼

세운
甲
申

時	日	月	年
甲	甲	壬	戊
戌	寅	戌	午

53 43 33 23 13 03
丙 丁 戊 己 庚 辛
辰 巳 午 未 申 酉

- 세운의 天干과 日干의 대비

  甲 + 甲 = 사람문제·동업·욕심·창업

- 세운의 地支와 日干의 대비

  申 + 甲 = 관재구설·건강·사고·이성

- 세운의 地支와 年支의 대비

  申 + 午 = 역마·회사·위에서 남자 만나는 것 탐탁치 않게 생각

- 세운의 地支와 月支의 대비

  申 + 戌 = 지출·명예상승·전출·이동·부친은 활동

- 세운의 地支와 日支의 대비

    申 + 寅 = 불안정·배우자·별거·사고·신경성

- 세운의 地支와 時支의 대비

    申 + 戌 = 적금해약·관(법)에게 상납·지출·여행

Part 8

월지통변과 가족심리 분석

1장 월지통변의 방법
2장 월지 육친과 가족심리 분석
3장 월지 십성의 각 육친통변

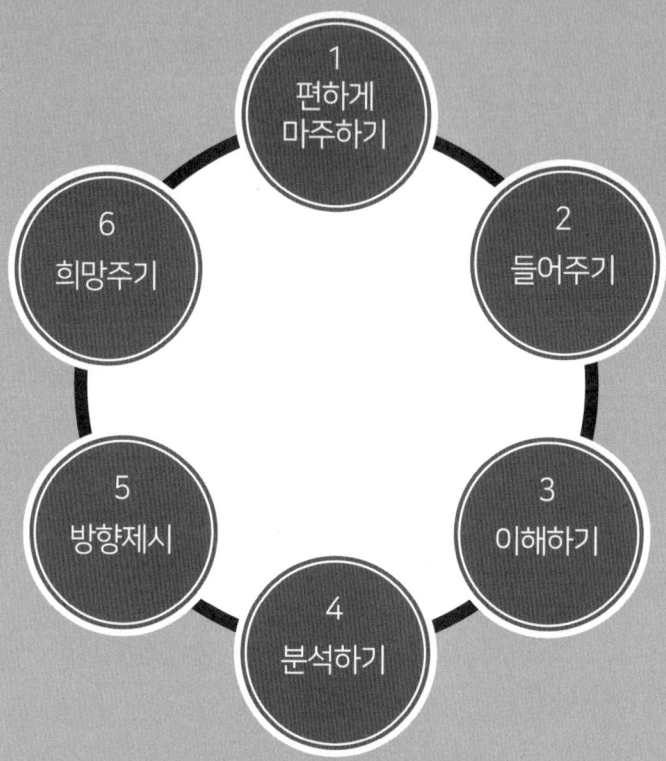

Part 8 월지통변과 가족심리 분석

1장

월지통변의 방법

나와 형제가 태어난 월지
그리고
모든 관계를 주관하는

'사령(司令)신'

1. 월지 통변이란

　사주는 육십갑자로 구성되고 구성된 八字는 음양(陰陽)과 오행(五行)의 구조물(構造物)이 된다. 우주 내에 존재하는 물상(物像)은 알고 보면 그 모체(母體)가 있는 것이며 단편적으로 인간의 모체는 어머니이다. 어머니에게서 태어나는데 어머니는 음(陰)이므로 양(陽)이 있어야 잉태를 하는 법칙으로 곧 아버지는 태양이 되며 어머니는 달[月]이 된다. 어머니가 나를 잉태하기 위한 첫째 조건은 월경을 시작으로 하는 것이며, 여인의 성인 상징이 바로 월경의 시작이라는 점이다.

　그러므로 나의 고향은 월지에 해당하는 것이다. 잉태의 생성(生成) 조건이 모체의 월경[月]이니 인간(人間)의 인체(人體)는 월지와 밀접한 관계로 이어져 오장(五臟) 육부(六腑)는 물론 각종 장기(臟器)도 월지와 관련이 있음을 알 수가 있다. 태양[日]이 지면 달[月]이 가고 춘하추동의 사계절이 돌아가고 바뀌는 것이다.

　그러니 알고 보면 사주명조에서 가장 위대한 작용을 하는 것은 월지가 되므로 일간은 어떤 월에서 태어났는가에 비중을 두어 선찰(先察)하여 감정하는 것이 기본이다.

　알고 보면 대운도 월주에서부터 육십갑자가 순행과 역행을 하며 태어난 월(계절)의 연장선상으로 진행되는 것이다. 즉 봄에 태어나 여름과 가을로 향하거나(순행), 봄에 태어나 겨울과 가을로 향하게(역행) 되며 자신의 태어난 일간에게 또 사주환경에 얼마만큼의 유용한 환경이 되어 주는가 하는 것이다. 만일 甲乙 木이 겨울에 출생했다면 대운이 봄여름으로 향할 경우 아름답게 발전하겠으나 겨울과 가을로 향한다면 꽃을 피우기 어렵고 결실이 힘들 것이다.

결국 대운의 영향력은 월주의 연장선상으로 이어지며 사주를 관리하게 된다.

월지의 힘은 단지 몇 퍼센트(%)로 논할 수도 있지만 사실 사주명조 내의 간지(干支)를 종합적으로 지배하고 통솔하는 생(生)·극(剋)·조(助)·설(洩)·분(分)의 조화력을 지녔다. 生은 인성, 剋은 관성, 助는 비겁, 洩은 식상, 分은 일간의 힘을 나누는 재성을 말한다.

일간을 대비하여,

- 월지가 생(生)이면 印綬와 偏印의 조화력과 이론구성이 우선된다.
- 월지가 극(剋)이면 正官과 偏官의 절제와 통제능력이 우선된다.
- 월지가 조(助)이면 比肩과 劫財의 자기 본위와 본능이 우선된다.
- 월지가 설(洩)이면 食神과 傷官의 희생과 재능과 궁리가 우선된다.
- 월지가 분(分)이면 正財와 偏財의 지배 및 관리와 욕망이 우선된다.

월지(月支) 통변의 핵심비결은 일간(日干)과 월지(月支)의 우선되는 작용에 의한 한 사람의 기본적인 지배층을 분석하여 성격 및 직업, 가정환경, 사고체계 등을 다각적으로 분석할 수 있으며 무엇보다 육친(六親)으로 구성되는 혈연(血緣)관계에 대한 각자의 선천적인 근본과 바탕을 충분히 알 수 있으며 기타 간지(干支)를 대입하여 포괄적인 내적, 외향적 성향을 추찰(推察)하여 사회적 능력관계를 살피고 또 일간에게 어떤 영향으로 존재하는지 알아볼 수 있는 것이다.

이와 같이 가족의 성격과 성향을 분석할 수 있으므로 사주를 통한 가족심리분석이 되는 것이다.

2. 월지와 가족관계

일간은 월지에서 출생하니 월의 작용이 제일 우선시된다고 이미 설명하였다. 또한 천간에 투출되어 있는 모든 육친은 혈연관계이며 이를 월지에 대입하는 것으로 그 혈연의 근본적인 성향에 대한 패턴을 파악한다. 참고할 것은 투간되지 않은 오행의 육신은 있는 것으로 가설정하여 일간의 위치에 대치하고 월지에 대입한 다음 투출된 오행과 똑같이 그에 따른 십성의 작용으로 근본을 파악한다.

1) 육친(六親) 대입 기준

- 육친 대입 시 성별에 따라 음양을 다르게 대입해야 한다.
- 甲木의 남자라면 형제가 甲木이고 누나나 여동생은 乙木이 된다.
- 乙木의 남자라면 형제가 乙木이고 누나나 여동생은 甲木이 된다.
- 남자가 양간으로 태어났을 경우 혈연관계의 모든 남자는 양간, 여자는 음간으로 대입한다.
- 남자가 음간으로 태어났을 경우 혈연관계의 모든 남자는 음간, 여자는 양간으로 대입한다.
- 여자가 음간으로 태어났을 경우 혈연관계의 모든 남자는 양간, 여자는 음간으로 대입한다.

- 여자가 양간으로 태어났을 경우 혈연관계의 모든 여자는 양간, 남자는 음간으로 대입한다.

    (그러나 사주 내에 있는 오행의 작용은 양간이라도 음간의 작용을 대신하고, 음간이라도 양간의 역할을 대신하게 되는 일반적인 이치를 기억하기 바란다.)

2) 십성의 가족관계와 해석

남자(男子)

가족관계	십성	해석
모친	정인(正印)	자식을 기르고 희생한다.
부친	편재(偏財)	자식은 아버지를 극하여 힘들게 한다.
형제	비견(比肩)	서로 돕지만 나누어 먹게 된다.
자매	겁재(劫財)	출가외인으로 도둑이다.
처	정재(正財)	내가 다스리나 유정하다.
장모	상관(傷官)	사위가 애교 떨고 좋아한다.
장인	편인(偏印)	사위에게 잘해주려고 한다.
아들	편관(偏官)	내가 아비를 극하듯 아들도 나를 극한다.
딸	정관(正官)	나를 극하나 유정하다.
자부	겁재(劫財)	며느리는 나와 비슷하니 친하다.
사위	식신(食神)	사위에게는 무조건 양보하게 된다.

조부	편인(偏印)	할아버지는 손자를 귀여워 해주신다.
조모	상관(傷官)	할머니 앞에서 재롱을 잘 떤다.
손자	식신(食神)	손자도 내 자식과 같다.
손녀	상관(傷官)	손녀가 애교를 잘 떠니 키울 때는 예쁘다.
고모	정재(正財)	아버지와 같은 항렬.
처제	정재(正財)	처와 같은 오행이다.
처남	편재(偏財)	처가 정재니 처남은 편재다.
외조부	식신(食神)	언제나 평안히 지켜본다.
외조모	정관(正官)	엄마 힘들게 하지 말라고 다스린다.

여자(女子)

가족관계	십성	해석
모친	편인(偏印)	나를 기르고 양육한다.
부친	정재(正財)	내가 부친을 극하나 유정하다.
자매	비견(比肩)	서로 돕지만 나누기도 한다.
남매	겁재(劫財)	남매지만 성별이 달라 출가 후 다르게 산다.
남편	정관(正官)	나를 극하며 소유하나 유정하다.
조부	정인(正印)	손녀를 예뻐한다.
조모	식신(食神)	할머니에게 사랑받고 또 거든다.
시부	겁재(劫財)	나와 같은 오행이라 친하다.

시모	편재(偏財)	아들과 떼어놓기 위해 내가 극한다.
시숙	정관(正官)	제수에게 예의를 잘 갖춘다.
시누이	편관(偏官)	나를 극하여 힘들게 하는 것이 올케다.
아들	상관(傷官)	아들 키우느라 남편 눈치를 보게 된다.
딸	식신(食神)	정을 주지만 힘을 빼간다.
며느리	편관(偏官)	며느리가 아들을 차지하기 위해 나를 극한다.
사위	인수(印綬)	사위자식이나 웃어른처럼 백년손님과 같다.
손자	인수(印綬)	손자가 상전이다.
손녀	편인(偏印)	손녀는 조부에게 새롭게 배우며 살게 된다.
외조부	상관(傷官)	애교떨어 용돈 탄다.
외조모	편관(偏官)	자기 딸(엄마) 힘들게 할까봐 째려본다.

【 참고 】

위와 같이 친인척을 모두 적용하여 그 성정을 분석해 볼 수 있다. 그러나 육신(六神)은 곧 육친(六親)이므로 자신부터 부모, 형제, 처, 자식으로 국한해서 통변해야 한다. 또한 그 대상자의 사주를 동시에 같이 분석할 때 더욱 정확하다.

3. 월지 분석의 기본법

1) 월지분석의 틀

여기서 월지를 기준으로 사주 명식을 분석하는 기법과 통변을 위한 기본법을 익히도록 한다.

- 사주 내 어떤 혈연관계의 육신이라도 월지에 대입하여 근본으로 삼는다.
- 천간으로 투간하지 않았거나 없는 干은 있다는 가정 하에 일간과 대치한다.
- 일간 癸水 자리에 타 육신을 대치시켜 월지 未土에 근본을 둔 것으로 본다.
- 천간에 투간된 육신은 일간과 대치할 필요 없이 바로 월지를 근본으로 본다.
- 지지에만 있는 육신은 계산하지 말고 천간으로 투간된 가정 하에서만 본다.

① 투출된 육신의 예

남자 사주

時	日	月	年
丙	癸	乙	辛
辰	亥	未	卯

- 시상의 丙火는 정재이니 처다. 처의 입장에서 월지 未土는 상관이다.
- 월간의 乙木은 식신이니 사위다. 사위의 입장에서 월지는 未土 편재

이다.
- 연간의 辛金은 편인이니 조부다. 조부의 입장에서 월지 未土는 편인이다.

② 투출되지 않은 육신의 예

癸水일간의 부친은 - 偏財 丁火

```
時 日 月 年
丙 癸 乙 辛
辰 亥 未 卯
```

```
時 日 月 年
○ 丁 ○ ○
○ ○ 未 ○
```

위 사주 癸水 일간의 부친은 丁火다. 丁火가 투간되어 있지 않으니 癸水일간의 자리에 丁火가 있다는 가정을 한다면 丁火의 입장에서는 월지 未土가 식신이 된다. 즉 부친의 근본이 식신이니 온후하고 식록이 풍요로운 사람이었다는 것이다.

癸水 일간의 딸은 – 正官 戊土

```
時 日 月 年
丙 癸 乙 辛
辰 亥 未 卯
----------
時 日 月 年
○ 戊 ○ ○
○ ○ 未 ○
```

위 사주 癸水 일간의 딸은 정관 戊土다. 戊土가 투간되어 있지 않았으니 일간 癸水의 자리에 戊土를 대치한다면 월지 未土는 겁재가 된다. 즉, 딸은 겁재를 근본으로 한 사람이니 이기적이고 자존심이 강한 사람이다. 또 관성이 필요한 용신으로 직장생활에 알맞겠다고 판단할 수 있다.

癸水 일간의 모친은 – 印綬 庚金

```
時 日 月 年
丙 癸 乙 辛
辰 亥 未 卯
----------
時 日 月 年
○ 庚 ○ ○
○ ○ 未 ○
```

위 사주 癸水 일간의 모친은 庚金이다. 庚金이 투간되어 있지 않으니 일간 癸水의 자리에 庚金이 있는 것으로 대치하면 월지 未土는 인수이다. 모친은 인수를 근본으로 전통과 예절을 중시하고 매사 순리에 부흥도록 하는 교육자적 기질이 있는 분이다. 다만 인수격은 자식에게 엄격하고 냉정한 면도 함께 한다.

2) 육친(六親) 대입 연습

아래 친척관계를 월지에 대입시켜 나오는 육친(六親)을 기록한다.

남자 사주

時 日 月 年
丙 癸 乙 辛
辰 亥 未 卯

父의 월지육신(丁 : 식신)　　　　母의 월지육신(庚 : 정인)

자매의 월지육신(壬 : 정관)　　　형제의 월지육신(癸 : 편관)

妻의 월지육신(丙 : 상관)　　　　손녀의 월지육신(甲 : 정재)

장모의 월지육신(甲 : 정재)　　　며느리의 월지육신(己 : 비견)

딸의 월지육신(戊 : 겁재)　　　　자부의 월지육신(壬 : 정관)

사위의 월지육신(乙 : 편재)　　　손자의 월지육신(乙 : 편재)

외조부의 월지육신(乙 : 편재)　　외조모의 월지육신(戊 : 겁재)

여자 사주

時日月年
甲乙己庚
申巳卯子

父의 월지육신(戊 : 정관)　　모의 월지육신(癸 : 식신)

자매의 월지육신(乙 : 비견)　　남매의 월지육신(甲 : 겁재)

남편의 월지육신(庚 : 정재)　　손녀의 월지육신(癸 : 식신)

시숙의 월지육신(庚 : 정재)　　시부의 월지육신(甲 : 겁재)

시모의 월지육신(己 : 편관)　　아들의 월지육신(丙 : 정인)

딸의 월지육신(丁 : 편인)　　며느리의 월지육신(辛 : 편재)

사위의 월지육신(壬 : 상관)　　손자의 월지육신(壬 : 상관)

외조부의 월지육신(丙 : 정인)　　외조모의 월지육신(辛 : 편재)

Part 8 월지통변과 가족심리 분석

2장

월지 육친과 가족심리 분석

월지를 알면 사주가 보이고
십성을 이해하면 보이는

'육친의 근본'과 '가족심리'

1. 월지 육친의 근본

월지를 대입하여 나온 친인척의 근본이 있는 것이다. 특히 직계가족에 해당하는 경우일수록 보다 섬세한 가족심리분석이 된다.

1) 월지 비견(比肩)

- 월지 비견은 장남, 장녀이거나 차자라도 장자 역할을 한다.
- 빈가출생으로 자수성가하는 형이다.
- 여자 월지 비겁은 식상을 생하니 자식은 착하고 잘된다.
- 자존심이 강하고 승부욕이 강하다.
- 대립관계와 경쟁이 많이 따른다.
- 공부하는 데 장애가 있다. 인성의 간섭을 싫어한다.
- 사람이 많이 모이고 거느리는 형이다.
- 특히 비견 도화가 될 때 사람을 끌어들이는 매력이 있다.
- 비견이 화개면 사람을 끌어들이는 것이 적다.
- 자유업에 종사하며 직업의 변화가 많다.
- 여자는 남편에게 잘못을 비는 법이 없다.
- 매사 적극적이다.

2) 월지 겁재(劫財)

- 장남 장녀 역할을 하게 된다.
- 반드시 자수성가한다.
- 여자는 똑똑한 자식을 둔다.
- 승부욕이 강하다.
- 남자가 월지 비겁이면 자식을 낳으면 일이 풀린다. (官용신)
- 암투가 많고 시기와 경쟁이 많다. (뺏고 빼앗기는 일)
- 비견과 비슷하며 도벽심과 이질감이 많게 된다.
- 월지 겁재의 남자는 재를 극하여 부모와 인연이 박하다.
- 돈을 벌어도 나누어 쓰게 되며 재물관리가 잘 안 된다.
- 여자가 월지 비겁이면 여자들과 거래가 많고 전화비도 많이 나온다.
- 여자는 고부갈등이 잠복해 있다.
- 적극적이나 포기 또한 빠르다.
- 남자는 일찍 결혼하고 처가 미인이다.
- 매사 적극적이다.

3) 월지 식신(食神)

- 인품이 수려하고 후덕하며 어질다.

- 식신생재를 하면 식복과 재물복이 좋다.

- 여자는 음식 솜씨가 좋고 명랑한 형이다.

- 풍류를 즐기고 사람을 잘 다룬다.

- 월지 식상의 여자는 남편 덕이 부실하고 키가 작다.

- 월지 식상의 남자는 자식이 부실하고 효도받기 어렵다.

- 남자는 육영사업을 하면 좋고 아내는 돈을 벌어야 한다.

- 월지 식상이면 관에 예속되기 싫어한다.

- 남자가 월지 식신이면 장모덕이 많다.

- 할머니가 가권을 주도하고 조부는 풍류를 즐긴다.

- 초년에 할머니 밑에서 자란다.

- 음식 솜씨가 좋다.

- 예의 바르고 타인을 생각해 준다.

- 속고집이 있다.

4) 월지 상관(傷官)

- 월지 식상이면 인물이 예쁘다. 멋 부린다.
- 월지가 상관인 사람은 머리회전이 빠르다.
- 매사 호기심이 많고 싫증을 빨리 느낀다.
- 제멋대로 하고 말썽을 잘 부린다.
- 말솜씨가 뛰어나며 애교가 있고 변덕이 심하다.
- 월지 子·午·卯·酉는 이중성을 가지고 있다.
- 남자가 월지 상관이면 官을 치니 자식 얻기 어렵다.
- 남자가 상관생재로 자식을 극하고 돈을 만들려고 한다.
- 남자는 자식에게 신경을 안 쓰니 효도를 바라지 마라.
- 센스 있고 눈치가 빠르다.
- 남의 단점을 잘 찾아낸다.
- 변덕쟁이며, 유행에 민감하다.
- 사람의 감성을 잘 움직이게 한다.
- 자기가 즐거운 것이 먼저다.

5) 월지 정재(正財)

- 여자는 남편의 내조를 잘한다.
- 언행이 단정하고 근면성실하며 검소한 형이다.
- 구두쇠형이고 인색하다.
- 안정을 추구하며 노력의 결과를 보람 있게 여긴다.
- 남자가 정재격이면 현모양처를 얻고 처가 가권을 주도한다.
- 부모에게 유산을 받을 수 있다.
- 월지 재가 인수를 극하니 모친은 허약하다.
- 재성이 왕하면 인수를 극하니 공부와는 인연이 없다.
- 월지 정재는 부친이 자수성가하며 모친은 순종적이다.
- 정직하여 틈이 없다.
- 꼬치꼬치 따지는 스타일이다.
- 무엇이든 계산이 앞선다.

6) 월지 편재(偏財)

- 사업가 출신이나 장사 기질이 강하다.

- 내외국 출입으로 돌아다니며 활동하는 사람이다.

- 재물에 집착력이 남다르게 강할 수 있다.

- 여자는 남편을 출세시키려는 욕망이 강하다.

- 여자는 친정보다 못한 집으로 출가한다.

- 월지 재성인 여자는 잘 살아도 재가 인수를 극하여 친정이 발전을 못한다.

- 모친을 극하여 모친이 병약하거나 부친이 재혼, 외도하게 된다.

- 편재는 집 밖의 여자니 바람둥이 소질이 다분히 많다.

- 인수를 극해서 공부하는 데 문제가 잘 따른다.

- 재가 인수를 극하니 글씨를 잘 못쓴다.

- 배운 지식을 널리 활용하기 어렵다.

- 의외의 횡재수가 잘 따른다.

- 개발본능으로 투자심리가 강하다.

7) 월지 정관(正官)

- 월지 정관은 명문가 출생이 많다.
- 가정교육이 훌륭하고 부모에게 효도한다.
- 정직하고 법을 준수하며 영예로움을 우선시한다.
- 여자는 결혼 전 직장생활을 하는 사람이다.
- 비겁을 극하니 친구를 잘 안 만든다.
- 주어진 일에 책임을 완수하고 절제력이 있다.
- 월지 관성인 여자는 자식을 낳아야 돈이 들어온다. (식상제살)
- 월지 정관인 사람의 부친은 직장을 잘 그만두게 된다. (편재에게 상관)
- 재물보다 명분과 명예를 중시한다.
- 생활이 단조롭고 규칙적이며 보수적이다.
- 귀티가 나고 바른 태도를 갖는다.
- 학자풍이다.
- 서열에 순종적이다.

8) 월지 편관(偏官)

- 감투를 좋아하고 권력에 집착한다.
- 공직이나 무관, 정치나 종교계 지도자 형이다.
- 생각보다 수단이 좋고 권모술수에 능하다.
- 월지 편관의 여자는 성격이 강하고 냉정하다.
- 언제 어디서나 자신이 대장 노릇을 하려고 한다.
- 월지 편관인 여자는 갑작스럽게 결혼한다.
- 자신의 명예에는 목숨을 건다.
- 비겁을 극하니 형제가 성공해도 덕을 못 본다.
- 비겁 친구를 극하니 성공과는 상관없이 항상 외롭다.
- 자식이 극성스럽고 재물에 관심이 많다. (역으로 편재)
- 허세를 잘 부리고 허풍이 심한 사람이다.
- 타인을 잘 윽박지르고 억압하는 타입이다.
- 집안보다 정치에 관심이 많다.

9) 월지 정인(正印)

- 도덕성을 앞세우며 존경받는다.

- 예의 바르고 인자하며 엄격하다.

- 모든 일을 순서대로 정확하게 하며 보수적이다.

- 마음속으로도 나쁜 짓은 생각을 하지 않는다.

- 월지 인수의 여자는 자식의 거부반응이 있다.

- 인수가 많은 여자 자식에게 매정하다. 잘 안아주지 않는다.

- 남자가 월지 인성이면 자식이 머리가 좋다. (자식에게는 식상)

- 남자가 월지 인수면 성장 시 모친의 힘이 절대적이다.

- 인수는 완벽함을 추구하여 일을 그르치는 경우도 있다.

- 잔소리와 훈계를 잘 한다.

- 얼굴 표정이 밝고 웃는 상이다.

- 옛것을 존중하고 지키려 한다.

- 이타심이 많은 편이다.

- 교육자적 인품이 있다.

10) 월지 편인(偏印)

- 수단가이며 기술이 좋다.

- 모친 운이 불리하고 남의 집에서 성장할 수 있다.

- 재치가 있고 순간발상이 뛰어나며 임기응변에는 능통하다.

- 싫증을 잘 내고 변덕스러우며 변태적이다.

- 여자가 월지 편인이면 남자를 아기 다루듯 한다.

- 남자들이 어머니 같이 좋아한다. (인성은 어머니 같아서)

- 인성이 왕하면 자식에게는 냉정하며 무정하다.

- 공상과 상상이 많고 주로 밤에 활동한다.

- 월지가 인성이면 할머니에게 미움 받는다. (할머니 상관, 인성이 극하여)

- 야행성으로 밤에 일한다. (연예계)

- 잡기에 능하고 도박을 즐긴다.

- 철학적 사고와 종교적 성향이 있다.

- 학자적 기질이 있다.

- 남을 치유하고 가르치려 한다.

2. 가족심리 분석

1) 월지와 가족심리 분석 방법

일반적으로 사주의 환경에 따른 통변은 음양의 존재와 성패 여부에 따라 자연적인 해석이 되나 월지 통변에서는 밀접한 친인척관계이니 아래 원칙을 준수하여야 정확성이 높다.

아래 예제를 들어 작용원리를 설명한다.

여자 사주

時	日	月	年
辛	丁	丙	丁
亥	卯	午	未

- 본인(本人)은 丁火 일간이 午月에 출생했으니 비견이 자신의 근본이며 바탕이 된 사주다. 그러니 자기본위적인 힘과 財를 剋하는 능력을 우선 부여받은 사람이다. 누가 억압하거나 통제하기 이전 자신이 스스로 개척하여 나가려는 성향이며 관성의 통제를 필요로 한다.

- 부친(父親)은 편재는 辛金이다. 辛金에게 월지의 午火는 편관이니 辛金의 근본은 午火 편관에 있는 것이므로, 그의 부친은 왕한 관성의 지배를 받고 있으니 연지 편인이 필요하여 공부를 해야 하고 시지 亥水로 제살(制殺)해야 하니 식신을 사용하는 직업일 것이다. 즉 정

관은 공무원, 인성은 학문, 식신은 기술, 교육, 어문학, 말을 하는 직업으로 추정할 수 있다.

- 모친(母親)은 乙木으로 사주 명식에 투간되지 않았다 이럴 때는 乙木이 있는 것으로 가정한 후 일간의 자리에 乙木이 있는 것으로 가설정한 다음 월지에 대입한다. 乙木 인수(印綬) 모친은 월지 午火를 바탕으로 하니 식신이며 인성 亥水가 필요하다. 乙木 입장에서 壬水가 필요한 용신으로 학문을 하고 식신이 왕하니 상관패인이다. 전문직으로 교육 예능계일 것이다.

- 남편(男便)은 관성 壬水로서 월지 午火 정재를 근본으로 한다.

- 자식(子息)은 戊己 土로 午火의 근본으로 본다면 인수(印綬)가 되니 이 사람은 자식의 교육에 집착하여 공부를 많이 시킬 것이다.

남자 사주

時	日	月	年
乙	戊	庚	甲
卯	申	午	申

- 본인(本人)은 월지가 午火로서 戊土 일간에게 인수(印綬)가 된다. 戊土는 인수의 조화와 능력을 바탕으로 태어났다. 인성은 학문과 전통 예절과 고지식함이 있으며 자상한 품성이 기본이다.

- 모친(母親)을 본다면 모친 丁火가 투간되지 않았으니 일간을 丁火로

환산하여 월지에 대입하면 월지 비견이 되니 모친의 성품은 강고하고 주관이 강하고 집안의 가사를 책임지며 자식에게 희생적 사랑과 교육이 강하였을 것이다.

- 부친(父親)을 본다면 편재 壬水가 투간되지 않았으니 壬水를 일간과 대치하여 볼 때 월지 午火의 정재를 바탕으로 안정된 급여생활이나 검소한 노력형이며 성실한 사람일 것이다.

- 자식(子息)은 木 관성이니 연간의 편관은 아들로 월지 상관 午火를 근본으로 하며, 時干의 乙木 정관은 딸로서 월지 午火가 식신이 되어 이를 근본으로 한다.

- 처(妻)는 癸水이나 투간되지 않았으니 癸水를 일간과 대치하여 월지 午火가 편재이니 사업가 집안에서 성장하였고 수단이 좋으며 부동산 등 돈에 관심이 많을 것이다.

2) 가족심리 분석 사례

월지 정재(正財)의 남자

時	日	月	年
癸	癸	辛	乙
丑	巳	巳	未

- 처 [丙] : 월지 비견으로 가권을 쥔다. 주장이 강하다.

- 아들 [己] : 공부 잘 하고 착하고 고지식하며 어머니에게 순종한다.

- 딸 [戊] : 예술에 소질 있고, 밤에 잘 안 자고 편모가 있을 수 있다.

- 부친 [丁] : 의지가 강한 사람으로 초년고생에 자수성가한 사람이다.

- 모친 [庚] : 칼칼한 성격이며 포용력이 있으나 냉정하다.

- 조부 [辛] : 인품이 고결하고 정직하며 공직계이고 참을성 있다.

- 조모 [甲] : 어질고 중후하며 아름답다. 건강은 약하다.

- 장모 [甲] : 아량을 베푸는 후덕한 사람이나 남편 덕은 부실하다.

- 장인 [辛] : 명예를 존중하는 가문의 출생으로 모범적인 사람이다.

월지 정재(正財)의 여자

```
時 日 月 年
庚 庚 乙 癸
辰 申 卯 亥
```

- 남편 [丁] : 교육, 기술계, 임기응변에 능한 사람일 것이다.

- 부친 [乙] : 의지가 강하고 건강하며 직업 변화가 많다.

- 모친 [戊] : 명문가 출생으로 바른 사람이며 남편에게 복종하는 형이다.

- 아들 [癸] : 머리 좋고 명랑하며 인품이 좋은 교육자 기질이다.

- 딸 [壬] : 아름답고 여우 같으며 변덕스럽고 머리가 좋다.

- 조부 [己] : 명예를 중시하고 성깔 있고 억압하는 형이다.

- 조모 [壬] : 외모가 아름답고 언변이 좋고 변덕스런 사람이다.

- 시부 [辛] : 호걸 기질의 사업가로 풍류가의 면이 있다.

- 시모 [甲] : 의지 강하고 지기 싫어하며 자식에게는 헌신적이다.

위 예제에서 설명한 것처럼 일간뿐만 아니라 모든 혈연관계를 인출(引出)하여 그 주인공이 자기 사주의 월지에서 무슨 육신에 해당하는가를 고찰한 후 통변하는 것을 월지통변이라고 하는 것이다.

육신의 상호능력과 작용력을 필히 숙지함을 제일 필요로 하게 되니 비겁은 재(財)를 극하되 비견은 정재와는 유정의 극이며, 겁재는 정재와는 무정의 극이고, 甲木 일간이 戊土 편재를 보면 음양이 같으니 무정의 극이며, 甲木 일간이 己土의 정재를 보면 유정의 극이 되는 것이다.

이와 같이 열 개의 천간이 열두 개의 지지를 바탕으로 할 때 음양에 따라서 각기 그 바탕이 달라지는 생(生)·극(剋)·조(助)·설(洩)·분(分)의 조화와 능력과 지배력이 다르게 나타나는 것조차도 잘 이해하여 추론해야 한다.

즉 혈연관계의 오행을 추출하여 월지와 대입하고 관계되는 십성의 작용에 따라 그 대상 혈연의 근본과 사회적 활동 관계 및 심리성정을 유추하는 것이다.

Part 8 월지통변과 가족심리 분석

3장

월지 십성의 각 육친통변

친척들의 근본을 들여다보는
놀라운 통변술

'사주행동심리'

1. 월지 비견(比肩)의 육친(六親)통변

1) 남녀 공통의 월지 比肩

월지가 재(財)를 극하니 부모의 덕이 없거나 형제 덕도 없을 수 있다. 특히 부친의 신변 이상으로 병약하게 된다. 공부와는 인연은 멀고 조기부터 자수성가의 길로 향할 운명으로 집안의 가장이 되어 책임과 의무를 성실하게 이행하며 살아갈 장남 장녀의 명이다. 매사에 협동적이고 형제와 자매, 동서지간 등 가까운 친교의 사람들과 상대적으로 발생되는 여러 가지 길흉사에 적극적으로 참여하기를 즐긴다.

◎ 부친[偏財]에게는 - 偏官이 되어

부친은 건강이 부실하기가 쉽고 형제간에 불목하기 쉽고 재보다는 명예를 소중히 여김으로써 관공직이나 교육계에 종사할 수 있으며, 자식은 이복자손을 두기가 쉬우니 첩을 둘 수 있다.

◎ 모친[印綬]에게는 - 傷官이 되어

모친은 월지에 설기 당하니 건강이 부실하기 쉽고 관성을 극하니 부부가 일찍 이별하거나 부연이면 이복자식을 둘 수 있다. 남편보다는 자식을 더 소중히 생각할 수 있으며 인물은 미려하고 유행에 민감한 중 언행이 사랑스런 여인이다.

◎ 조부[偏印]에게는 - 食神이 되어

두뇌가 명철하고 사업과 인연이 많으니 정직한 봉급생활자는 되기 어렵고 부를 축적할 운명이며 재혼수가 있든가 자식에게 효도를 바라기가 어려우며 자식 중 조사(早死)할 자식이 있든가 신체상에 장애가 있는 자식이 있기 쉽다.

◎ 조모[傷官]에게는 - 印綬가 되어

친정 모친이 가정을 주도한 가문에서 출생하기가 쉽고 어릴 때부터 어른스럽고 항상 아랫사람들을 따뜻하게 보살펴주는 인자한 여인이기 쉽고 모든 것이 나무랄 데 없는 여인으로서 부군에게도 사랑을 받으나 자녀들과의 사이가 좋지 않기 쉬우며 부군의 건강이 약한 것이 흠이다.

2) 남자의 월지 比肩

◎ 처[正財]에게는 - 正官이 되어

혼전에 직장생활을 하기가 쉬우며 반듯한 가정에서 엄한 교육을 받고 자라기 쉽다. 매사에 품위가 있고 절도가 있으며 총명하고 똑똑한 여인으로서 자식복이 있으나 신약하면 건강은 약하다.

◎ 장인[偏印]에게는 - 食神이 되어

성품이 중후하고 후덕하며 미남형에 속한다. 의식주가 풍요롭고 다소 사치성이 있기 쉬우나 건전하고 현실적인 사고방식을 지녔다. 관성을 극하니 아들이 부실하기 쉽다.

◎ 아들[偏官]에게는 - 偏財가 되어

부친이 자수성가하기 쉽고 대개의 경우 재복은 있으나 과욕으로 인한 투자를 하기 쉬워 큰 손실을 야기하기도 한다. 여자들에게 인기가 좋고 풍류를 즐길 수 있다.

◎ 딸[正官]에게는 - 正財가 되어

정직하고 성실하여 허세와 거짓이 없고 부지런하나 융통성은 부족하기 쉽다. 남편과의 애정은 좋은 편이고 살림 잘하고 가정적인 여인이다.

◎ 며느리[劫財]에게는 - 劫財가 되어

월지가 겁재(劫財)면 재(財)를 극하니 일찍 부친을 여의거나 어릴 적에 부친의 신체, 신분, 명예, 재물 등에 액난이 있기 쉬워 성장기에 혹독한 시련을 겪기가 쉽다. 독립성이 강하고 맏딸과 맏며느리의 역할을 타고난 명(命)이다.

◎ 사위[食神]에게는 - 偏印이 되어

기예에 능하고 임기응변에 능하니 뛰어난 재치의 소유자이기 쉽다. 부모와 불화함이 있기 쉬우며 매사에 용두사미(龍頭蛇尾)격으로 끝내기 쉬운 단점이 있다. 처자와의 인연이 박하지 않으면 명예에 해(害)를 입기가 쉽다.

3) 여자의 월지 比肩

◎ 남편[正官]에게는 - 正財가 되어

성격과 언행이 단정하고 검소하며 저축심이 강한 소유자이기 쉽다. 가정적이며 성실 근면하고 현모양처를 맞이하며 허점이 없는 모범적 인물의 표상이라 할 수 있다.

◎ 시부[劫財]에게는 - 劫財가 되어

부모와의 인연이 희박하기 쉽고 한 가정의 가장 노릇을 하여 일찍부터 사회에 진출하여 자존심과 고집으로 일관해온 강인한 성격의 남아로서 온갖 풍상을 겪어온 백전노장이라 하겠다. 처궁(妻宮)이 병약하니 본처와 이별하거나 재혼하기가 쉽다.

◎ 시모[偏財]에게는 - 偏官이 되어

엄격한 가정에서 출생하기가 쉽다. 임기응변, 재치가 남보다 뛰어난 반면 알게 모르게 독선적이며 강압적인 면이 도사리고 있기 쉽다. 재물보다는 명예를 소중히 여긴다.

◎ 아들[傷官]에게는 - 印綬가 되어

자존심이 강하고 부모의 품 안에서 너무나 곱게 성장한 탓으로 남에게 의지하는 의타심이 강한 것이 흠이다. 교육계와 인연이 많고 계모와 인연을 맺기 쉽다.

◎ 딸[食神]에게는 - 偏印이 되어

교육적 심성과 문학, 예능 방면에 능하기 쉽고 임기응변에 능하고 영리하나 지구력이 부족함이 흠이라 할 수 있겠다. 친정 모친에게 의지하는 특징으로 친정 가까이 살기가 쉽다.

◎ 며느리[偏官]에게는 - 偏財가 되어

친정의 부친이 경제적으로 풍부하여 어려서부터 가난을 모르고 곱게 성장한 여인이기 쉬우며 학교를 멀리 다닌다거나 타지에서 공부하는 등 학업에는 장애가 따르기 쉽다. 돈 벌고 쓰는 데 재미를 느끼게 되면 자칫 출세시킨 남편을 무능케 할 수 있다.

◎ 사위[印綬]에게는 - 傷官이 되어

인물이 수려하며 언변과 화술이 뛰어나며 머리의 회전이 뛰어나 가끔은 타인으로부터 독설가란 소리를 듣기가 쉽다. 판단력이 뛰어나고 또한 재물에 있어서는 승부감이 강하며 몰락한 가정을 일으키는 위인이라 하겠다. 자식과는 인연이 없으며 처궁에 변화가 따를 수 있다.

2. 월지 겁재(劫財)의 육친통변

1) 남녀 공통의 월지 劫財

월지가 재(財)를 극하니 유복자로 태어나든가 일찍 부친을 여의거나 부친의 신분과 신체 그리고 재산상의 재난을 경험하기 쉽다. 남녀 모두 자수성가의 길을 헤쳐나가기 쉽고 장남장녀 혹은 맏사위나 맏며느리 역할을 하기 쉽다.

그 부친은 세상을 버리거나 그렇지 않으면 살아 있으되 무능한 인물이 되어 한 평생을 살아가기 쉽다. 월지 겁재(劫財)로 어디서든 모든 상대가 경쟁자가 되어 시비와 논쟁, 또는 재물상의 손실을 초래하기 쉽고 상대방의 배신이나 부부의 배신이 발생하기 쉽다. 남자는 극처하니 부부궁이 부실하기 쉽고 여자는 시모(媤母)와 불화가 많다.

◎ 부친[偏財]에게는 - 正官이 되어

건강이 부실하기가 쉽고 형제간에 불목(不睦)하기 쉽고 재(財)보다는 명예 쪽을 소중히 여김으로써 관계나 교육계에 종사하기 쉬우며 첩(妾)과 이복자손을 둘 수 있다.

◎ 모친[印綬]에게는 - 食神이 되어

월지가 인수(印綬)를 설기하니 모(母)의 건강이 항상 쇠약하기 쉽고 궁(宮)을 극함으로써 부군과 이별하든가 불연이면 이복자식을 갖기가 쉽다.

부군보다는 자식을 소중히 생각하기가 쉽다. 인물은 미려하며 언행과 유행에 민감함이 특출하며 상냥한 여인이다.

◎ 조부[偏印]에게는 - 傷官이 되어

두뇌가 명석하고 사업과 인연이 많으니 정직한 봉급생활자는 되기가 어렵고 부를 축적할 운명이며 재혼수가 있든가 자식에게 효도를 바라기가 어려우며 자식중 조사(早死)한 자식이 있든가 신체상에 장애가 있는 자식이 있기 쉽다.

◎ 조모[傷官]에게는 - 偏印이 되어

문예에 조예가 깊고 신앙심도 깊은 편으로 아는 것이 많은 편이다. 초년기에는 모친의 엄격한 가르침과 채찍 속에서 귀여움을 독차지하면서 성장한 편이고, 대개 결혼은 만혼하기가 쉽다. 심약하기 때문에 매사에 차분하면서 알뜰하게 집안 살림을 이끌어가는 편이다. 남편에게는 이론을 앞세워 논리정연하게 따지므로 남편을 늘 자식 다루듯이 한다.

2) 남자의 월지 劫財

◎ 처[正財]에게는 - 偏官이 되어

부군이 생살지권을 쥐고 흔드니 도덕심이 강하고 모범적인 생활이 지나치거나 또한 병약하기 쉽다. 학업운도 좋았겠으나 예능방면의 전공을 하기 쉽고 형제와의 사이가 원만하지 못할 수 있다.

◎ 장인[偏印]에게는 - 傷官이 되어

두뇌가 명철하고 수단이 매우 좋으나 타인과 언쟁을 일삼기 쉽다. 관계보다는 사업쪽에 인연이 많아 타고난 소질로 재물과 인연이 많다. 자식으로 인한 상심(傷心)이 따른다.

◎ 장모[傷官]에게는 - 偏印이 되어

월지가 자식궁을 극하니 자식이 약하기 쉽다. 낮보다 밤이 더 좋으니 밤에 생활하기가 쉽다. 예능 방면에 소질이 있거나 불면증에 시달리기도 한다.

◎ 아들[偏官]에게는 - 正財가 되어

자수성가한 부친이 가정을 주도한 집안에서 출생하기가 쉽다. 대개의 경우 학업에는 애로가 많으나 재복은 있어 결혼하면 부부의 정(情)도 좋으며 애처가가 되기 쉽다. 재혼가정이나 친척집에서 자란 여인을 아내로 맞이하기 쉽다.

◎ 딸[正官]에게는 - 偏財가 되어

재복은 안고 태어났으니 재운이 평생을 두고 좋은 편이다. 재물욕심이 많아 영광과 몰락의 사이를 오가기 쉽다. 부모덕이 있고 형제자손 남편복도 타고났다 하겠으나 재물에 탐닉하면 부군이 무능력의 나락으로 떨어지기 쉽다.

◎ 며느리[劫財]에게는 - 比肩이 되어

성장기에 부친이 쇠몰(衰沒)하기가 쉽고 맏딸 또는 맏며느리이기 쉽다. 독립심과 자존심이 강하여 맏며느리로서의 고달픈 시집살이를 굳건히 헤쳐나가는 여인이기도 하다. 고부간의 갈등이 있기 쉽다.

◎ 사위[食神]에게는 - 印綬가 되어

모친이 가정을 이끌어온 집안의 아들이기 쉽다. 모친의 치마폭에서 너무나 지나치게 곱게 자랐기 때문에 용기가 부족하다. 재복과는 인연이 멀고 처가와는 될수록 멀리 하려는 팔자이며 공부하기를 좋아한다.

3) 여자의 월지 劫財

◎ 남편[正官]에게는 - 偏財가 되어

월지가 모친을 극해하니 모친이 병약하거나 부친의 재혼 또는 외도로 인하여 모친이 여럿이기 쉽다. 편재(偏財)는 아내가 아닌 남의 여자요 길거리의 여자이니 돌아다니며 아내 아닌 여인을 탐해야 하니 바람둥이 소질이 다분하다 하겠다.

◎ 시모[偏財]에게는 - 正官이 되어

엄격한 가정환경에서 단정하게 자랐으며 부군에게 절대복종하는 현숙한 여인이다. 매사에 끊고 맺음이 분명하고 명분 없는 행동을 하지 않는다. 지나치게 총명하므로서 동기간에는 별로 우애가 없기 쉬우며 약간은 냉정한 성품의 소유자이기 쉽다.

◎ 아들[食神]에게는 - 偏印이 되어

밤늦게 돌아다니기를 좋아하며 임기응변에 능하나 지구력이 부족하니 매사가 용두사미(龍頭蛇尾)격으로 흐르기 쉽다. 부모에게 우환이 없으면 문서상의 장해가 항상 발생하기 쉽다.

◎ 딸[食神]에게는 - 印綬가 되어

어릴 때부터 착하게 성장하여 부모에게 효도하기 쉽다. 인성이 왕하므로 공부하기 좋아하고 일반상식도 풍부하다. 부친이 외도의 길을 걷기는 하나 큰 문제는 없기 쉽고 가문을 존중하므로 불효를 범하지 않는다.

◎ 며느리[偏官]에게는 - 正財가 되어

남의 집 며느리로 손색이 없는 살림꾼으로서 부군을 위해 헌신적인 노력을 아끼지 않고 정직하고 성실하며 알뜰살뜰 부지런하니 시가(媤家)가 점차 발달하여 부흥해진다.

◎ 사위[印綬]에게는 - 食神이 되어

머리가 총명하고 수단이 좋고 인물 좋고 장모에게 효성(孝誠)하는 위인이라 하겠다. 자식 복이 부실하니 딸만 있기가 쉬우며 아들이 있다 해도 효도는 바랄수가 없다. 재복은 있으니 애처가로서 처가와는 화목할 것이다.

3. 월지 식신(食神)의 육친통변

1) 남녀 공통의 월지 食神

조모가 가권을 쥐고 가정을 주도할 수 있고 부친은 교육계와 인연이 있고 학자풍이 풍기는 신사에 가깝다. 초년기에는 조모의 슬하에서 성장할 명(命)이며 모친이 친정에 많이 의지하기가 쉽다. 언변과 화술이 뛰어나고 머리가 비상하여 청명한 인상을 지녔다. 사람의 심리를 재빨리 간파하는 장점도 있고 여성은 요리 솜씨가 뛰어나며 남자는 자식 덕이 부족하기 쉽다.

◎ 부친[偏財]에게는 - 偏印이 되어

모친의 영향력이 큰 집안에서 성장하기가 쉽고 태어나면서부터 모친이 가정을 주도했으니 비교적 조용한 성품으로서 어디에 가나 심성이 착한 사람이다. 직업은 교육계이거나 공직자로 원래부터 재복은 멀지만 인품이 천하지 않고 귀태(貴態)가 있어 모든 사람에게 존경을 받기도 한다.

◎ 모친[印綬]에게는 - 正財가 되어

가정교육을 철저하게 받고 성장한 여인으로서 대체로 재복이 좋다. 또 가난한 집으로 출가하여 시가(媤家)를 부흥시킴으로서 똑똑한 여인의 대접을 받는다. 부군을 입신출세시키려는 욕망이 때로는 지나칠 때도 있다. 부군의 신장이 작은 편에 속할 수 있다.

◎ 조부[偏印]에게는 - 偏財가 되어

처의 내조의 공이 클 것이며 호색풍류의 끼가 있거나 타향 객지생활이 운명적으로 벗어나기 어려우며 여인과 재복은 있는 편이며 자식들도 무난히 생활할 것이나 처와 모친 간에 갈등이 있기가 쉽다.

◎ 조모[傷官]에게는 - 劫財가 되어

쇠몰(衰沒)한 가문의 장녀로서 성장하여 초년기부터 강인한 자립심과 독립심으로 출가 전에도 가장의 행세를 하고 시집을 와서도 굳건히 집안을 보살피고 다스리는 여장부이기 쉽다. 단지 부군의 풍류로 상심함은 팔자이며 자식들은 훌륭하게 성장할 것이다.

2) 남자의 월지 食神

◎ 처[正財]에게는 - 印綬가 되어

친정 모친에게 지나치게 의지하고 성장한 여인이기 쉬워 항상 친정 가까이 살려고 하기 쉽다. 교양 있고 어진 여인이며 알뜰하게 살림 잘하는 현숙한 주부이기 쉬우나 매사에 심약함이 단점이라 하겠다.

◎ 장인[偏印]에게는 - 偏財가 되어

금전과 여색을 쫓으며 사는 명(命)을 타고 났으니 가출하거나 타가(他家)에서 성장하기 쉽다. 도처에 여인과 일확천금의 꿈을 쫓으니 발이 땅에 붙어 있지 못한다. 돈 없는 사람을 무시하려는 고약한 심성도 있기 쉽다.

◎ 장모[傷官]에게는 – 劫財가 되어

여자의 몸으로 집안의 대들보 노릇을 해왔으니 그 성격이 몹시 강건하기 쉽다. 부친을 일찍 여의었거나 병약하며 늦게 만혼을 하거나 부부 불화할 수 있다. 자식은 훌륭히 성장시킨다.

◎ 아들[偏官]에게는 – 偏官이 되어

지나치게 엄격한 가정에서 출생하기 쉽다. 권위 있는 직장에 근무하거나 타인을 감시하고 감독하며 조사하는 직책이 되기 쉽다. 항상 상대와 대립하는 문제가 발생하기 쉬우나 굴복을 모르는 독불장군처럼 편법적으로라도 자기주장을 관철시키려는 기운이 있기 쉽다. 타인으로부터 멀어지며 고독하기 쉽다.

◎ 딸[正官]에게는 – 正官이 되어

직장생활을 하다가 결혼하기 쉽고 총명하고 슬기로우며 법과 질서를 존중하는 준법정신이 투철하다. 부군에게 절대 복종한다. 형제나 동기간에 화목치 못함이 단점이며 신약함이 있기 쉽다.

◎ 며느리[劫財]에게는 – 傷官이 되어

지나친 사치와 허영으로 남편을 궁지로 몰아가는 여인이라 하겠다. 자식에게만 죽자고 매달리며 부궁을 치니 자식 낳고 부군과의 이별수가 있기 쉽다.

◎ 사위[食神]에게는 – 比肩이 되어

부모궁이 부실하여 성장기에 경제적 압박이 극심하고 학업에도 고난의 연속이었기 쉽다. 그러나 인내와 뚝심으로 입신(立身)함으로서 일가창립의 명예나 부를 이룩했음에 틀림없겠다.

3) 여자의 월지 食神

◎ 남편[正官]에게는 - 正官이 되어

명문가정의 자손으로 엄격한 가정교육을 받고 성장할 수 있으며 절로 귀태가 나는 귀공자 타입의 남자이기 쉽다. 두뇌가 총명하고 언행에 절도가 있으니 타인을 지배하는 능력이 있기 쉽고 법도를 알며 모범된 생활을 가꾸며 살기 쉽다.

◎ 시부[劫財]에게는 - 傷官이 되어

두뇌회전이 남보다 빠르고 일반상식이 풍부하니 입 싸움을 잘하고 지나친 독설로 망신을 사는 수도 있다. 남에게 지배받기를 죽도록 싫어하며 매사 승부욕이 지나치다 하겠다. 멋 부리며 사업 수완을 발휘하니 재물과는 인연이 많기 쉽다.

◎ 시모[偏財]에게는 - 偏印이 되어

상대방의 마음을 훔치는 데 천부적인 재능을 타고났다. 자식을 극해하는 월지이니 자식이 병약하거나 냉정하여 잘 돌보지 않을 수 있다.

◎ 아들[傷官]에게는 - 劫財가 되어

유복자가 되기 쉬우며 그렇지 않으면 일찍이 부덕이 없어 홀로서기의 주인공으로 가정을 이끈다. 형제, 친구, 동서의 덕도 없기 쉽다.

◎ 딸[食神]에게는 - 比肩이 되어

자기의 의지와는 상관없이 쇠몰(衰沒)한 부(父)의 운명 때문에 처녀가장 노릇을 하기 쉽다. 시모(媤母)궁이 부실한 시가의 맏며느리로 출가하기 쉽고 부군의 외도를 경험하기 쉬운 명(命)이다.

◎ 며느리[偏官]에게는 - 偏官이 되어

결혼 전에는 직장생활하기 쉬우며, 어쩔 수 없는 상태에서 타의건 자의건 경제적인 조건에 따라 결혼을 하기 쉽다. 몸이 약하거나 관재구설이 따르기 쉽다.

◎ 사위[印綬]에게는 - 正財가 되어

엄한 가정교육으로 사회통념상 모범적인 인물로 성장하기 쉽다. 비교적 윤택한 어린시절을 보내 어려움을 모르니 타인을 의지하려는 심약함이 있기 쉽다.

4. 월지 상관(傷官)의 육친통변

1) 남녀 공통의 월지 傷官

월지가 正官을 극하게 되니 명예가 치명적으로 손상되기 쉽다. 승부욕과 아울러 사치와 허영심이 쟁론시비가 생활화되어 가는 곳마다 반항아의 성질로 독설을 일삼는 문제로 실수가 되어 관재구설에 휘말리기 쉽다. 조모 밑에서 양육되기 쉽고 남자는 자식 복이 없기 쉬우며 여자는 남편 운이 없기가 쉽다.

◎ 부친[偏財]에게는 – 印綬가 되어

모친이 가정을 주도했으며 비교적 조용한 성품으로서 어디에 가나 심성이 착한 사람이라 하겠다. 직업은 교육계이거나 관공직이라면 재정직에 가깝다. 처가와는 인연이 별로며 특히 장모와는 불화하기가 쉽다. 원래부터 재복은 멀지만 인품이 천하지 않고 귀태가 있어 모든 사람에게 존경을 받기도 한다.

◎ 모친[印綬]에게는 – 偏財가 되어

부친이 가정을 주도했기 쉽고 엄한 가친 밑에서 가정교육을 철저하게 받고 성장한 여인으로서, 대체로 재복도 좋고 가난한 집으로 출가하여 시가를 부흥시킴으로써 똑똑한 여인의 대우를 받으나 시모(媤母)와의 갈등은 한 번은 겪어야 한다. 부군을 입신출세시키려는 욕망이 강하다. 남편이 신장이 작은 편일 수 있다.

◎ 조부[偏印]에게는 - 正財가 되어

처의 내조의 공이 클 것이며 호색풍류의 끼가 있거나 타향객지 생활이 운명적으로 벗어나기 어려우며 여인과 재복은 있는 편이며 자식들도 무난히 생활할 것이나 처와 모친 간에 갈등이 있기가 쉽다.

◎ 조모[傷官]에게는 - 比肩이 되어

쇠몰한 가문의 장녀로서 성장하여 초년기부터 강인한 자립심과 독립심으로 출가 전에도 가장의 행세를 하고 시집을 와서도 굳건히 집안을 보살피고 다스리는 여장부였기가 쉽다. 단지 부군의 풍류로 상심함이 있겠으나 자식은 모두 훌륭하게 성장할 것이다.

2) 남자의 월지 傷官

◎ 처[正財]에게는 - 偏印이 되어

애교가 많은 여인이기 쉽다. 본능적으로 밤이면 활기가 샘솟는 특성이 있다. 부부생활이 원만하면 자녀로 인한 상심이 있기 쉽다.

◎ 장인[偏印]에게는 - 正財가 되어

공처가 아니면 애처가이기 쉽고 집안 살림은 그 처가 관장하기 쉽다. 저축심이 강하며 매사에 빈틈이 없고 자식을 위해 헌신하는 부정이 남다른 남자이기 쉽다.

◎ 장모[傷官]에게는 - 比肩이 되어

가장이 아닌 가장 역할을 해온 여인이기 쉽다. 온갖 풍상을 인내와 노력으로 헤쳐나와 맏며느리로 출가하기 쉬우나 그 의무를 충실히 이행함에도 불구하고 남편의 바람기를 구경해야 할 팔자이기 쉽다.

◎ 아들[偏官]에게는 - 正官이 되어

머리가 총명하고 슬기로우며 법과 질서를 존중한다. 학운과 관운이 비교적 좋으며 자식복도 좋은 편이다.

◎ 딸[正官]에게는 - 偏官이 되어

편관(偏官)이 비겁을 극하니 형제, 동서 간에 우애가 없이 불목불화하기 쉽고 재물보다 명예를 중시하며 강한 리더십으로 항상 리더를 하려고 한다.

◎ 며느리[劫財]에게는 - 食神이 되어

조모(祖母)궁이 부실하니 이는 조부(祖父)의 여난(女難) 탓이다. 인물이 미려하고 두뇌가 총명하니 매사에 세련된 매너의 여인임에 틀림없다. 말솜씨 예쁘고 음식 솜씨 좋고 유행에 민감하기 쉬우며 부군보다는 자식을 위하여 경제의 풍요함을 추구하기 쉽다.

◎ 사위[食神]에게는 - 劫財가 되어

자존심과 의지력이 강하고 건강하여 자수성가를 이룰 것이나 처를 극하여 처가 병약하니 외도를 하고 첩을 거느릴 수 있다.

3) 여자의 월지 傷官

◎ 남편[正官]에게는 - 偏官이 되어

명예와 권위, 책임감과 사명심을 지나치게 강조하므로써 독립되기가 쉽다. 법과, 검찰, 군인, 경찰 등의 타인을 강력하게 억압하려는 직종에 종사하기 쉽다. 의리를 귀중하게 여기며 자기 명예는 목숨 걸고 지키려는 특성이다.

◎ 시부[劫財]에게는 - 食神이 되어

두뇌 명석하고 재와 인연이 많으니 사업으로 부를 축적할 명(命)이다. 화술이 능수능란하고 사람의 마음을 사로잡는 소질이 다분하다. 처궁이 불미하다.

◎ 시모[偏財]에게는 - 印綬가 되어

長上人을 공경하고 차분하면서도 인자한 성품을 지닌 여성이기 쉽다. 부도를 잘 지키는 여인이긴 하나 자식궁이 약함이 큰 걱정이라 하겠다.

◎ 아들[傷官]에게는 - 比肩이 되어

장남으로 태어나 부친의 몰락으로 가정의 운명을 어린 어깨에 짊어졌으니 어린 시절 고달픔을 피할 수 없을 것이다. 부친의 날개를 꺾어 버렸으나 자식에게 자수성가할 수 있는 강인한 힘을 부여하였으니 천만다행인 것이다.

◎ 딸[食神]에게는 - 劫財가 되어

한 집안의 대들보 구실을 하는 존재이니 승부욕이 강하고 평생 타인과의 경쟁은 피할 수 없고 인덕도 없다.

◎ 며느리[偏官]에게는 - 正官이 되어

직장생활을 하다가 결혼한 여인이기 쉽다. 두뇌가 영민하고 道를 잘 지키는 정숙한 여인이다. 예의범절이 바르며 매사 행동 또한 절제함이 철저하니 빈틈이 없는 것이 얄밉기조차 하다. 부군과 가문의 명예를 위해서 최선을 다하기 쉽다.

◎ 사위[印綬]에게는 - 偏財가 되어

부친의 형제에 이복이 있기 쉬우며 조별 편친하지 않으면 타가성장하기가 쉽다. 극처함으로 부부 정이 멀어지거나 이별, 사별수가 있기 쉽다.

5. 월지 정재(正財)의 육친통변

1) 남녀 공통의 월지 正財

월지가 재(財)이니 부(父)에게는 비겁(比劫)이 되므로 부친이 자수성가하여 가문을 부친이 주도하기 쉽고, 엄격한 부친으로부터 가정교육을 받아 성장하였다. 모친은 완고한 부친에게 순종하니 신약하거나 병약한 여성이기 쉽다. 부친에게 유산을 받기 쉽고 비교적 넉넉한 환경에서 자란다. 정직하고 성실한 노력에 의해 재물과도 인연이 있고, 저축을 생활화하는 노력의 결실을 자랑스럽게 여긴다. 남자는 처의 덕을 보게 되고 여자는 타고난 재복이 있어서 시집 가면 시가를 부흥케 가고 가난에서 탈피하는데 일조를 할 것이다.

◎ 부친[偏財]에게는 - 劫財가 되어

편친(偏親) 조별하기 쉽고 일찍부터 사회생활에 뛰어들어 자수성가로 일가의 가장이 될 운명이며 그 처가 심약 또는 신약하지 않으면 처궁이 부실하여 이별, 재혼수가 있기도 한다. 직업은 자유업에 종사하거나 일반사회의 봉급자이기도 한다. 대개 사업이나 중소상인으로 재를 축척하기도 한다.

◎ 모친[印綬]에게는 - 偏官이 되어

결혼 전에 반드시 직장의 여인으로서 인기를 얻은 총명한 미인이다.

가정환경이 지나치게 엄격한 생가에서 성장하였으니 현숙한 여인으로서 법도를 지나치게 강행하므로 타인으로부터 경원시당하는 경우도 있다. 그러나 부군에게는 절대복종하는 단아한 여인이라 하겠다.

◎ 조부[偏印]에게는 - 正官이 되어

재물보다는 명예와 가통을 중시하며 조모에게는 엄격한 남편의 행세를 하나 자녀를 출생하고부터는 매사 심약해지기 쉽다. 관직과 인연이 많고 일반봉급자이기 쉽다. 타인을 지배하려는 지도력은 풍부하니 어디에 가서도 대우를 받을 수 있는 언행이 특징이다.

◎ 조모[傷官]에게는 - 食神이 되어

미[美]와 맛[味]을 즐기며 상냥한 말솜씨와 아름다운 자태로 한 시대를 풍미한 여인일 것이다. 다만 월지가 조모(祖母)의 기운을 쇠하게 하니 건강이 부실하기 쉽고 남편궁을 극하니 자칫 부군과의 사이가 원만치 못할 수 있다.

2) 남자의 월지 正財

◎ 처[正財]에게는 - 比肩이 되어

부친의 덕이 없으며 형제덕마저 없기 쉬운 명(命)이다. 그러나 신체는 건강하니 정직하고 거짓없는 심성으로 타인을 위해서 항상 봉사하고 성실하며 자수성가는 할 것이나 큰 재복은 없기 쉬우며 항상 형제로 인한 금전적 손실을 주의해야 할 것이다. 귀한 자식을 얻으나 부군의 외도가 있기 쉽다.

◎ 장인[偏印]에게는 - 正官이 되어

부친이 관직에 있었거나 명예를 존중하는 가문의 출생으로 인품도 우수하고 성정도 단정하며 부모의 말을 거슬리지 않는 모범적인 인물이다.

◎ 장모[傷官]에게는 - 食神이 되어

마음이 넓고 사교적이며 식성도 좋아 체구가 큰 편이기 쉽다. 흡사 부자집의 맏며느리 같은 인상이 풍기는 외모의 소유자이기 쉬우며 어디에 서건 약자편에 서는 정의파 여장부이기도 하다. 부덕이 부실함이 흠이나 출세할 자식을 두기 쉽다.

◎ 아들[偏官]에게는 - 印綬가 되어

부모의 품 안에서 곱게 성장한 탓으로 남을 의지하는 의타심이 강하기 쉽다. 비교적 천하지 않으며 점잖고 조용한 성품을 지녀 매사에 적극적이지가 못하다. 활동범위가 좁고 극히 한정되어 있으나 교육계와 인연이 많기 쉽다.

◎ 딸[正官]에게는 - 偏印이 되어

자기 과시의 표현력이 뛰어나 너무 기교적으로 흘러 자칫 가식적인 면이 다분하다 하겠다. 부군의 병약함이 있기 쉽고 자식으로 상심이 있기 쉬움은 인(印) 극(剋) 식상(食傷)하기 때문이다.

3) 여자의 월지 正財

◎ **남편[正官]에게는 - 偏印이 되어**

자식으로 인한 상심이 있기 쉬우며 장모와 불화가 많고 이별수가 있기 쉽다. 인장이나 문서상의 실수로 인한 손실을 입는 불행을 겪기도 한다. 교육, 예능, 기술계에 종사한다.

◎ **시부[劫財]에게는 - 偏財가 되어**

영웅호걸의 기질로서 허랑방탕(虛浪放蕩)[30]하고 허풍쟁이기가 쉽다. 처덕은 있으나 처궁이 부실하고 여자관계가 복잡하여 여인으로 인해 패가망신하기가 쉽다.

◎ **시모[偏財]에게는 - 劫財가 되어**

똑똑한 자식을 두기 쉬우며 남편보다는 자식을 위해 헌신하고 자식을 의지하며 살기 쉬운 이유는 남편의 외도를 경험했기 때문일 것이다. 혼전이나 결혼 후에나 생활이 고달픈 것은 타고난 운명이다.

◎ **아들[傷官]에게는 - 食神이 되어**

인물 좋고 머리 좋아 공부도 잘하기 쉬우나 경제적인 활동력이 강하여 재물을 축척하는 데 온갖 정열을 쏟기 쉽다. 조모와 인연이 많고 장모

---

30) 허랑방탕(虛浪放蕩): 허황하고 실답지 않으면서 방탕함을 의미한다.

와는 불화하기 쉬우며 자식복이 없다.

◎ 딸[食神]에게는 - 傷官이 되어

관(官)을 극하는 작용으로 태어났으니 평생을 두고 남편 덕이 없기 쉽다. 편부를 두기 쉽고 배다른 자식을 두게 될 수 있기도 하다. 연예계에 종사하지 않으면 오직 인수(印綬)에 매달려 교육계에 몸담으면 그나마 보기에는 좋을 것이다.

◎ 며느리[偏官]에게는 - 印綬가 되어

결혼 적령기를 넘겨 만혼하기 쉽고 교직이 아니면 반드시 직장생활을 하다가 결혼하기 쉽다. 시부모와는 화목하기가 어렵고 매사에 친정모친을 의지하려는 팔자 탓으로 고부간에 문제가 발생하기도 한다. 장녀이기 쉽다.

◎ 사위[印綬]에게는 - 偏官이 되어

명문가정의 종손이기 쉽고 부친은 관직 출신이 많다. 고집불통에 강압적인 성격의 소유자로서 매사를 편법적으로라도 이루어내려는 집념을 가지기 쉽다. 입신과 출세를 위해서는 물불을 가리지 않는 성질도 다분하다.

6. 월지 편재(偏財)의 육친통변

1) 남녀 공통의 偏財

부친이 가정을 이끄는 여유 있는 집안의 출생자로 좋은 환경에서 대체로 준엄한 교육환경에서 성장하기 쉽다. 공부와는 일차적으로 장해가 따르니 시험에도 1차보다는 2차와 인연이 있다. 지방과도 연고가 강하니 출장, 출행, 여행과도 인연이 있어 대외적인 활동과 재물의 집착이 타인보다 강하다. 남자는 여성과 인연이 많아 여난을 겪을 수 있고 여자는 비교적 친정보다 부족한 곳으로 출가하여 남편 출세시키려는 욕망이 강한 편이다.

◎ 부친[偏財]에게는 – 比肩이 되어

일찍부터 사회생활에 뛰어들어 자수성가로 일가의 가장이 될 운명이며 그 처가 신약하지 않으면 처궁이 부실하여 이별, 이혼수가 있기도 한다. 직업은 자유업에 종사하거나 일반사회의 봉급자이기도 하다. 대개 중소상인으로 재를 축적하기도 한다.

◎ 모친[印綬]에게는 – 正官이 되어

결혼 전 반드시 직장에서 여인으로서 인기를 얻은 총명한 미인이다. 엄격한 가문에서 성장하였고 현숙한 여인으로 법도를 지나치게 강행함으로써 타인으로부터 경원시당하는 경우도 있다. 그러나 부군에게는 절대복종하는 여인이기 쉽다.

◎ 조부[偏印]에게는 - 偏官이 되어

재물보다는 명예와 가통을 중시하며 관직과 인연이 많고 봉급자이기 쉽다. 건강은 비교적 약한 편이나 부실하지는 않으며 타인을 지배하려는 지도력은 풍부하니 어디에 가서도 대우를 받을 수 있는 언행이 충분하다.

◎ 조모[傷官]에게는 - 傷官이 되어

두뇌가 총명하여 언행에 애교가 따르며 몸매와 생김새가 천상 여인이다. 특히 남성에게는 인기가 높다. 활동력도 많으며 처세술 또한 좋으나 부군과의 복덕은 그렇지가 못하니 자녀를 낳고부터는 부부 정이 멀어지니 부부 이별하기 쉽고 부군보다는 자식을 위해서 정성을 다하여 살아가는 편이다.

2) 남자의 월지 偏財

◎ 처[正財]에게는 - 劫財가 되어

인성 모친과 합세하여 부친을 극하니 부친의 신세가 풍전등화와 같아 생명을 부지하여도 한숨과 눈물의 세월이니 초년고생이 극심할 수 있다. 맏며느리로 출가하기 쉬운 운명에 부군의 외도까지 볼 수 있으니 인간의 덕을 못 본다.

◎ 장인[偏印]에게는 - 偏官이 되어

형제동기간에 우애가 없기 쉽다. 행동의 거취가 지나치게 분명하여 타인과의 대립이 야기되니 오직 상대방을 꺾으려 하는 자존심이 폭력으로 치닫기 쉽다. 관재구설이 늘상 따라 붙기 쉽다.

◎ 장모[傷官]에게는 - 傷官이 되어

도량이 넓은 것 같아도 속은 뱅댕이 속이니 표리부동하기 쉽다. 재치있고 붙임성 있는 화술로 상대방을 끌어들이는 언행을 일삼으니 욕심은 오만방자함이 자리하고 있다. 이 여인의 독설에는 당할 사람이 없기 쉽다.

◎ 아들[偏官]에게는 - 偏印이 되어

예능 방면에 특별한 재능을 보이기가 쉽다. 약간의 변태적인 성격에 끈기가 없으니 매사 싫증을 쉽게 낸다. 밤눈이 밝은 것은 좋으나 밤은 착각하기 쉬우니 착각으로 인해 매사 곤경에 잘 빠질 수 있다.

◎ 딸[正官]에게는 - 印綬가 되어

태어날 때부터 애어른으로 조용하게 자라난 곱디고운 여인이기 쉽다. 직장생활을 하다가 만혼하기 쉽고 재물에 집착함은 없으나 이론에 밝아 부부간에 따지기를 잘하여 부군으로부터 미움 사기가 쉽다.

◎ 며느리[劫財]에게는 - 正財가 되어

부덕이 있고 재(財) 밭에 태어났으니 어릴 때부터 가난을 모르고 곱게 자란 여인이기 쉽다. 부덕도 있으며 살림도 알뜰살뜰 잘하고 시집온 이후부터 시집이 일어나니 복 받은 여인이라 하겠으나 시모(媤母)와 불화는 따르게 된다.

◎ 사위[食神]에게는 - 食神이 되어

계산과 눈치가 빠르며 타인의 심중을 간파하는 데는 남다른 면이 있다. 맛있는 음식을 좋아하며 상당히 멋도 부리고 유행에 민감하기 쉽다. 봉급생활과는 인연이 멀고 사업과 인연이 많으나 교육계와도 무관하지 않다. 자존심이 강하여 타인의 지배하에 있기를 싫어한다.

3) 여자의 월지 偏財

◎ 남편[正官]에게는 - 印綬가 되어

모친이 가정을 이끌어 왔으니 성장함에 있어 어머니의 힘이 절대적인 영향을 미쳤기 쉽다. 성품이 인자하고 조용하며 어디에 가나 심성이 착하여 선생님 소리를 듣기 쉽고 존경받는 인물이긴 하나 본인과 자식이 심약할 수 있다.

◎ 시부[劫財]에게는 - 正財가 되어

조상으로부터 유산상속이 있기 쉽다. 사회생활함에 있어 보증수표 같은 신용 있는 사람으로 불릴 수 있다. 학(學)운이 좋은 편이 못 된다 하겠으나 여러모로 인덕이 많은 사람이다.

◎ 시모[偏財]에게는 - 比肩이 되어

부모의 덕이 없기는 초년부터요 자기 스스로 험한 세파를 견뎌온 여인이기 쉽다. 형제가 많아도 외톨이이기 쉬우나 건강은 염려 없으나 고독한 가운데 굳건히 자신을 지켜온 여인이다.

◎ 아들[傷官]에게는 - 傷官이 되어

일확천금의 투기성에 재복도 있으니 사업으로 성공함이 있기 쉽다. 주로 자본 없이 수단과 언변으로 취재하니 관재구설이나 시비수가 휘말리기 쉽다.

◎ 딸[食神]에게는 - 食神이 되어

자식복은 많다 하겠으나 부군과 소원하기 쉽다. 자식은 낳을수록 부군에게 해(害)가 되기 쉬우니 이는 월지식상이 관을 극함이다.

◎ 며느리[偏官]에게는 - 偏印이 되어

잠자리에서의 기교가 탁월하다. 기와 예에 능하니 야간활동에 천부적인 소질을 타고나기 쉽다. 그러나 월지가 착각의 별이니 재물과 명예와 권력과 의식주(衣食住)상의 장해가 끊임없이 발생하기 쉽다.

◎ 사위[印綬]에게는 - 正官이 되어

가문이 명문의 자손이기 쉽고 부친이 관직에 있기 쉽다. 책임감이 강하여 입신과 출세를 위해서 전력을 다하는 모범인생으로 윗사람으로부터는 인정을, 부하에게는 신임을 받는 남자 중의 남자이다. 처덕도 무난하나 돈을 모르고 명분을 중요시하기 때문에 생활이 너무 단조롭고 규칙적이기 쉽다.

7. 월지 정관(正官)의 육친통변

1) 남녀 공통의 월지 正官

 명문가의 자손이기 쉽고 부모에게 효도하고 부부간에 유정하며 가정교육이 모범됨으로써 세간의 존경과 신뢰가 있으니 매사에 자기관리와 의무를 성실하게 실행하는 반면, 매우 규칙적이고 언행이 분명하여 오히려 단조롭고 고지식한 측면에 의해 인간미가 결여될 수 있다. 부친이 관직 출신이거나 학업과정도 막힘이 없고 좋은 배우자를 만나게 되고 사회진출도 순탄한 것은 월지 正官의 기운이다. 여성은 귀부인의 길을 가게 되고 품위 있는 언행으로 남편에게의 내조가 뛰어나다. 정숙한 여인상으로 나무랄 수 없이 든든하게 가정을 이끈다. 결혼 전 직장에 몸담게 되는 것이 이 여인의 특징이다.

◎ 부친[偏財]에게는 - 傷官이 되어

 풍채가 좋고 도량이 넓어 외견상으로는 부유한 모습이 흐르는 편이다. 초년기에는 조모의 슬하에서 성장하기 쉽고 조부의 풍류로 인하여 조모가 가정을 주도한 집안이거나 조모궁이 중중하기가 쉽다. 직업은 교육계가 일반적이며 항상 자식궁이 부실하기 쉬우며 자식으로부터 효를 바라기는 다소 어려운 편이다.

◎ 모친[印綬]에게는 - 偏印이 되어

부모덕도 있으며 학예가 능하며 아는 것이 많은 편이다. 초년기에는 부친보다 모친의 가르침과 채찍 속에서 공주처럼 귀여움을 독차지하면서 자랐고 대개 결혼 운은 일찍 들지 않고 만혼하기가 쉽고 매사에 심약하기 쉬워 차분하면서 알뜰하게 집안 살림을 이끌어가는 편이다. 부군에게는 이론을 앞세워 논리정연하게 따지므로 부군을 대하되 항상 자식 다루듯 한다.

◎ 조부[偏印]에게는 - 印綬가 되어

모친의 영향력이 큰 집안에서 성장하기 쉽고 모친이 가정을 주도했으니 여성적 품성이 자리 잡고 있기 쉽다. 조용하고 순박하며 신사적이고 심성이 착하니 교육계와 인연이 깊고 모든 이들에게 존경을 받기가 쉬운 자애로운 선생님같은 사람이기 쉽다.

◎ 조모[傷官]에게는 - 偏財가 되어

엄한 아버지 밑에서 성장했기가 쉽고 생모가 병약했거나 아니면 일찍 이별한 여인이기 쉽다. 학업에는 어려움이 많아도 재복은 있어 출가 이후에는 친정이 쇠몰하여도 부군을 도와 시가를 부흥케 할 것이다. 시모(媤母)와는 불화하기가 쉬우니 시집살이가 심한 편이다.

2) 남자의 월지 正官

◎ 처[正財]에게는 – 食神이 되어

심성이 착하고 인물과 몸매가 선택된 여인이다. 총명한 두뇌에다 다방면에 취미와 재주를 갖췄으니 어디에 가도 인기를 독차지하기 쉽고 사교성도 남다르기 쉽다. 재물 욕심 부리기 쉽고 온갖 아름다움에 심취하는 심미안에 눈썰미가 있다.

◎ 장인[偏印]에게는 – 印綬가 되어

학문의 길과 인연이 깊으며 재물에 연연하지 않으니 물질적인 곤궁을 면하기 어렵다. 심성이 착하고 욕심이 없으니 가난한 선비의 팔자를 타고났다.

◎ 장모[傷官]에게는 – 偏財가 되어

시부의 외도로 시모(媤母)가 중중한 집안으로 시집가기가 쉽고 시모와의 불화가 끝이 없기 쉽다. 자손의 병약함과 부군의 무능력함을 경험하기도 한다.

◎ 아들[偏官]에게는 – 劫財가 되어

처를 극하니 첩이 있기 쉽고 이복자식을 두기가 쉽다. 모든 경쟁에서 자칫 실패의 쓴잔을 마시기도 한다. 형제간에 덕도 없고 우애도 없기 쉽다.

◎ 딸[正官]에게는 - 比肩이 되어

비교적 사교적이나 자존심이 강하여 타인에게 지배받거나 간섭을 싫어한다. 독립심이 투철한 여인이며 성격이 급할 수 있다. 허황된 생활과 사치가 배제된 과소비 심리가 없는 깔끔한 인물이기 쉬운 것은 성장과정에서 父의 그늘이 편안한 안식처가 될 수 없었음이다.

◎ 며느리[劫財]에게는 - 偏官이 되어

결혼, 파직 등 제반사가 돌발적인 성격을 띠며 찾아오기 쉽다. 지나치게 구속을 당하거나 타인에게 구속력을 발휘하기도 쉬우니 이성교제의 돌발사가 불화 등이 되어 염려되기도 한다.

◎ 사위[食神]에게는 - 正財가 되어

사람의 됨됨이가 약간은 답답한 형이나 처를 아끼고 사랑할 줄 알며 재정계의 공직이 아니면 사업과 연관이 많고 자식을 위해서 정성을 다하는 편이다. 비교적 모범가장, 모범시민이다.

3) 여자의 월지 正官

◎ 남편[正官]에게는 - 比肩이 되어

많이 배운 것 없고 부모덕과 형제 덕이 없으니 오직 자기 자신만을 믿고 인생 역경을 헤쳐온 대장부이기 쉽다. 생활력이 강하며 봉급생활자 아니면 작은 규모의 자기 사업이 적성에 맞기 쉽다.

◎ 시부[劫財]에게는 - 偏官이 되어

감투와 명예에 죽고 산다. 돈과는 인연도 욕심도 없기 쉽다. 부모형제와 인연이 멀어지니 고독한 생활이 되기 쉽다. 그러므로 배다른 자식을 두거나 키울 수 있다.

◎ 시모[偏財]에게는 - 傷官이 되어

임신 또는 출산 후 부군과의 사이가 소원해지기 쉽다. 부덕이 별로이나 자식을 훌륭하게 키우기 쉽다. 말솜씨가 감칠맛 나며 남자로 하여금 꺾고 싶은 욕망의 대상이 되게 하는 여인이나 월지가 관을 벼랑으로 내모는 형국이라 할 수 있다.

◎ 아들[傷官]에게는 - 偏財가 되어

학교를 다녀도 집에서 멀리 떨어져 있는 학교를 다니기 쉽다. 학업에 장해가 따르며 그 모친이 병약하기 쉽다. 길거리에서 횡재수를 만나기도 하며 이리 저리 떠나고픈 욕망이 내재되어 있다. 여인관계가 많을 수 있다.

◎ 딸[食神]에게는 - 正財가 되어

시모(媤母)가 시집살이를 심하게 시키기 쉽다. 친정보다 못한 가난한 집안의 며느리로 들어가면 시가(媤家)를 일으키고 남편에 대한 내조가 극진할 것이다. 매사에 명예와 신용이 따르고 순조로운 삶이다.

◎ 며느리[偏官]에게는 - 劫財가 되어

인덕이 없기 쉽다. 모든 경쟁에서 패배의 쓴잔을 마시는 서러움과도 눈물 없이 직면하는 태강한 성격의 소유자이다. 똑똑한 자식을 두기 쉽고 고부간의 갈등은 있으나 큰 염려는 되지 않는다 하겠다.

◎ **사위[印綬]에게는 – 偏印이 되어**

오락 또는 도박성이 강하고 모든 잡기에 능하기 쉽다. 야행성으로 연예계에 종사하기도 한다. 매사 이중성이 있기 쉬우니 쾌활함 뒤의 초조, 불안이 숨어 있기 쉽고 조금은 알 수 없는 사람이기 쉽다.

8. 월지 편관(偏官)의 육친통변

1) 남녀 공통의 월지 偏官

정관(正官)과 편관(偏官)을 관살(官殺)이라 하지만 살(殺)은 편관을 의미하는 것이다. 편관(偏官)은 법의 집행자이며 구속력을 가진다. 명예와 명분을 생명과 같이 여기고 규범과 질서를 철저하게 생각하는 권위의식 및 관료의식을 강렬하게 타고난 소유자이다. 자기의 권리와 의무를 충실히 이행하는 반면 법 집행자적 위치에서는 용서 없이 철퇴를 휘둘러서 인간미가 없는 냉철한 사람으로 보이기 쉽다. 군인, 경찰, 법조계에 종사하기 쉽고 여자는 자의나 타의로 강제 결혼하는 예가 많다.

◎ 부친[偏財]에게는 - 食神이 되어

풍채가 좋고 도량이 넓어 외견상으로는 부유한 모습이 풍기는 형이다. 초년기에는 조모의 슬하에서 성장하기 쉽고 조부의 풍류로 인하여 조모가 가정을 주도한 집안이기 쉽다. 직업은 교육계나 연구직 상업계가 많고 자식은 크게 잘 되거나 효성심이 많지 않다.

◎ 모친[印綬]에게는 - 印綬가 되어

타고날 때부터 재물에 대학 집착력이 없는 대신 눈빛이 곱고 맑아 성품이 선천적으로 단아한 공주풍의 상을 지닌 여인이다. 부모덕도 있으며 학예가 능하여 아는 것이 많은 편이다. 초년기에는 부친보다 모친의 가르침과 채찍 속에서 공주처럼 귀여움을 독차지하면서 자랐고 차분하면서 알뜰하게 집안 살림을 이끌어가는 편이다. 아들보다는 딸을 먼저 두기가 쉽거나 아들보다는 딸이 잘 되는 편이고 부군에게는 이론을 앞세워 논리 정연하게 따지는 형이다.

◎ 조부[偏印]에게는 - 印綬가 되어

모친의 영향력이 큰 집안에서 성장하기 쉽고 모친이 가정을 주도했으니 여성적 품성이 자리 잡고 있기 쉽다. 조용하고 순박하며 신사적이고 심성이 착하니 교육계와 인연이 깊고 모든 이들에게 존경을 받기가 쉬운 자애로운 선생님 같은 사람이기 쉽다.

◎ 조모[傷官]에게는 - 正財가 되어

부친이 대단히 엄한 아버지 밑에서 성장했기가 쉽고 생모가 병약했거나 아니면 일찍 이별한 여인이기 쉽다. 학업에는 어려움이 많아도 재복은 있어 출가이후에는 친정이 쇠몰(衰沒)하여도 부군을 도와 시가를 부흥케 할 것이다. 시모(媤母)와는 불화하기가 쉬우니 시집살이가 심한 편이다.

2) 남자의 월지 偏官

◎ 처[正財]에게는 - 傷官이 되어

겉으로 보기엔 화려하고 멋진 인생을 사는 것처럼 보이지만 부군과의 사이가 냉냉하기 쉽다. 배다른 자식이 있거나 정부를 두기 쉬워 심하면 남편 아닌 다른 씨의 자식을 기를 수 있다.

◎ 장인[偏印]에게는 - 偏印이 되어

모친이 중중하거나 부친을 조별하기가 쉽다. 야간활동으로 색난에 휘말리기가 쉬우니 부부불화나 처가와의 불화가 있기 쉽다. 자식이 병약함은 월지가 궁을 설기하기 때문이다.

◎ 장모[傷官]에게는 - 正財가 되어

재복이 좋고 마음과 행동이 부자 집 맏며느리 감으로 시댁을 위해 며느리 역할을 훌륭히 수행할 여인이다. 비교적 인덕이 있으며 알뜰살뜰 가계를 잘 꾸려나가니 행복하고 안정된 생활에 묻혀 살기 쉽다.

◎ 아들[偏官]에게는 - 比肩이 되어

그 부친이 날개 부러진 봉황 신세가 되었으니 세상살이가 고달프게 된다. 그렇지만 신강함을 무기 삼아 세상과 맞서 싸워 끝끝내 이겨서 어디에서건 자기 존재를 확인케 하는 사람이다.

◎ 딸[正官]에게는 - 劫財가 되어

공부와 재물과 부친의 덕도 없기 쉬우며 부친과의 사이도 원만하지 못하기 쉽다. 가냘픈 여자의 몸으로 가장 역할을 하거나 인간관계가 원만하지 못하여 덕이 없고 구설이 많아 고통을 맞이하기 쉽다.

◎ 며느리[劫財]에게는 - 正官이 되어

대개의 경우 부덕이 많은 편이며 부군에게 내조를 잘하여 현숙한 여인으로서 귀부인 소리를 듣기 쉽다. 얌전하고 정직하고 올바른 가정교육을 받으며 자랐기 때문에 가문의 명예를 중히 여기는 타입이다. 반드시 직장생활하다가 결혼하기가 쉽다.

◎ 사위[食神]에게는 - 偏財가 되어

투기와 횡재수에 관심이 많고 참여하기도 즐겨하며 목돈을 챙기는 기회가 있기도 하지만 재물이 생기면 아낄 줄 모르고 마구 써버리는 기질이 있기 쉽다. 풍류를 즐기며 많은 여자를 만날 수 있다.

3) 여자의 월지 偏官

◎ 남편[正官]에게는 - 劫財가 되어

자수성가로 어려운 집안을 일으켜 세운 인물로 풍채 또한 좋고 건강하니 병원 신세질 일이 평생에 별로 없기 쉽다. 이복형제가 있기 쉽고 그 처는 극히 병약하기 쉽다.

◎ 시부[劫財]에게는 - 正官이 되어

매사에 정도를 행하려는 특성이 있어 어디에 가도 신임을 받고 돈보다 명예를 중요시하며 불의와 타협하지 않으며 명분 없이 함부로 행동하지 않는다. 공무원이나 교육계 등에 종사하기가 쉽다.

◎ 시모[偏財]에게는 - 食神이 되어

월지가 모친의 기운을 쇠하게 하니 모의 건강이 부실하기 쉽고 부궁을 극하므로 부군과의 사이가 원만치 못함은 필연이나 아름다운 자태와 상냥한 말솜씨로 한 시대를 풍미한 여인일 것이다.

◎ 아들[傷官]에게는 - 正財가 되어

재복은 타고났으나 약간의 소심증이 있기 쉽다. 매사 반듯하고 처음과 끝이 한결같으니 한 치의 빈틈도 없기 쉽다. 숨 막히도록 근면성실한 사람이고 모범적인 사람이다.

◎ 딸[食神]에게는 - 偏財가 되어

친정 부친이 자수성가하여 재물이 탄탄한 집안에서 엄한 양친의 교육을 받으며 자란 여인으로서 날 때부터 복덩이 소리를 듣기 쉽다. 태어나면서부터 친정이 일어나고 시집 가면 시가가 일어난다. 돈을 벌고 싶어서 중도에 학업을 포기할 수 있다.

◎ 며느리[偏官]에게는 - 比肩이 되어

맏딸 노릇에 맏며느리이기 쉽고 부군의 풍류가 상상되나 자식은 훌륭히 가르치고 형제간에 우애는 좋은 편이 못된다.

◎ 사위[印綬]에게는 - 印綬가 되어

보수적이고 도덕적이며 항상 모든 면에서 교육적인 품성을 나타내기 쉽다. 선하고 자애로우나 잔소리가 많을 수 있으며 장모와 불화하기 쉬운 것은 월지가 장모식상을 극하는 인수(印綬)이기 때문이다.

9. 월지 정인(正印)의 육친통변

1) 남녀 공통의 월지 正印

대개의 경우 모친이 가권을 잡는 집안에서 성장할 수 있고 자애로운 모친의 사랑 아래 곱게 자라 심성이 착하니 언행이 구김 없는 소유자라 하겠다. 재물보다는 도덕을 앞세우는 선비 집안으로 학문에 능하고 글 역시 잘 쓰는 사람인데 다만 지구력이 없고 타인에 의존하기 쉬우며 심약한 것이 단점이다. 남자는 처가의 인연이 박하고 여인은 자식궁이 부족한 편이다.

◎ 부친[偏財]에게는 - 正財이 되어

명예보다는 재물과 인연이 많기 쉬우니 학문보다는 경제의 이재(理財) 쪽을 택하기가 쉽다. 부부궁은 좋으나 현숙한 처를 두고도 항상 색을 가까이 함은 평생 주의할 점이다. 자손은 잘 되고 어느 정도의 재물도 축척할 수 있다.

◎ 모친[印綬]에게는 - 比肩이 되어

장녀로서 가장의 역할을 하며 세상풍파를 이겨온 자랑스러운 여인일 것이다. 결혼은 중매로 가기가 쉽고 장부가 되어 시가에서도 앞장서 활동하기가 쉽다. 자식궁은 염려가 없으며 부군이 공직자가 아니고 사업가나 자유업에 종사한다면 한 번은 여난을 겪기가 쉽다.

◎ 조부[偏印]에게는 – 劫財가 되어

가세가 기울어진 가문의 장남으로서 성장기부터 가장 아닌 가장으로 세상의 역경을 헤쳐 나온 의지와 투지가 강한 분이다. 처가 병약하지 않으면 처궁이 부실하기가 쉽고 장가를 가도 맏사위로 가기가 쉽다.

◎ 조모[傷官]에게는 – 偏官이 되어

부군의 기가 너무나 강하여 눌려 살지만 자기 의지를 굳게 지키며 매사에 절도와 품위가 있다. 총명하고 똑똑한 여인으로 아들딸이 다 잘 되는 편이나 본인의 건강이 염려스럽고 친가나 시가에서 형제, 동서 간에 우애가 없기 쉽다.

2) 남자의 월지 正印

◎ 처[正財]에게는 – 偏財가 되어

친정보다 못한 시가로 시집을 가기 쉬우며 재(財)를 좋아하는 타고난 끼가 발동하여 억척같이 재를 축적하고 남편 입신출세에 공을 들이며 돈 벌기 좋아하고 쓰기도 좋아하니 가정에 파묻혀 생활하기보다는 사회생활을 하게 된다.

◎ 장인[偏印]에게는 - 劫財가 되어

　가난한 집안에서 장남 노릇에 이가 시리도록 고달픈 어린 시절을 보내기가 쉽다. 건강하고 정직하며 스스로 앞길을 헤쳐나가는 개척정신과 독립심이 강하고 자존심은 하늘을 찌를 듯하며 생활력이 강하다.

◎ 장모[傷官]에게는 - 偏官이 되어

　남자나 남편으로부터 배신을 당하기 쉽다. 강제결혼을 하거나 정략결혼의 희생자가 되기도 쉬우며 엄부(嚴父/嚴夫) 아래서 굴욕적인 삶을 살기가 쉽다. 무엇이든지 보고 배우려는 학구열이 발동하기도 한다.

◎ 아들[偏官]에게는 - 傷官이 되어

　머리가 좋아 육체노동보다는 머리를 쓰는 정신노동으로 살아가려는 특징이 있기 쉽다. 항상 돈 벌 생각이나 마음대로 되지 않으면 세치 혀끝으로 사기행각을 벌이기도 한다. 官운은 희박하며 무엇이던지 의식주 계통의 자기사업이나 머리와 입을 써서 먹고 살기 쉽다.

◎ 딸[正官]에게는 - 食神이 되어

　총명하고 공부 잘하고 세련되게 옷 입으니 화려한 인물에 절로 향기가 그윽하다. 애교가 만점이고 우아한 몸짓으로 남성을 유혹하니 일찍 연애결혼하기 쉽다. 교육, 육영, 예능 방면에 소질있다.

◎ 며느리[劫財]에게는 - 偏印이 되어

　집안 살림을 잘 하다가도 싫증을 느끼기도 하며 문서나 인장에 관계되는 일에 후회막급한 일을 저지르기 쉽다. 부군과의 불화가 있기 쉽고 약한 자식으로 인한 상심이 있기 쉽다. 불면증이 항상 따른다.

◎ 사위[食神]에게는 - 正官이 되어

학창시절에는 공부에 힘쓰며 성격과 행동이 타의 모범되고 각종시험에 합격하는 영광이 따르기 쉽다. 법과 질서를 잘 준수하여 귀공자 같은 얼굴에 올바르고 깨끗한 생활로 인품과 교양을 갖춰 가히 집안의 자랑거리가 되기 쉽다.

3) 여자의 월지 正印

◎ 남편[正官]에게는 - 食神이 되어

아들 얻기가 어렵거나 딸만 있기가 쉽다. 만일 아들이 있으면 신체상에 장애가 있기 쉽다. 어릴 때 조모에게 양육되었거나 모친이 병약하기 쉽고 관직에는 인연이 멀고 자유업이나 사업과 인연이 많다. 장모에게는 친절하다.

◎ 시부[劫財]에게는 - 偏印이 되어

계약상 모든 문서나 인장으로 인한 피해가 속출하기 쉬워 생활상의 불안정, 도난과 파직을 경험하기 쉽다. 부부궁이 불미하거나 처가와 불화 아니면 장모조별하기가 쉽다. 예능 분야에 특출한 재능을 갖고 있기 쉽다.

◎ 시모[偏財]에게는 - 正財가 되어

검소한 생활이 평소 몸에 밴 여인이라 하겠다. 콩 한쪽도 절약하며 예의범절이 격에 맞고 부모님께 효도하고 자식과 부군에게 헌신적이니 가정적이고 나무랄데가 없는 사람이다. 저축심이 강하나 융통성이 없으니 보수적인 경향이 농후하다.

◎ 아들[傷官]에게는 - 偏官이 되어

정의의 쾌남아이기 쉽다. 의협심이 강하고 명예를 지키기에 목숨까지 건다. 칼날같은 엄한 교육으로 대쪽같은 절개를 자랑으로 여기며 법의 집행자가 되기 쉽다. 매사. 돌발적인 사태가 발생하기 쉽다. 이복자식을 두기도 한다.

◎ 딸[食神]에게는 - 正官이 되어

인물이 반듯하고 어딘가 모르게 위엄도 있어 보여 함부로 넘볼 수 없는 기품이 있기 쉽다. 남에게 신세지기를 싫어하고 남을 해할 줄도 모르는 네모반듯한 여인이라 하겠다. 타인의 시선이 미치지 못하는 곳에서도 누가 보건 안 보건 행동이 한결같다. 남편 덕, 자식 덕 있는 여인이기 쉽다.

◎ 며느리[偏官]에게는 - 傷官이 되어

자식 낳고 물질적으로 가정이 풍요로워지나 남편과의 정은 멀어지기만 한다. 다재다능하며 사람의 심금을 울리는 연기력도 뛰어나 가슴에 못 박는 독설이 있기도 하다. 외간 남자와 통정의 염려도 있다.

◎ 사위[印綬]에게는 - 比肩이 되어

그 아내가 품위단정하고 올바른 가정교육을 받은 여인이 틀림없기 쉬우며 그 자손도 귀한 자손을 두기 쉬우니 초년고생이 헛되지 않게 된다.

10. 월지 편인(偏印)의 육친통변

1) 남녀 공통의 월지 偏印

기예에 재능이 있고 취미가 독특하며 약간의 변태성과 권태적인 성향을 소유하기 쉽고 임기응변에 능하고 영리하나 지구력이 부족하다. 이공계의 기능사나 예능인이 많고 여성은 부부생활이 원만치 못하면 자녀 상심은 없다. 특히 친가나 시가 문제로 고난이 따르고 또 양가에 별 문제가 나타나지 않으면 질병으로 고생한다. 남녀 간에 실리와 이권에서는 모순이 따른다. 신경이 예민하여 불면증에 걸리기 쉽다. 편모가 있기 쉽다.

◎ 부친[偏財]에게는 – 偏財가 되어

명예보다는 재물과 인연이 많기 쉬우니 학문보다는 경제의 이재(理財) 쪽을 택하기가 쉽고 풍류와 여색을 가까이 하기가 쉽다. 부부궁은 좋으나 그것은 외견상일 뿐이요. 현숙한 처를 두고도 항상 첩을 가까이 함은 평생을 두고 주의해야 할 것이다. 자손 잘 되고 어느 정도의 부는 축척할 것이다.

◎ 모친[印綬]에게는 – 劫財가 되어

초년기에 가난의 고통을 겪었기가 쉽고 가문의 장녀로서 가장의 역할을 하여 세상풍파를 이겨온 자랑스러운 여인일 것이다. 중매로 결혼하기 쉽고 장부가 되어 시가에서도 앞장서 활동하기가 쉽다. 자식궁은 염려가 없으며 부군이 공직자가 아니고 사업가나 자유업에 종사하면 여난이 따를 수 있다.

◎ 조부[偏印]에게는 - 比肩이 되어

일찍부터 사회생활에 뛰어들어 성장기로부터 가장 아닌 가장으로 세상의 역경을 헤쳐나온 백전노장의 남아라 하겠다. 처가 병약하지 않으면 처궁이 부실하기가 쉽고 장가를 가도 맏사위로 가기가 쉽다.

◎ 조모[傷官]에게는 - 正官이 되어

부군의 기가 너무나 강하여 눌려 살지만 자기의 의지를 굳게 지키며 매사에 절도가 있고 품위가 있으므로 총명하고 똑똑한 여인으로 아들딸이 다 잘되는 편이나 본인의 건강이 염려스럽고 친가, 시가에서 형제, 동서 간에 우애가 없기 쉽다.

2) 남자의 월지 偏印

◎ 처[正財]에게는 - 正財가 되어

허례허식과 허욕이 없고 피땀 흘린 노력의 대가(代價)만을 소중히 여긴다. 재물을 과시하려는 과시욕이 없으며 가구는 골동품이 많기 쉽다. 현모양처로서의 본분을 다하며 매사 언행이 모범적이며 정직하다. 재복도 나쁜 편은 아니다.

◎ 장인[偏印]에게는 - 比肩이 되어

부모의 덕이 없고 유산 없이 자수성가한 형이다. 배운 것은 많지 않아 무식한 것이 흠이지만 세상 어디에 있어도 역경을 이겨낸 용사이기 쉽다. 기골이 장대하고 신강함이 자랑이나 처를 극하여 부인이 병약할 수 있다.

◎ 장모[傷官]에게는 - 正官이 되어

가정교육이나 학교교육을 근본적으로 잘 받아들여 행실이 올바르고 요조숙녀로 손색이 없다. 인품도 나무랄데 없이 미려하고 신망이 두터우니 사회의 지도적 인물이며 어떤 모임에서도 리더로서의 역량을 발휘하거나 여사의 칭호를 받기 쉽다. 부군에게도 순종적이다.

◎ 아들[偏官]에게는 - 食神이 되어

두뇌가 명석하고 사업과 인연이 많으니 사업으로 부를 축적하기 쉬운 명(命)이다. 화술이 능수능란하고 사람의 마음을 사로잡는 천성을 타고나서 선망의 대상이 되기 쉽다. 처궁이 불미하고 월지가 관을 극해하니 자식복이 없음도 모두가 내 탓이다.

◎ 딸[正官]에게는 - 傷官이 되어

똑똑하고 박식하며 깔끔하지만 미인박명(美人薄命)이라는 소리를 듣기가 쉽다. 여자는 부궁이 좋아야 행복을 누릴 수 있건만 월지가 관을 치는 명(命)으로 태어났으니 노년의 박복함이 따른다.

◎ 며느리[劫財]에게는 - 印綬가 되어

부모덕이 있고 교육과 학문에 관심이 많으며 어머니가 가정을 주도한 집안에서 자라기 쉽다. 항상 책과 가까이 함이 생활화 되었으니 아는 것도 많아 이론에 치우치기는 하나 교육적인 토론을 즐겨하기 쉽다. 친정 어머니에게 의지를 많이 한다.

◎ 사위[食神]에게는 - 偏官이 되어

처궁이 병약하기 쉬우며 재혼수가 있기도 한다. 큰 재복과는 인연이 없으며 매사에 반항적인 기질이 다분하다 하겠다. 건강이 부실하기 쉽고 형제 불목할 수 있다.

3) 여자의 월지 偏印

◎ 남편[正官]에게는 - 傷官이 되어

임기응변에 능하고 타인에게 대리만족의 즐거움을 제공하는 재능을 타고 났으나 씀씀이가 헤프기 쉽다. 미남에다 사교술은 뛰어나니 사업가로서 인정받기 쉽다. 배금주의(拜金主義)의 이상이 지나칠 우려가 많아 돈 때문에 부자간 정이 멀어질 우려가 있다.

◎ 시부[比肩]에게는 - 正印이 되어

윗사람을 공경하고 아랫사람을 돌보려는 자비심이 강한 사람이기 쉽다. 종교나 교육계 방면에 인연이 닿기 쉬우며 조상의 정신적 유산을 이어 받거나 은사나 선배 등 윗사람들의 원조를 받기가 쉽다. 인정이 많은 것이 큰 결점이라 하겠다.

◎ 시모[偏財]에게는 - 偏財가 되어

편친 슬하에서 자랐거나 일찍 타향살이 아니면 자수성가 했기가 쉽다. 성격은 활달하고 통이 커서 시원시원하게 살림도 잘 하지만 금전으로 인한 가정불화나 친구간의 망신수가 있기 쉽다. 부군의 신장이 다소 왜소한 경우가 있다.

◎ 아들[傷官]에게는 - 正官이 되어

명문의 자손으로 가문의 이름에 빛을 더할 인물이기 쉽다. 성실, 근면한 품성의 소유자로서 타인으로부터 존경받으며 스스로 노력하는 사람이기 쉽다. 내외간에 금슬도 좋고 여자에게는 자애로우나 엄격한 면도 있기 쉽고 부정과 부패를 싫어한다.

◎ 딸[食神]에게는 - 偏官이 되어

형제 불목하고 情夫를 두기 쉽다. 엄한 부군을 모시고 살며 기도 펴지 못하기 쉽다. 재물과 인연은 희박하며 갑작스러운 결혼을 하기 쉽고 결혼 전이나 결혼 후에도 직장생활하기 쉽다.

◎ 며느리[偏官]에게는 - 食神이 되어

집안을 예쁘게 꾸미기를 좋아하고 음식솜씨도 좋아 요리하기도 좋아하고 먹기도 즐겨한다. 옷맵시가 좋고 유행에 민감함은 천성이며 문화면에서도 앞서 가려는 의지가 있다. 상냥하고 애교가 많은 여인일 가능성이 높다.

◎ 사위[印綬]에게는 – 劫財가 되어

일찍이 부친을 여의거나 부친 대신 가사를 책임지고 생활전선에 뛰어든 인물로서 자존심도 강하고 건강한 신체로 능히 난관을 헤쳐나갈 자신감이 있다. 극처하니 처가 병약하기 쉽다.

■ 참고문헌

【원전】

『李虛中命書』
『玉照神應眞經』
『鬼谷子遺文』
『袁天綱五星三命指南』
『滴天髓』
『子平眞詮』
『窮通寶鑑』
『造化元鑰』
『子平眞詮評註』
『三命通會』
『京氏易傳』, 卷上, (欽定四庫全書, 子部)
『淮南子』,「天文訓」
『子平三命通辯淵源』
『子平三命通辯淵源』卷下,「跋」.
『子平三命通辯淵源』卷上,「序」.
『淵海子平評註』, 徐升.

【단행본 및 논문】

김기승(2003),『명리학정론』, 서울 : 창해, 2003
김기승(2004),『사주심리치료학』, 서울 : 창해, 2004
___(2004),『명리대경』, 서울: 명운당.
___(2004),『사주심리치료학』, 서울: 창해
___(2005),『사주 핵심통변』, 경명학회교육부
___(2006).『사주심리와 인간경영』, 서울: 창해.
___(2007),『magic통변』,『십신강의록』, 경명학회교육부

____(2008),『명리직업상담론』, 서울: 창해.
____(2010),『놀라운 선천지능』, 서울: 창해.
____(2011),『선천적성상담사교재』, 서울: 명운당.
____(2012),『命理와 人間經營』, 서울 : 명운당
____(2013),『타고난 적성이 스펙이다』, 서울: 다산글방.
____(2016),『과학명리』, 서울: 다산글방.
____편역(2017),『窮通實鑑』, 서울: 다산글방.
____(2020),『격국용신정해(개정판)』, 서울: 다산글방.
김기승, 김현덕 역(2017),『滴天髓闡微』, 서울: 다산글방
김기승, 나혁진(2017),『명리학사』, 서울: 다산글방
김만태(2010),「한국 사주명리의 활용양상과 인식체계」, 안동대 박사논문, p.121
김이남 이명산(2011),『삼명통회』, 삼하출판사.
박일우 역(1978),『삼명통회』, 명문당.
서자평(1995),『연해자평』, 대성출판사.
오청식 역(2008),『연해자평』, 대유학당.
임철초(1988),『적천수천미』, 서울대지문화사, 1988
정하용(2013),「卦氣易學과 命理學의 源流에 관한 연구」, 공주대 박사논문.
주백곤 저, 김학권 외 역(2012),『역학철학사』, 소명출판, p.136.

초판 발행   2018년 4월 27일
개정판 발행 2025년 4월 18일

지은이 김기승·함혜수
펴낸이 방성열
펴낸곳 다산글방

출판등록 제313-2003-00328호
주소 서울특별시 마포구 동교로 36
전화 02-338-3630
팩스 02-338-3690
이메일 dasanpublish@daum.net
　　　 iebookblog@naver.com
홈페이지 www.iebook.co.kr

ⓒ 김기승·함혜수, 2025, Printed in Korea

ISBN 979-11-6078-348-3 03150

* 이 책은 저작권법에 의해 보호받는 저작물이며, 저자와 출판사의 서면 허락 없이
  내용의 전부 또는 일부를 인용하거나 발췌하는 것을 금합니다.
* 제본, 인쇄가 잘못되거나 파손된 책은 구입하신 곳에서 교환해 드립니다.
* 책값은 뒤표지에 있습니다.